A construção da personagem

Obras do autor publicadas pela Civilização Brasileira

A construção da personagem
A criação de um papel
A preparação do ator
Minha vida na arte

Constantin Stanislavski

A construção da personagem

INTRODUÇÃO DE
Joshua Logan

TRADUÇÃO DE
Pontes de Paula Lima

31ª edição

CIVILIZAÇÃO BRASILEIRA

Rio de Janeiro
2022

Copyright © Editora Civilização Brasileira, 2001

CAPA
Evelyn Grumach

PROJETO GRÁFICO DE MIOLO
Evelyn Grumach e João de Souza Leite

CIP-BRASIL. CATALOGAÇÃO NA FONTE
SINDICATO NACIONAL DOS EDITORES DE LIVROS, RJ

S789c
31ª ed.

Stanislavski, Constantin, 1863-1938
    A construção da personagem/Constantin Stanislavski; tradução Pontes de Paula Lima. – 31ª ed. – Rio de Janeiro: Civilização Brasileira, 2022.

Tradução de: Building a character
ISBN 978-85-200-0109-7

1. Caracterização teatral. 2. Representação teatral. 3. Teatro – Técnica. I. Título.

01-0674

CDD – 792.02
CDU – 792

Todos os direitos reservados. Proibida a reprodução, armazenamento ou transmissão de partes deste livro, através de quaisquer meios, sem prévia autorização por escrito.

Texto revisado segundo o novo Acordo Ortográfico da Língua Portuguesa.

Direitos desta edição adquiridos pela
EDITORA CIVILIZAÇÃO BRASILEIRA
um selo da
JOSÉ OLYMPIO EDITORA
Rua Argentina, 171 – 20921-380 – Rio de Janeiro, RJ – Tel.: (21) 2585-2000

Seja um leitor preferencial Record.
Cadastre-se e receba informações sobre nossos lançamentos e nossas promoções

Atendimento e venda direta ao leitor:
sac@record.com.br

Impresso no Brasil
2022

O ator deve trabalhar a vida inteira, cultivar seu espírito, treinar sistematicamente os seus dons, desenvolver seu caráter; jamais deverá se desesperar e nunca renunciar a este objetivo primordial: amar sua arte com todas as forças e amá-la sem egoísmo.

CONSTANTIN STANISLAVSKI

Sumário

NOTA EXPLICATÓRIA DA TRADUTORA NORTE-AMERICANA 9
INTRODUÇÃO — JOSHUA LOGAN 15

A CONSTRUÇÃO DA PERSONAGEM

CAPÍTULO I   Para uma caracterização física 25
CAPÍTULO II   Vestir a personagem 35
CAPÍTULO III   Personagens e tipos 49
CAPÍTULO IV   Tornar expressivo o corpo 67
CAPÍTULO V   Plasticidade do movimento 83
CAPÍTULO VI   Contenção e controle 111
CAPÍTULO VII   A dicção e o canto 125
CAPÍTULO VIII   Entonações e pausas 157
CAPÍTULO IX   Acentuação: a palavra expressiva 205
CAPÍTULO X   A perspectiva na construção da personagem 235
CAPÍTULO XI   Tempo-ritmo no movimento 249
CAPÍTULO XII   O tempo-ritmo no falar 297
CAPÍTULO XIII   O encanto cênico 325
CAPÍTULO XIV   Para uma ética do teatro 331
CAPÍTULO XV   Padrões de realização 355
CAPÍTULO XVI   Algumas conclusões sobre a representação 379

Nota explicatória da tradutora norte-americana

Já em 1924 meu marido, Norman Hapgood, e eu discutíamos com Stanislavski a possibilidade de publicar os resultados da sua experiência de ator e diretor de atores na companhia mais eminente deste século. Mas nos anos imediatos a essa primeira conversa muitas coisas contribuíram para impedir o grande inovador de concretizar seu desejo. Absorviam-no demais as responsabilidades do trabalho no Teatro de Arte de Moscou, do qual era não só cofundador e codiretor, com Nemirovitch-Dantchenko, mas também um dos atores principais. Seu próprio Estúdio de Ópera, onde estava elaborando a aplicação das suas técnicas de atuação às representações líricas, com o objetivo de conseguir uma completa união da música, palavras e ação, também lhe tomava muito tempo e energia. Terceiro fator de inibição era o temperamento do próprio Stanislavski. O seu gênio criador e artístico nunca estava inteiramente satisfeito. Até o dia de sua morte, instigou-o a buscar, pôr à prova, escolher novos caminhos de acesso à arte de representar, de modo que hesitava em fazer súmula de quaisquer conclusões como se fossem definitivas. Sempre esperava encontrar um caminho melhor para atingir sua elevada meta. Temia, ainda, que o seu registro escrito pudesse assumir o aspecto de alguma inalterável gramática, de regras rígidas, de uma espécie de Bíblia. O que finalmente o convenceu a compartilhar seus resultados com os artistas do mundo inteiro por meio da palavra escrita foi o argumento de que outros poderiam receber desses resultados algum estímulo para enveredar por novos e pessoais caminhos.

Portanto, em 1930, quando Stanislavski, depois de grave enfermidade na Rússia, veio ao sul da França, gozando de licença do Teatro de Arte, para se avistar comigo e com meu marido, chegou o momento de fundir em sua forma definitiva o livro de há muito preparado. A essa altura Norman Hapgood, que já fora editor e crítico dramático, instou junto a ele para que inserisse em um mesmo volume ambos os aspectos do seu método: as preparações interiores do ator e os meios técnicos externos de dar vida a um personagem diante do público. Nos primeiros rascunhos elaborados na Riviera as duas partes figuravam lado a lado.

Em seguida Stanislavski voltou à Rússia para retomar seu trabalho. Já não podia atuar, mas continuava a dirigir novas produções e prosseguia escrevendo. Muitos meses depois, mandou-me o manuscrito de um livro. Faltando-lhe tempo e forças para coligir todo o material e também porque achava que sua inclusão num só tomo atrasaria a publicação da obra, além de torná-la excessivamente volumosa, decidira restringi-la às preparações interiores do ator — ou de qualquer artista às voltas com a criação de uma personagem. Foi publicada pela editora Theatre Arts Inc., com o título de *A preparação do ator*, em 1936, dois anos antes de aparecer até mesmo na Rússia.

Em cartas e numa visita que lhe fiz em 1937, Stanislavski falou-me sobre a continuação de *A preparação do ator*, que é o presente volume. Nele se incluiriam, disse, os capítulos esboçados no Sul da França e outros, que me mostrou. Deixou-me ver, também, o seu livro *Ensaio para Otelo*, redigido na França, para orientar uma produção do Teatro de Arte de Moscou, visto não poder se ocupar pessoalmente da supervisão. Achava que o trabalho também poderia ter igual interesse para o teatro de língua inglesa.

Mas nenhum desses manuscritos atingira ainda uma forma satisfatória para ele. Continuou a elaborá-los até a morte, no ano seguinte. Pouco depois sobreveio a Segunda Guerra Mundial, tornando mais difíceis as comunicações, mesmo antes da Rússia entrar no conflito em 1940. Embora sua família me houvesse telegrafado sobre a remessa de manuscritos, só apareceram fragmentos e apenas muito depois de acabada a guerra é que recebi boa parte do material deste volume. No outono do ano passado Robert M. MacGregor, tendo adquirido o departamento de publicação de livros do *Theatre Arts* — que antes administrava —, pretendia publicar *A construção da personagem* como parte das comemorações do quinquagésimo aniversário da fundação do Teatro de Arte de Moscou e do décimo aniversário da morte de Stanislavski, mas a notícia de que estavam a caminho versões mais recentes e matéria nova fê-lo adiar a publicação. Isto também nos deu tempo para um maior trabalho editorial, principalmente quanto à seleção dentre as várias versões de determinados capítulos que nos chegaram às mãos.

Nesta continuação de *A preparação do ator* a cena ainda é a mesma escola dramática, com seu próprio palco e auditório, como parte de um teatro permanente. Aqui estão os mesmos alunos, que representam um grupo característico de jovens atores — aquele mocinho argumentador, Gricha; Sônia, que não só é bonita como também vaidosa; seu admirador Vânia, o das palhaçadas; Maria, com sua intuição de mulher; o par introspectivo, Nicolau e Dacha; o bem coordenado e acrobático Vásia e, sobretudo, Kóstia, o ex-estenógrafo que, sabendo taquigrafia, pode anotar detalhadamente as aulas numa espécie de diário de ator. Sempre buscando, sempre pronto a lançar-se com ardor em qualquer projeto que dê mostras de um futuro desenvolvimento, ele é, possivelmente, um retrato do próprio Stanislavski de muitos anos antes. O professor, naturalmente, é Stanislavski, o ator amadurecido, tenuemente disfarçado em Tórtsov, o diretor da escola e do teatro. É auxiliado por Rakhmanov, pleno de inventividade para demonstrar cabalmente as observações de Tórtsov, engendrar auxílios visuais ou na direção dos exercícios.

Neste livro, bem como em *Minha vida na arte* (também já publicado pelo Sr. MacGregor) e em *A preparação do ator*, ambos de Stanislavski, a ênfase recai na atuação como arte e na arte como a expressão mais alta da natureza humana. Sua volta constante ao estudo da natureza humana é o toque de Anteu que distingue aquilo que se tornou conhecido como o *Sistema Stanislavski*. É o alicerce de todas as suas teorias e a razão de estarem sempre sofrendo leves modificações: cada volta ao estudo dos seres humanos ensinava algo de novo. Como ele diz do seu método neste livro: "não é uma roupa feita para enfiar e sair andando, nem um livro de cozinha onde só temos de achar a página e a receita lá está. Não, é um sistema total de vida."

Stanislavski não alega ter feito nada mais do que registrar os princípios que todos os grandes atores usaram, quer consciente ou inconscientemente. Jamais pretendeu que as suas declarações fossem tomadas como regras inflexíveis nem que seus exercícios fossem considerados literalmente aplicáveis a todas as situações ou utilizáveis por todas as pessoas. Particularmente em questões de dicção e voz, queria deixar entendido que o objetivo primordial dos exercícios é provocar a imaginação do estudante de atuação, despertando nele uma consciência das suas próprias necessidades pessoais e das potencialidades dos instrumentos técnicos da sua arte.

O objetivo geral, entretanto, é sempre o mesmo: ajudar o ator a desenvolver todas as suas capacidades intelectuais, físicas, espirituais e emocionais — tornando-o assim capaz de preencher seus papéis com as proporções de seres humanos inteiros, personagens que terão o poder de levar o público ao riso, às lágrimas, a emoções inesquecíveis.

Elizabeth Reynolds Hapgood

Introdução

Stanislavski era um inválido deitado num divã de sua sala de visitas quando o vi pela primeira vez em Moscou em 1931. Tinha de dirigir seus ensaios em casa, apoiando as costas na parte alta do móvel, com os pés estendidos ao longo, recobertos por uma manta de colo.

Charles Leatherbee e eu — dois estudantes norte-americanos de pouco mais de vinte anos — ficamos a contemplá-lo por um momento. Tínhamos feito uma verdadeira peregrinação para vê-lo. Eu deixara o colégio no meio do último ano. Ficamos ali, as botas forradas de pele, os gorros de pele apertados nas mãos. Era janeiro em Moscou, 1931, trinta graus Farenheit abaixo de zero e em pleno racionamento de combustíveis do primeiro Plano Quinquenal. Viéramos à Rússia para estudar no Teatro de Arte de Moscou. A viagem foi possível graças às bolsas de estudo do Friendship Fund de Charles R. Crane.

Stanislavski era um homem robusto, comprido. Seu cabelo branco e macio, a pele amarelada e os olhos maravilhosamente brilhantes. Vendo-o, não parecia especificamente russo. Poderia ser o presidente dos Estados Unidos, Kublai-Khan, o papa ou "O senhor" em *Verdes prados*.* Fisicamente, não parecia pertencer a qualquer época ou país.

***The green pastures*, peça de Marc Connelly, com elenco negro, um dos maiores sucessos da temporada de 1930 na Broadway. (N. do T.)

Sua mulher, conhecida no teatro como Maria Petrovna Lilina, levou-nos a ele e apresentou-nos. Falou-lhe em russo mas ele nos cumprimentou em francês. Desculpou-se por não nos poder proporcionar uma acolhida tão boa como noutros tempos. O Plano Quinquenal era severo e não estimulava o entretenimento — isto é, não em casa. Designou uma velha criada que arrumava umas cadeiras do outro lado da sala. "É muita lealdade dela trabalhar para mim, pois o seu serviço não é considerado essencial e portanto ela quase não recebe rações, meio pão por semana!"

Madame Lilina, que era meiga e tinha um jeito de passarinho, arranjara duas cadeiras ao pé do divã. Sentamo-nos ali. Logo falávamos de nossa travessia, de suas recordações dos Estados Unidos e, o que era o mais importante, do teatro. Charles falou-lhe da University Players, uma organização que ele iniciara dois anos antes com Bretaigne Windust e à qual eu pertencia. Stanislavski se interessou logo e pôs-se a fazer perguntas. Dissemos-lhe que era uma organização de universitários que estavam decididos a fazer um teatro permanente, de repertório, nos Estados Unidos. Charles esclareceu-lhe que esperávamos reproduzir o Teatro de Arte de Moscou nos Estados Unidos. Stanislavski pareceu decepcionar-se. "Não devem reproduzir o Teatro de Arte de Moscou. Devem criar algo próprio. Se tentarem copiar estarão apenas seguindo uma tradição, sem progredir."

— Mas o seu sistema — protestei —, o *Sistema Stanislavski*! Lemos tanto a respeito, falamos tanto sobre ele. Viajamos tantos quilômetros para estudá-lo em primeira mão!

Respondeu-nos, a princípio com paciência. "Nosso método nos serve porque somos russos, porque somos este determinado grupo de russos aqui. Aprendemos por experiências, mudanças, tomando qualquer conceito de realidade gasto e substituindo-o por alguma coisa nova, algo cada vez mais próximo da verdade. Vocês devem fazer o mesmo. Mas ao seu modo e não ao nosso. O método que usamos em 1898 quando foi fundado o Teatro de Arte de Moscou já foi modificado mil vezes. Alunos meus, ou atores de nossa companhia se impacientaram e romperam conosco. Formaram novas companhias e hoje acham o Teatro de Arte de Moscou antiquado, fora de moda. Talvez eles descubram algo mais próximo da verdade do que nós descobrimos."

Falava com excitação, com veemência às vezes. E nós sabíamos que exprimia uma profunda convicção.

"Vocês estão aqui para observar e não para copiar. Os artistas têm de aprender a pensar e sentir por si mesmos e a descobrir novas formas. Nunca devem contentar-se com o que um outro já fez. Vocês são americanos, têm um sistema econômico diferente; trabalham em horas diferentes; comem comida diferente e uma música diferente agrada aos seus ouvidos. Vocês têm ritmos diferentes em sua fala e sua dança. E se quiserem criar um grande teatro terão de considerar todas essas coisas. Terão de usá-las para criar seu próprio método e ele poderá ser tão verdadeiro e tão grande quanto qualquer método que já se descobriu.

"Vocês dois podem ficar sentados aí nessas cadeiras assistindo ao nosso ensaio. Talvez encontrem nele algumas coisas aplicáveis à sua maneira de pensar. Se alguma coisa excitá-los, usem-na, apliquem-na a vocês mesmos, mas adaptando-a. Não tentem copiá-la. Deixem que ela os faça pensar e ir avante."

Olhou-nos um instante e esperou que falássemos. Mas não tínhamos nada a dizer. Estávamos escandalizados e decepcionados. De algum modo, em nossa mente, havíamos decidido que, entrando no *sanctum sanctorum*, na sala de ensaio do Teatro de Arte de Moscou, se pudéssemos dominar o método Stanislavski, teríamos atingido a nossa meta. Mas essa meta era-nos arrebatada.

Ele sorriu. "O ensaio vai começar. Depois conversaremos mais." Abriu-se a porta e o contrarregra e alguns atores entraram na sala, em fila, cada um cumprimentando Stanislavski com evidente respeito.

Naquela determinada manhã, Stanislavski ia ensinar algumas cenas da ópera de Rimski-Korsakof, *O galo de ouro*. Estava-a preparando para ser encenada no Studio Stanislavski de Ópera, um pequeno teatro que era uma das ramificações do Teatro de Arte de Moscou. Naquele período de sua vida fascinavam-no os problemas de levar até à forma operística ou musical a realidade que fora alcançada no teatro propriamente dito.

Os atores-cantores eram jovens e inexperientes. Vinham de escolas que correspondiam aos nossos conservatórios de música. Observei-os cuidadosamente enquanto se aprontavam para começar o ensaio, tentando captar alguma nota que pudesse distinguir um ensaio russo de um ensaio norte-americano. Mas era mais ou menos igual: o contrarregra arrumava cadeiras — uma, grande, foi colocada à direita para servir de trono e um banco faria de divã.

Como me haviam dito que no teatro de Stanislavski não se distribuíam os papéis por tipo, tentei adivinhar que ator faria determinado papel.

A princípio era difícil dizer, pois vestiam-se, na maior parte, com mais preocupação de aquecimento que de aparência. A maioria trajava suéteres cinza de gola enrolada e roupas grosseiras de lã. Também os rostos eram cinzentos. Tinham uma espécie de palidez — lembro-me que pensei — causada pela falta de alimentação adequada. Era quase como se todo o seu sangue fosse usado para mantê-los vivos e não sobrasse o bastante para lhes colorir o rosto. Mas os olhos brilhavam de excitação e devotamento. Notei que a mulherona sentada no banco não ia fazer o papel da princesa. Havia uma jovem esbelta de longos cílios negros, para esse papel. O galã era simpático e benfeito. O rei tolo seria interpretado por um ator rechonchudo que podia ter de vinte e cinco a quarenta anos. Fiquei muito aliviado, pois a última ópera que ouvira fora *Mme. Butterfly*, em Ravinia, perto de Chicago, com uma *Cho-Cho-San* de uns quilos que, ao entrar pela pontezinha japonesa, fazia o telão do céu escurecer como num eclipse solar. Ainda bem que a distribuição de Stanislavski não se afastava tanto assim dos tipos. Soube depois que no Teatro de Arte de Moscou praticava-se pelo menos um tipo negativo de distribuição por tipo. Um ator do Teatro de Arte de Moscou propriamente dito queixou-se a mim de que nunca lhe permitiam fazer certos papéis porque ele se parecia demais com os habitantes da Georgia.

O ensaio começou. Embora o dirigisse em russo, Stanislavski volta e meia achava tempo de traduzir para nós o que dizia. Isto logo se tornou desnecessário pois a linguagem dos ensaios é universal e depressa aprendemos as palavras russas de teatro.

A primeira parte do ensaio era uma ária do rei, sentado em seu trono, acompanhado por um pianista no fundo da sala. Cantou a ária com os gestos, caretas e posturas diafragmais que eu já notara nos cantores do Metropolitan, em Ravinia e na Ópera de Paris. Tinha até, nos olhos, aquela expressão teatralmente dolorida quando atacava uma nota difícil. Stanislavski interrompeu-o antes do fim da ária, detendo-o no meio de uma nota e de um gesto mefistofélico, que consistia em levar a mão, com os dedos caídos, desde o diafragma, numa curva ascendente, até o indicador apontar magnificentemente para o teto. Stanislavski falou-lhe com aspereza e até mesmo sarcasmo. O ator discutiu com veemência, apontando o diafragma, sacudindo os braços e demonstrando, de um modo geral, que o que o diretor lhe pedira para fazer era impossível. Stanislavski falou novamente e dessa vez parecia dar-lhe uma ordem. Amuado, o ator deixou cair os dois braços ao longo do corpo e sentou sobre as mãos. Recomeçou toda a ária. Cantou duas ou três frases e parou, protestando que era difícil demais. A essa altura podíamos quase entender o que Stanislavski dizia: "sente-se em cima das mãos e cante, ora essa, cante!" O ator sentou-se outra vez sobre as mãos e começou a ária. Volta e meia, Stanislavski berrava com ele e o ator cantava mais alto, passando finalmente a cantar cheio e claro, mas com uma expressão dolorida e martirizada. Depois disso teve de entoar a mesma ária com as mãos no colo. Sempre que elas, involuntariamente, moviam-se num gesto estereotipado, Stanislavski o detinha. Ao fim de meia hora, cantava a ária simples e sinceramente. As mãos estavam sob controle, o rosto em repouso e, mesmo sem entender as palavras, eu via em seus olhos que ele começara a pensar e sentir o que cantava. Dera um passo em direção à verdade. Mas a luta do diretor para levá-lo até lá fora exaustiva.

Depois Stanislavski explicou-nos o que acontecera. "A coisa pior que temos de combater nos cantores", disse-nos, "são os professores de canto. Ensinam gestos horríveis e a mais ridícula das pronúncias. Convencem o cantor de que não pode obter um certo tom se não estiver de pé, nalguma posição forçada, com as mãos se apertando diante do tórax, os ombros jogados para trás e o queixo esticado para diante. Está claro que isso não é verdade. Pode-se formar tonalidades, obter volume, quer o ator esteja deitado de bruços ou de costas, de cabeça para baixo, sentado de cócoras ou dando pinotes no ar. Só depende da vontade do ator. Os atores às vezes alegam que em certas posições o tom é feio, sua voz adquire uma cor diferente. Mas que mal há nisso? Às vezes um tom feio ou uma cor diferente é justamente o efeito que queremos. Se as palavras fossem *faladas* com raiva ou desdém a cor mudaria. Por que não haveria de mudar também quando são *cantadas*?"

Mais tarde a mocinha cantou para o rei numa tentativa bisonha e levemente tola de coquetear. Stanislavski interrompeu-a abruptamente. "Você é uma gata, tem de mover-se como uma gata e sentir como uma gata, cantando essa canção." Logo vimo-la se arrastar de quatro patas pela sala, arqueando o dorso de vez em quando, chegando cada vez mais perto do rei. E estava cantando. Era grotesco, ridículo. Mas quando acabou de cantar a ária desse jeito, esquecera todos os clichês e estava pronta para começar a elaboração de uma atuação sincera.

Essa não foi a encenação eventual das árias. Nos meses subsequentes, vimo-las se desenvolverem de muitos modos diferentes. Os resultados finais do seu trabalho podiam ser vistos todas as noites em Moscou, no Studio de Ópera Stanislavski. Poucas semanas antes, eu vira uma apresentação de *Boris Godunov*, no *Théâtre des Champs Elysées*, em Paris. Era interpretada por uma companhia russa, liderada por Fiodor Chaliapin, e fiquei vivamente impressionado com a atuação do grande ator-cantor. A produção era belíssima e havia lindas vozes no elenco. Pareceu-me nova e realista como eu jamais esperara uma ópera. Mas quando vi essa mesma ópera, *Boris Godunov*, interpretada no Studio Stanislavski por um grupo de jovens ensaiados por aquele diretor, a representação de Paris tornou-se insossa. Cada membro do elenco atuava com sinceridade. O movimento dos corpos ou a expressão dos olhos seguia tão de perto as melodias e ritmos da orquestra que logo me esqueci que estava assistindo a uma ópera — fiquei hipnotizado por uma representação em língua estranha. Nem sequer me dei conta de que a orquestra tocava. Na cena em que Boris se defrontava com o fantasma da criança que ele assassinara, o ator — que o tempo todo cantava uma ária difícil e dramática — era de fato um homem aterrorizado. Fugia da criança imaginária, gritando de pavor. Primeiro tentava apagar a imagem ilusória batendo com os braços no ar; depois voltava-se, pegava objetos na mesa — garrafas, jarras, espelhos — e atirava-os no fantasma. Finalmente, numa tentativa de fuga, saltava de costas por cima de uma cama larga, estraçalhando os reposteiros do leito de dossel e, lançando-os contra a visão, caía no chão, rindo como um demente. Era a atuação mais horripilante que eu já tinha visto. Só quando fui assisti-la outra vez é que me dei conta de que cada movimento sincronizava-se com a orquestração, até mesmo o espatifar das jarras e garrafas quebradas.

Durante os meses que se seguiram à nossa primeira visita a Stanislavski vimo-lo em muitos ensaios e observamos o desenvolvimento do *Coq D'Or* à medida que elaborava cada cena com um cuidado espantoso. Passávamos as noites vendo as peças no Teatro de Arte de Moscou. Algumas das maiores produções que Stanislavski já dirigiu. *O jardim de cerejeiras*, por exemplo, com a companhia original, exceto o próprio diretor! Kachalov interpretava Gaev, Olga Knipper-Tchekova, viúva de Tchekov, era Mme. Ranievskaya, o papel que ela criara na estreia da peça em 1904. Moskvin também lá estava como Epikhodov. A produção de *O jardim de cerejeiras* por Stanislavski, para o Teatro de Arte de Moscou, não só permanecia cheia de compaixão terna e confrangedora, como também, para minha surpresa, de um maravilhoso bom humor terra a terra, que na maioria das encenações da peça é tão abafado que perde todo o seu vigor.

No dia em que saímos de Moscou numa longa excursão pelas outras cidades, para conhecer outros projetos teatrais, fomos despedir-nos de Stanislavski. Deu-nos uma fotografia a cada um e escreveu na minha: "Antes ame a arte em você do que você na arte", lema que repete neste livro. Mostrara estar embebido na sua arte; seu trabalho era a coisa mais importante da vida e ele estava constantemente trabalhando, alcançando, escavando, modificando, sempre buscando novas formas. É esse o lado de Stanislavski que mais devemos estudar, sua mente, como funcionava, buscava, sondava, analisava o caráter, armava arapucas para o subconsciente. A descrição que faz, no sétimo capítulo deste livro, da sua contínua busca das técnicas vocais mais realísticas e eficientes para o teatro, é típica. Era esse o seu método, quer lidasse com a "preparação psicológica" ou com o "tempo" adequado para uma determinada ação em cena. Quanto ao assim chamado *Sistema Stanislavski*, bem, como ele mesmo nos disse no primeiro dia: "estava sempre mudando". Algumas das primeiras descobertas do Teatro de Arte de Moscou já haviam sido superadas e ele tinha a impressão de que realmente não encontrara respostas definitivas. Estou certo de que manteve essa convicção até o dia em que morreu.

Devemos estudar os escritos de Stanislavski com cuidado e grande desejo de captar o pleno sentido de tudo o que ele escreveu. Mas não nos devemos refestelar e ficar pensando que o mestre nos deixaria parar nesse ponto. Ele estava interessado em crescimento. Nós também devemos estar.

Hoje Stanislavski está morto há mais de dez anos. Abusa-se do seu nome quase tanto quanto se faz uso dele. Poderia ele ser, de fato, o símbolo da *Arte pela Arte*? Teria sido o Teatro de Arte de Moscou uma espécie de sacerdócio com o privilégio de ver no âmago do *sanctum sanctorum*? Será que esses atores sabiam tanto sobre a sua arte que alcançaram uma meta que ninguém mais pode atingir? Seria o Método de Stanislavski a perfeita antítese do teatro norte-americano da Broadway — às vezes chamado the *slick theatre*, o teatro certinho, superficial, lustroso?

Eu gostaria de ter podido levar Stanislavski para ver, por exemplo, *Carmen Jones*, *A morte de um caixeiro-viajante*, *Carrossel*, *Um bonde chamado desejo*, *Nascida ontem*, *Oklahoma*, *Victoria Regina*, *Nossa cidade*. Tenho a certeza de que ele apreciaria todos esses espetáculos e se assombraria de terem sido encenados em tão pouco tempo. Creio que aprovaria a vitalidade, o entusiasmo e o talento da nossa gente de teatro de agora. E embora seja bem possível que zombasse das poucas tentativas puramente comerciais que escapolem e conseguem fazer sucesso, ele sentiria que, hoje, Nova York está produzindo muita coisa que é nova e corajosamente experimental. Acho que ele ia gostar de nós.

Nova York, 27 de fevereiro de 1949
JOSHUA LOGAN

CAPÍTULO I   Para uma caracterização física

I

No começo da aula eu disse a Tórtsov, o diretor da nossa escola de teatro, que podia compreender com meu cérebro o processo de implantar e treinar dentro de mim os elementos necessários para criar uma personagem, mas que ainda não via com clareza como conseguir a construção dessa personagem em termos físicos. Porque, se não usarmos nosso corpo, nossa voz, um modo de falar, de andar, de nos movermos, se não acharmos uma forma de caracterização que corresponda à imagem, nós, provavelmente, não poderemos transmitir a outros o seu espírito interior, vivo.

— Sim — concordou Tórtsov —, sem uma forma externa, nem sua caracterização interior nem o espírito da sua imagem chegarão até o público. A caracterização externa explica e ilustra e, assim, transmite aos espectadores o traçado interior do seu papel.

— É isso! — exclamamos Paulo e eu.

— Mas como conseguimos essa caracterização externa, física? — perguntei.

— Na maior parte das vezes, principalmente com os atores de talento, a materialização física de uma personagem a ser criada surge espontaneamente, desde que se tenha estabelecido os valores interiores certos — explicou Tórtsov. — Em *Minha vida na arte* há muitos exemplo disto. Um deles é o caso do papel do Dr. Stockman, em *Um inimigo do povo*, de Ibsen. Assim que se fixou a forma espiritual certa, assim que se teceu a caracterização interior certa por meio de todos os elementos que tinham afinidade com a imagem, surgiram, não se sabe de onde, a intensidade nervosa de Stockman, seu andar aos arrancos, seu pescoço jogado para a frente e dois dedos esticados, tudo isto denunciando o homem de ação.

— E quando não se tem a sorte de contar com um acidente tão espontâneo? O que é que se faz então? — perguntei a Tórtsov.

— O que é que se faz? Lembra-se, na peça de Ostrovski, *A floresta*, como Pedro explica a Aksiucha o que deve fazer para que os dois não sejam reconhecidos em sua fuga? Diz ele: "Deixa-se cair uma pálpebra... e tem-se um zarolho!"

Exteriormente não é difícil nos disfarçarmos. Uma vez me aconteceu algo parecido. Eu tinha um amigo e o conhecia muito bem. Falava com voz de baixo profundo, tinha cabelos compridos, barba cerrada e um bigode frondoso. De repente cortou o cabelo e raspou as suíças. De dentro surgiram feições bem miúdas, um queixo reentrante e orelhas de abano. Encontrei-o com esse novo aspecto num jantar de família, em casa de amigos. À mesa sentamo-nos frente a frente e travamos conversa. "Quem será que ele me lembra?" — fiquei a dizer com os meus botões, sem nunca desconfiar que me recordava ele mesmo. Para disfarçar a voz grave meu amigo só falava em tons agudos. Isso durou até a metade da refeição e conversei com ele como se fosse um estranho.

E aqui está outro caso. Uma mulher lindíssima que eu conhecia foi picada na boca por uma abelha. Seu lábio inchou e a boca ficou totalmente distorcida. Isto não só lhe mudou a aparência, tornando-a irreconhecível, mas também lhe alterou a pronúncia. Encontrei-a por acaso e conversei com ela vários minutos até me dar conta de que era uma amiga íntima.

Enquanto descrevia essas experiências pessoais, Tórtsov foi cerrando um olho quase imperceptivelmente, como se um começo de terçol o incomodasse. Ao mesmo tempo arregalou bem o outro olho erguendo a sobrancelha. Tudo se fez de tal modo que mal poderia ser percebido até pelos que estavam mais perto. Entretanto, mesmo essa pequena alteração produzia um estranho efeito. Ele, naturalmente, ainda era Tórtsov, mas estava mudado e a gente já não tinha confiança nele. Sentia-se nele malícia, astúcia, grosseria, qualidades que, todas elas, pouco se relacionavam com o seu eu verdadeiro. Foi só quando parou de atuar com os olhos, que ele voltou a ser o nosso bom velho Tórtsov. Mas era só envesgar um olho... e lá vinha outra vez aquela astuciazinha maldosa, mudando-lhe completamente a personalidade.

— Estão cientes — explicou-nos —, de que por dentro permaneço o mesmo e falo por mim, quer de olho fechado ou aberto, quer de sobrancelha alta ou baixa? Se eu pegasse um sestro que forçasse meu olho a envesgar-se, também assim minha personalidade continuaria inalterada, permaneceria normal e natural. Por que iria eu mudar interiormente por causa de um leve estrabismo? Sou o mesmo quer de olho aberto ou fechado, quer de sobrancelha levantada ou abaixada.

"Ou, suponhamos que eu tenha sido picado por uma abelha — como aconteceu com a minha amiga bonita — e que fiquei com a boca deformada."

Aí Tórtsov, com extraordinário realismo, repuxou a boca para o lado direito, o que lhe alterou completamente a fala.

— Será que esta distorção exterior não só do meu rosto mas também da minha fala — prosseguiu, com seu método de pronúncia radicalmente mudado — interfere em minha personalidade e nas minhas reações naturais? Terei de deixar de ser eu mesmo? Nem a picada da abelha nem a distorção artificial da minha boca devem influenciar minha vida interior de ser humano.

E uma coxeadura (aí Tórtsov mancou), ou uma paralisia dos braços (instantaneamente perdeu todo controle sobre eles) ou uma corcunda (sua espinha reagiu de acordo) ou um modo exagerado de virar os pés para dentro ou para fora (o diretor andou, primeiro de um jeito e, depois, de outro)? Ou uma posição incorreta dos braços e das mãos, mantendo-os muito para a frente ou muito para trás (exemplificou)? Será que todas essas ninharias exteriores podem exercer alguma atuação em meus sentimentos, nas minhas relações com os outros ou no aspecto físico do meu papel?

Era espantosa a facilidade, a simplicidade e naturalidade com que Tórtsov instantaneamente demonstrava todas as deficiências físicas que descrevia: uma claudicação, a paralisia, uma corcunda, várias posturas das pernas e dos braços.

— E que notáveis truques externos, capazes de transformar inteiramente a pessoa que representa um papel, podem ser realizados com a voz, com a fala e a pronúncia, principalmente a das consoantes! Por certo é preciso ter a voz bem empostada e treinada para poder modificá-la; de outro modo será impossível falar durante um período considerável usando os tons de voz mais agudos ou os mais graves. Quanto à modificação da pronúncia, principalmente a das consoantes, consegue-se muito simplesmente: puxa-se a língua para trás, encurtando-a (Tórtsov demonstrou enquanto falava) e o resultado será um modo especial de falar, lembrando um pouco a maneira inglesa de lidar com as consoantes. Ou então alonga-se a língua, empurrando-a um pouco adiante dos dentes (mais uma vez demonstrou o que descrevia) e fica-se com um ceceio tolo que, devidamente trabalhado, serviria para um papel como o de *O idiota*. Ou então procura-se ajeitar a boca em posições fora do comum e obtém-se ainda outros modos de falar. Vejamos, por exemplo, um inglês, que tem o lábio superior curto e os dentes incisivos muito longos, como os dos roedores. Encurta-se o lábio superior, e mostram-se mais os dentes.

— Mas como o consegue? — indaguei, tentando inutilmente fazê-lo.

— Como é que eu faço? Muito simples — respondeu Tórtsov, tirando um lenço do bolso e esfregando os dentes superiores e o lado de dentro do lábio superior até ficarem bem secos. Depois, por trás do lenço, dobrou para dentro o lábio superior, que permaneceu preso às gengivas secas, de modo que, ao afastar a mão do rosto, nos deixou abismados com a finura do seu lábio superior e a agudez dos seus dentes.

Esse artifício exterior ocultou-nos sua personalidade comum, familiar. Diante de nós estava o inglês mencionado ainda há pouco. Tínhamos a impressão de que tudo em Tórtsov se transformara. A pronúncia, a voz eram outras, bem como o porte, o andar, as mãos e pernas. E isso não foi tudo. Sua psicologia inteira parecia transformada. E no entanto Tórtsov não fizera qualquer adaptação interior. Num segundo largou o truque do lábio superior e continuou falando por si mesmo até que pôs outra vez o lenço na boca, secou o lábio e a gengiva e quando baixou a mão com o lenço transformara-se de novo em inglês.

Isto se deu espontaneamente. Só quando o analisamos e confirmamos é que Tórtsov reconheceu o fenômeno. Não foi ele que o explicou mas nós que lhe dissemos como todas as características que vieram à tona intuitivamente eram adequadas e preenchiam o retrato do *gentleman* de lábio superior curto e dentes longos — tudo isso resultado de um simples artifício exterior.

Depois de sondar os próprios pensamentos, computando o que se passava dentro dele mesmo, Tórtsov observou que até em sua psicologia, apesar de involuntariamente, houvera um impulso imperceptível que achava difícil analisar de imediato.

Era, entretanto, indubitável que as suas faculdades interiores responderam à imagem externa que ele criara e se adaptaram a ela, pois as palavras que pronunciou não eram propriamente suas, embora os pensamentos que expressou o fossem.

Portanto, Tórtsov, nessa aula, demonstrou ao vivo que a caracterização exterior pode ser obtida intuitivamente e também por meio de simples truques exteriores, puramente técnicos, mecânicos.

Mas como encontrar o truque certo? Aí estava mais um problema para me intrigar e perturbar. Seria coisa que se aprendesse, que se imaginasse, que se copiasse da vida ou que se encontra por acaso, nos livros, estudando anatomia?

— A resposta é... de todos esses modos — explicou Tórtsov. — Cada indivíduo desenvolve uma caracterização exterior a partir de si mesmo e de outros; tirando-a da vida real ou imaginária conforme sua intuição, e observando a si mesmo e aos outros. Tirando-a da sua própria experiência da vida ou da de seus amigos, de quadros, gravuras, desenhos, livros, contos, romances, ou de algum simples incidente, tanto faz. A única condição é não perder seu eu interior enquanto estiver fazendo essa pesquisa exterior. E agora, lhes digo o que vamos fazer. Nossa próxima aula será uma *mascarada*.

Essa proposta causou espanto geral.

— Cada aluno vai preparar uma caracterização exterior e mascarar-se com ela.

— Uma *mascarada*? Uma caracterização exterior de que espécie?

— A espécie não tem importância. Escolham o que quiserem: um comerciante, um persa, um soldado, um espanhol, um aristocrata, um mosquito, uma rã — o que quer ou quem quer que lhes agrade. Os trajes e os recursos de caracterização do teatro estarão às suas ordens. Escolham roupas, perucas, maquilagem.

Sua declaração a princípio nos consternou, depois, despertou discussões e curiosidade e, finalmente, geral interesse e excitação.

Cada um de nós começou a pensar em alguma coisa, a imaginar qualquer coisa, a tomar notas, a fazer desenhos secretos, preparando a escolha de um retrato, um traje, uma maquilagem.

Só Gricha permaneceu, como sempre, indiferente e frio a essa sugestão.

CAPÍTULO II Vestir a personagem

I

Hoje toda a nossa turma foi às grandes salas onde estão guardados os trajes do teatro; uma delas ficava acima do *foyer* e a outra, no porão, exatamente embaixo do auditório.

Em menos de quinze minutos Gricha escolheu o que queria e foi-se. Também alguns dos outros não levaram muito tempo. Somente Sônia e eu não conseguíamos fazer uma escolha definitiva.

Moça namoradeira, teve os olhos desorientados e a cabeça em turbilhão ao ver tantos vestidos lindos. Quanto a mim, ainda não estava certo do que pretendia retratar e confiava em ter alguma feliz inspiração.

Examinando cuidadosamente tudo que me mostravam, esperava dar com algum traje que me sugerisse uma imagem atraente. Um simples fraque velho chamou-me a atenção. Era de um tecido notável, que eu nunca vira antes — uma espécie de pano cor de areia, esverdeado, acinzentado, parecendo desbotado, coberto de manchas e de pó misturado com cinza. Tive a impressão de que um homem com aquele fraque pareceria um fantasma. Uma sensação quase imperceptível de asco, mas, ao mesmo tempo, um senso de fatalidade ligeiramente aterrador apossaram-se de mim ao fitar a velha roupa.

Combinando com um chapéu, luvas, sapatos empoeirados e maquilagem e cabeleira da mesma cor e nos mesmos tons do tecido do fraque — tudo acinzentado, amarelado, esverdeado, desbotado e penumbroso — obter-se-ia um efeito sinistro mas, de certo modo, familiar. Qual seria exatamente esse efeito eu não podia ainda determinar.

Os encarregados da rouparia separaram o fraque que escolhi e prometeram procurar acessórios que combinassem com ele: sapatos, luvas, cartola, bem como peruca e barba. Mas eu não estava satisfeito e continuei procurando até o último instante, quando a amável chefe da rouparia disse-me, finalmente, que precisava se preparar para a representação daquela noite. Não havia nada a fazer senão retirar-me sem ter chegado a uma decisão final e deixando reservado para mim apenas o fraque manchado.

Emocionado, perturbado, saí da rouparia, levando comigo este enigma: que personalidade deveria assumir quando envergasse aquele velho fraque estragado?

A partir daquele instante e até a hora da *mascarada*, que se fixara para dali a três dias, algo pôs-se a agir dentro de mim: eu não era eu, no sentido da minha visão habitual de mim mesmo. Ou, para ser mais preciso, não estava sozinho, mas com alguém que procurava em mim mesmo sem poder encontrar.

Eu existia, prosseguia com a minha vida comum, mas qualquer coisa me impedia de entregar-me inteiramente a ela, perturbando a minha existência habitual. Parecia dividido em dois. Embora olhando para o que quer que me chamasse a atenção, eu não o via em sua plena extensão, mas apenas vagamente, sem mergulhar-lhe ao fundo. Pensava, mas sem concluir os raciocínios, ouvia mas só com meio ouvido, sentia o cheiro das coisas mas só parcialmente. Metade da minha energia e capacidade humana tinha, de algum modo, desaparecido e essa perda minava minha força, energia e atenção. Não levava a termo empreendimento algum. Sentia a necessidade de realizar algo da máxima importância, mas aí uma nuvem baixava sobre meu consciente, eu já não sabia qual a etapa imediata, ficava distraído e dividido. Era um estado cansativo e torturante! Não me deixou por três dias inteiros e durante esse tempo a questão de saber quem eu iria interpretar na *mascarada* ficou sem resposta.

Finalmente, à noite, acordei de repente e tudo estava claro. Aquela segunda vida que eu vivera paralelamente à minha vida habitual era secreta, subconsciente. Nela prosseguia o trabalho da busca daquele homem mofado cujas roupas eu achara por acaso.

Mas aquela luz não durou muito. Esvaiu-se outra vez e eu me agitei na cama, irresoluto e insone. Era como se tivesse esquecido alguma coisa, sem conseguir lembrá-la nem tampouco achá-la. Era uma situação penosa e, no entanto, se um mágico se oferecesse para apagá-la não estou nada certo de que o deixaria fazê-lo.

Outra coisa estranha também observei em mim: parecia estar certo de que não acharia a imagem da pessoa que buscava. Assim mesmo, prosseguia na busca. Não era em vão que, durante aqueles dias, eu nunca passara pela loja de um fotógrafo sem examinar os retratos na vitrina tentando compreender quem seriam os seus modelos. Poderão perguntar-me por que não entrava na loja para examinar as pilhas de fotografias que lá estavam. Com um vendedor de artigos de segunda mão poderia achar volumes ainda maiores de velhas fotos poeirentas e ensebadas. Por que não aproveitava esse material? Por que não examinei tudo isso? Mas eu, indolentemente, apenas passava os olhos pelo menor dos pacotes e, descuidado, desprezava o resto para não sujar as mãos.

O que se passava? Como se pode explicar essa inércia ou esse sentimento de personalidade dividida? Penso que provinha de uma convicção inconsciente mas firme, no meu íntimo, de que o empoeirado cavalheiro das roupas mofadas, mais cedo ou mais tarde, cobraria vida para me salvar. "Não adianta olhar, é melhor não achar o homem mofado" — esta era, provavelmente, a instigação inconsciente de uma voz interior.

E depois houve estranhos momentos que se repetiram umas duas ou três vezes: ia andando pela rua e de repente tudo se me esclarecia, eu parava de súbito para tentar apreender em sua máxima extensão o que me acontecera... um segundo passava-se e depois outro e eu me sentia capaz de sondar algumas profundezas... então esgotavam-se os segundos e aquilo que em mim viera à tona mergulhava de novo a perder de vista e mais uma vez eu me via cheio de perplexidade.

De outra vez surpreendi a mim mesmo caminhando com um andar inseguro, sem ritmo, que me era totalmente alheio e do qual não me pude livrar logo.

E à noite, como não pudesse dormir, comecei a esfregar as mãos de modo peculiar. "Quem é que esfrega as mãos deste jeito?", perguntei-me, mas não consegui lembrar. Só sei que quem quer que o faça tem mãos pequenas, estreitas, frias, suadas, mas com as palmas vermelhas, vermelhas. É desagradabilíssimo apertar uma mão dessa espécie, toda pegajosa e sem ossos... Quem é ele, quem é ele?

Ainda me achava nesse estado de divisão interior, de insegurança e de incessante busca de alguma coisa que não conseguia achar, quando entrei no camarim geral onde teríamos de envergar nossos trajes e fazer nossas maquilagens, todos juntos, em vez de isoladamente. O zunzum e a algazarra das conversas dificultavam a concentração. No entanto eu sentia que esse momento da minha primeira investidura naquele fraque mofado, bem como a aplicação da peruca e barba cinzento-amareladas, e do resto, tinha uma importância extrema para mim. Somente essas coisas materiais poderiam impelir-me a encontrar aquilo que eu estava buscando subconscientemente. Depositara nesse momento minha última esperança.

Mas tudo em derredor de mim perturbava-me. Gricha, sentado a meu lado, já estava maquilado de Mefistófeles. Vestira-se com um maravilhoso traje negro espanhol e despertava exclamações de inveja em todos que o avistavam. Outros dobravam-se de rir, olhando para Vânia que, para se transformar num velho, cobrira o rosto infantil com tantos riscos e pontos que mais parecia um mapa. Paulo irritou-me, no íntimo, porque se contentara em se cobrir com os banais trajes e a aparência geral de um elegante. De fato o resultado era surpreendente, pois até então ninguém desconfiara ainda que dentro de roupas habitualmente frouxas e mal-ajustadas ele escondia um corpo benfeito com belas pernas firmes. Leão nos divertiu com sua nova tentativa de se transformar em aristocrata. Naturalmente não o conseguiu, também dessa vez, mas tínhamos de lhe dar crédito pela perseverança. Sua maquilagem, com uma barba cuidadosamente aparada, os sapatos de salto alto, aumentando-lhe a estatura, faziam-no parecer mais esbelto e davam-lhe um ar imponente. Seu andar cuidadoso, resultante sem dúvida dos saltos altos, emprestava-lhe uma graça que não lhe era habitual na vida cotidiana. Também Vásia nos fez rir e conquistou nossa aprovação com a sua inesperada ousadia. Ele, o ágil acrobata, o bailarino, o orador operístico, concebera a ideia de esconder sua personalidade sob o longo casaco de um comerciante moscovita, de largas lapelas, colete florido, ventre rotundo e a barba e o cabelo cortados *à la russe*.

Nosso camarim retumbava de exclamações tal como se se tratasse de alguma representação comum de amadores.

— Puxa, eu nunca te reconheceria! — "Não vá me dizer que isso é você!" — "Espantoso!" — "Ótimo, eu não pensava que você fosse capaz!" — e assim por diante, indefinidamente.

Essas exclamações me enlouqueciam e as observações marcadas de dúvida e desagrado com que fui aquinhoado muito me desalentaram.

— "Alguma coisa está errada... não sei bem o que é... quem é ele?" "Não estou entendendo, quem é que você quer ser?"

Como era horrível ouvir essas observações e perguntas sem ter nada para responder!

Quem é que eu queria representar? Como ia saber? Se pudesse adivinhar seria o primeiro a dizê-lo.

Desejava ardentemente ver o maquilador nas profundezas do inferno. Até ele chegar e transformar meu rosto no de um pálido e rotineiro louro de teatro, eu sentia que estava prestes a descobrir minha secreta identidade. Um leve arrepio me percorreu quando lentamente vesti a velha roupa, ajustei a cabeleira e apliquei a barba e o bigode. Se estivesse sozinho no camarim, longe de todo aquele ambiente perturbador, certamente teria compreendido quem era o misterioso estranho dentro de mim. Mas o falatório e a zoeira impediam-me de retirar-me de mim mesmo e penetrar naquela inescrutável coisa que se passava no meu interior. Finalmente saíram todos e foram para o palco da escola a fim de serem inspecionados por Tórtsov. Sozinho no camarim sentei-me, prostrado de todo, fitando desamparadamente no espelho meu rosto teatral desprovido de feições próprias. No íntimo já me convencera do fracasso. Resolvi não me apresentar ao diretor e tirar o traje, remover a maquilagem com o auxílio de um creme esverdeado de horroroso aspecto que estava à minha frente. Já metera um dedo nele e começara a esfregá-lo na cara. E... continuei esfregando. Todas as outras cores se esfumaram, como aquarela que tivesse caído em algum líquido. Meu rosto ficou amarelo-cinzento-esverdeado como uma espécie de réplica ao meu traje. Era difícil distinguir onde estava o meu nariz, ou os olhos, ou os lábios. Espalhei um pouco do mesmo creme na barba e no bigode e, finalmente, em toda a cabeleira. Alguns fios grudaram em pelotas... e então, quase como se estivesse delirando, pus-me a tremer, meu coração batia, apaguei as sobrancelhas, empoei-me a esmo, lambuzei as costas das mãos com uma cor esverdeada e as palmas com um rosa-claro. Estiquei o casaco e dei um puxão na gravata. Fiz tudo isso com um toque seguro e rápido, pois desta vez sabia quem estava representando e que tipo de sujeito ele era!

Com a cartola colocada num ângulo um tanto provocante, apercebi-me, de repente, do estilo das minhas calças de talhe inteiro, outrora elegantes e hoje tão usadas e gastas. Fiz com que minhas pernas se adaptassem ao friso que se formara nelas, virando a ponta dos pés bem para dentro. Isto tornou-me as pernas ridículas (já repararam como são ridículas as pernas de certas pessoas?). Sempre senti aversão por essas pessoas. Graças a essa posição pouco habitual das minhas pernas, fiquei parecendo mais baixo e o meu andar mudou inteiramente. Por algum motivo, meu corpo todo se inclinou um pouco para o lado direito. Só me faltava uma bengala. Havia uma ali perto e eu a apanhei, se bem que não correspondesse com exatidão à imagem que tinha em mente. Agora só precisava de uma pena de pato para pôr atrás da orelha ou segurar nos dentes. Mandei um servente buscá-la e enquanto esperava-o de volta pus-me a andar de um lado para o outro na sala, sentindo todas as partes do meu corpo, feições, linhas faciais, assumirem suas devidas posições e se estabelecerem. Depois de percorrer a sala duas ou três vezes com passo incerto, desigual, olhei no espelho e não me reconheci. Desde a última vez que me olhara, uma nova transformação ocorrera.

— É ele, é ele! — exclamei, sem poder reprimir a alegria que me sufocava. Se ao menos a pena chegasse eu poderia ir para o palco.

Ouvi passos no corredor. Certamente era o servente trazendo a pena. Precipitei-me ao seu encontro e, na porta, dei de cara com Rakhmánov.

— Que susto me deu! — exclamou. — Meu caro rapaz, quem pode ser isso? Que disfarce! É Dostoiévski? O Eterno Marido? Será que você é... Kóstia? O que é que pretende representar?

— Um crítico! — respondi com voz rouca e dicção cortante.

— Que crítico, meu rapaz? — prosseguiu Rakhmánov em sua curiosidade, um tanto abalado com o meu olhar penetrante e atrevido.

Eu me sentia como uma sanguessuga agarrada a ele.

— Que crítico? — retruquei, com evidente intenção de ofendê-lo. — O crítico catador de defeitos, que mora dentro de Kóstia Nazvanov. Moro nele para interferir no seu trabalho. É essa a minha grande alegria. É esse o propósito da minha existência.

Eu mesmo fiquei assombrado com o tom de voz acintoso, desagradável — e o olhar fixo, rude, cínico com os quais me dirigi a Rakhmánov. Minha entonação e autossuficiência o perturbaram. Não sabia como achar um novo ângulo de abordagem e portanto ficava perdido sem saber o que me diria. Estava completamente desconcertado.

— Vamos — disse afinal, bastante incerto —, os outros já começaram há muito tempo.

— Então vamos, já que eles começaram há muito tempo — imitei-lhe as palavras e não me mexi mas continuei fitando descaradamente meu instrutor desconcertado.

Seguiu-se uma pausa incômoda. Nenhum de nós dois se mexeu. Era evidente que Rakhmánov queria dar por encerrado o incidente o mais depressa possível, mas não sabia como fazê-lo. Felizmente, para ele, o servente entrou correndo, naquele instante, com a pena de ganso. Eu a arranquei de suas mãos e enfiei entre os lábios. Isto afinou minha boca, transformando-a numa linha reta e raivosa. A ponta aguçada de um lado dos lábios e o largo clarão de penas do outro acentuavam a expressão corrosiva de meu rosto.

— Vamos — repetiu Rakhmánov, em voz baixa, quase envergonhada.

— Vamos! — meu tom de imitação era atrevido e causticante.

Entramos no palco enquanto Rakhmánov se esforçava por desviar-se dos meus olhos. A princípio ocultei-me por trás do grande fogão de ladrilhos cinzentos que fazia parte do cenário e só às vezes deixava aparecer minha cartola ou meu perfil.

Durante esse tempo Tórtsov punha à prova Leão e Paulo — o aristocrata e o elegante — que acabavam de ser apresentados um ao outro e se diziam tolices porque, dado o calibre intelectual dos personagens que interpretavam, não lhes restava muito mais o que dizer.

— Que é aquilo? Quem é aquele? — ouvi Tórtsov exclamar, de repente. — Parece que tenho a impressão de que alguém está sentado aí atrás do fogão, que diabo! Quem é?... Já vi vocês todos, quem é esse... Kóstia? Não, não é.

— Quem é você? — Tórtsov dirigiu-se a mim, pessoalmente, e via-se que estava muito intrigado.

— Sou o Crítico — apresentei-me, avançando. Ao fazê-lo, minha perna torcida projetou-se ante mim, inesperadamente, e isso jogou meu corpo mais para a direita. Tirei a cartola com exagero e executei uma polida reverência. Depois do que, voltei ao meu lugar semiescondido atrás do fogão, cuja cor esmaecida se igualava à do meu traje.

— O crítico? — disse Tórtsov, um tanto perplexo.

— Sim... e dos malvados — expliquei numa voz rascante. — Está vendo esta pena? Está toda mascada... de raiva... Mordo-a no meio, assim; ela estala e estremece.

A essa altura, para minha total surpresa, emiti um guincho estridente, em vez de uma gargalhada. Eu mesmo me espantei, de tão inesperado. Evidentemente surtiu efeito em Tórtsov também.

— Que di... — começou a exclamar e depois acrescentou. — Venha cá, você, mais perto da ribalta.

Adiantei-me, com um andar sinistro, largado.

— Que crítico é você? — perguntou Tórtsov, sondando-me com os olhos como se não me reconhecesse. — Crítico de quê?

— Da pessoa com quem vivo — rouquejei.

— E quem é? — prosseguiu Tórtsov.

— Kóstia — respondi.

— Você entrou na pele dele? — Tórtsov sabia dar-me as deixas certas.

— Se entrei!

— Quem deixou?

— Ele.

Aí minha risada guinchante começou de novo a me sufocar. Tive de controlar-me antes de poder prosseguir:

— Foi ele. Os atores gostam das pessoas que os elogiam. Mas de um crítico...

Novo acesso de um risinho estridente e sarcástico me interrompeu. Dobrei um joelho para poder encarar Tórtsov bem de frente.

— Quem é que você pode criticar? Você não passa de um ignorante — objetou o mestre.

— O ignorante é quem mais critica — retorqui.

— Você não entende nada e não sabe fazer nada — continuou o diretor, provocando.

— É justamente quem não sabe nada, que ensina — repliquei, sentando-me afetadamente no chão do palco, junto das luzes da ribalta, do outro lado das quais estava Tórtsov, de pé.

— Não é verdade que você seja um crítico... é apenas um catador de defeitos! Uma sanguessuga, um piolho! Sua mordida não é perigosa, mas torna a vida insuportável!

— Vou consumi-lo... pouco a pouco... implacavelmente — rouquejei.

— Seu verme! — explodiu Tórtsov, francamente amolado.

— Santo Deus, que modo de falar! — Inclinei-me bastante por sobre a ribalta, tentando fisgar a atenção de Tórtsov. — Que falta de controle!

— Verme imundo! — Tórtsov agora estava quase aos berros.

— Muito bem, muito bem, beníssimo! — Com alegria eu agora forçava as minhas insinuações, sem trégua. — Não se pode limpar com a mão uma sanguessuga. Onde há uma sanguessuga há um lago... e nos lagos, mais sanguessugas... Não se pode livrar delas... nem de mim... — Depois de hesitar um momento, Tórtsov, de súbito, curvou-se por sobre a ribalta e abraçou-me afetuosamente.

— Bom trabalho, rapaz!

Notando que o manchara com a maquilagem que me escorria pelo rosto, acrescentei:

— Cuidado com o que está fazendo! Agora é que não pode mesmo me limpar com a mão!

Os outros acorreram para reparar o estrago mas eu ficara tão extasiado com essa marca da aprovação do diretor, que dei um pulo, fiz algumas cabriolas e depois, no clamor do aplauso geral, corri para fora de cena com o meu andar normal.

Voltando-me vi Tórtsov, de lenço na mão, parar de limpar a maquilagem o bastante para olhar-me ao longe com admiração.

Eu estava deveras feliz. Mas não era uma satisfação comum. Era uma alegria que brotava diretamente da realização artística, criadora.

Indo para casa, surpreendi-me a repetir os gestos e o andar da personagem cuja imagem eu criara.

Mas não foi só isso. Durante o jantar, com minha senhoria e os outros hóspedes, mostrei-me capcioso, desdenhoso e irritável — diferente de mim mas muito parecido com o meu crítico implicante. Até a senhoria o notou.

— O que é que você tem hoje? — observou. — Não está um pouco prepotente?...

Fiquei maravilhado.

Alegrava-me porque compreendia como viver a vida de outra pessoa, e o que significa embeber-me numa caracterização.

Isso é um recurso importantíssimo para o ator.

Enquanto tomava banho lembrei-me de que representando o papel do crítico ainda assim não perdia a sensação de que era eu mesmo. Concluí que isso era porque, enquanto representava, eu sentia um prazer imenso em acompanhar a minha transformação. De fato era o meu próprio observador ao mesmo tempo que outra parte de mim estava sendo uma criatura crítica, censuradora.

Mas posso acaso afirmar que essa criatura não faz parte de mim? Derivei-a da minha própria natureza. Dividi-me, por assim dizer, em duas personalidades. Uma, permanecia ator, a outra, era um observador.

Por mais estranho que pareça, essa dualidade não só não impedia, mas até promovia meu trabalho criador. Estimulava-o e lhe dava ímpeto.

CAPÍTULO III Personagens e tipos

I

O trabalho, hoje, foi dedicado a uma análise crítica da nossa atuação na *mascarada*.

Tórtsov voltou-se para Sônia e disse:

— Há atores e principalmente atrizes que não sentem necessidade de preparar caracterizações ou de se transformarem noutros personagens, porque adaptam todos os papéis a seu encanto pessoal. Edificam o seu êxito exclusivamente sobre essa qualidade. Sem ela ficam mais desamparados do que Sansão depois que lhe tosquiaram as madeixas.

"Há uma grande diferença entre procurar e escolher em nós mesmos emoções que se relacionem com um papel e alterar esse papel para que sirva aos nossos recursos mais fáceis.

"Qualquer coisa que se possa interpor entre a sua própria individualidade humana, inata, e o público, parece alarmar tais atores.

"Se sua beleza física afeta os espectadores, eles a exibem com alarde. Se o encanto está em seus olhos, seu rosto, sua voz, seus maneirismos, eles o dirigem como um foco de luz sobre a plateia, como fez você, Sônia.

"Para que nos transformarmos noutra personagem quando ela nos torna menos atraentes do que na vida real? O caso é que você de fato gosta mais de você no papel do que do papel em você. Isso é um erro. Você tem capacidades. É capaz de mostrar não só você mesma como também um papel criado por você.

"Há muitos atores que creem e confiam no próprio encanto e é isso que mostram ao público. Por exemplo, Dacha e Nicolau. Eles pensam que o encanto está na profundidade dos seus sentimentos e na intensidade nervosa com que os experimentam. E nessa base interpretam cada papel, aprimorando-o com os seus próprios atributos naturais mais fortes.

"Enquanto você, Sônia, está apaixonada pelos seus próprios atributos externos, os outros dois não são indiferentes às qualidades interiores que têm.

"Por que se preocupar com trajes e maquilagem, quando só servem para atrapalhar!

"Esse também é um erro do qual precisam se libertar. Aprendam a amar seu papel em vocês. Vocês têm a capacidade criadora necessária para construí-lo.

"Há, entretanto, atores de outro tipo. Não precisam olhar em volta. Ainda não tiveram tempo de se transformar nesse tipo. Esses atores prendem o público com seus modos originais, sua variedade especial e finalmente elaborada de clichês histriônicos. Seu único objetivo ao pisarem o palco é exibi-los aos espectadores. Por que iriam ter o trabalho de se transformar noutras personagens quando isso não lhes daria a oportunidade de mostrar o seu *forte*?

"Uma terceira categoria de atores falsos são os bons em técnica e clichês mas que não os desenvolveram por si mesmos, contentaram-se em tirá-los de outros atores de outras épocas e países. Essas caracterizações baseiam-se num ritual convencionalíssimo. Eles sabem como cada papel de um repertório mundial deve ser feito. Para eles, os papéis já estão permanentemente recortados segundo um clichê aceito. De outra forma jamais poderiam interpretar quase trezentos e sessenta e cinco papéis por ano, cada um depois de um só ensaio, como se faz em algumas cidades do interior.

"Espero que, entre vocês, os que se sentirem inclinados a trilhar esse perigoso caminho do menor esforço sejam advertidos a tempo.

"Veja o seu caso, Gricha. Não pense que escolhendo cuidadosamente a maquilagem e o traje da última aula você criou uma imagem de Mefistófeles, transformou-se nele ou sequer se escondeu dentro dele. Não. E foi esse o seu erro. Permaneceu o mesmo sujeito bonitão que é. Apenas envergou um novo exterior e um novo jogo de maneirismos já prontinhos, desta vez colhidos na lista dos chichês de personagens góticos ou medievais, como os chamamos em nosso jargão.

"Em *A megera domada* nós o vimos com o mesmo vestuário, só que adaptado a finalidades antes cômicas do que trágicas.

"Conhecemos também sua prática em trajes modernos para comédias contemporâneas, para dramas em prosa ou em verso. Mas seja qual for a maquilagem do rosto ou a indumentária, sejam quais forem os maneirismos e hábitos assumidos, você não consegue fugir de *Gricha Govórkov, o ator* quando está no palco. Pelo contrário, todos os métodos que emprega só servem para reconduzi-lo mais ainda a ele.

"Entretanto — e isto não é inteiramente verdadeiro — seus modos estereotipados não o ligam a *Gricha Govórkov, o ator*, mas sim a todos os atores de todos os tempos, desse mesmo tipo.

"Você pode pensar que os seus gestos, seu modo de andar e de falar são seus. Mas não são. São maneirismos universais e generalizados, amoldados em férrea forma permanente por atores que trocaram a arte pelo negócio. Agora, se alguma vez lhe ocorresse mostrar-nos em cena algo que nunca vimos, se nos mostrasse você mesmo, tal como é na vida real, não o *Ator* Gricha Govórkov, mas o homem, seria esplêndido, pois o ser humano que você é, é muito mais interessante e talentoso que o ator.

Deixe-nos vê-lo, porque o ator Govórkov é uma pessoa que já vimos a vida inteira em todos os teatros.

"Estou convencido de que Gricha, o homem, engendrará uma geração inteira de papéis característicos. Mas o ator Gricha nunca produzirá nada porque a gama dos jogos de cena de *carimbo* é espantosamente limitada e está gasta até a última camada."

Após Gricha, Tórtsov abordou a atuação de Vânia. É evidente que o diretor está-se tornando cada vez mais severo com ele. Sem dúvida o faz para arrancá-lo de seus hábitos desleixados e isso, para ele, é benéfico e salutar.

— O que nos proporcionou — disse Tórtsov — não foi uma imagem, foi um equívoco. Não era nem homem nem macaco, era um limpador de chaminés. Não tinha rosto, só um pano sujo de limpar pincéis.

"E suas maneiras, movimentos, ações? O que eram? Uma espécie de dança de são Guido? Você queria se esconder atrás da caracterização exterior de um velho mas não conseguiu. Pelo contrário, revelou mais clara e vividamente que nunca o ator Vânia Vyuntsov, porque todos os seus trejeitos eram típicos, não do velho que devia retratar, mas apenas de você mesmo.

"Seu método de exagero apenas serviu para pô-lo ainda mais em evidência: pertencia a você unicamente e nunca, em ponto algum, refletiu o velho que você queria interpretar.

"Uma caracterização dessas não é uma mutação verdadeira! Só serve para traí-lo e dar-lhe a oportunidade de fazer contorsões.

"Você não aceita a ideia de uma verdadeira caracterização, de meter-se na pele da sua personagem. Você nem sequer sabe o que essa ideia é nem sente a sua falta e é quase impossível discutir com seriedade o que nos ofereceu em vez dela. Foi qualquer coisa que nunca, em circunstância alguma, deve ser vista em nenhum palco!

"É de se esperar que este seu fracasso lhe devolva o bom-senso e finalmente o force a reconsiderar sua atitude frívola em relação ao que eu lhe digo e em relação ao seu trabalho aqui na escola. De outro modo passará mal!"

Infelizmente nosso trabalho foi interrompido a essa altura porque chamaram Tórtsov de repente e, assim, prosseguimos com alguns dos exercícios de Rakhmánov.

II

Hoje Tórtsov continuou a crítica à nossa *mascarada*.

— Já lhes falei dos atores que detestam e evitam uma caracterização do papel que constitua uma mudança completa de sua personalidade.

"Falarei agora de outros tipos de atores que, ao contrário e por vários motivos, encaminham seu esforço, de um modo geral, no sentido da caracterização. Fazem-no porque não foram excepcionalmente bem-dotados de beleza, do poder de cativar uma plateia quer com os seus dotes exteriores quer com os interiores. Com efeito, individualmente, suas personalidades não são de teatro e isto os força a se ocultarem dentro de caracterizações, tentando achar nelas o atrativo de que eles próprios carecem.

"Para fazê-lo, precisam de uma técnica refinadíssima e também de um grande senso artístico. Infelizmente esse dom esplêndido mas extremamente precioso raramente é encontrado e, no entanto, sem ele, o ator logo se deixa levar para a trilha falsa dos clichês e da superatuação. Para demonstrar com mais clareza quais são os caminhos certos e quais os errados para a criação de uma personagem, vou dar um breve esquema da variedade das facetas do ator com as quais já nos familiarizamos. Ao fazê-lo, entretanto, tomarei como pontos de referência o que vocês mesmos me apresentaram em matéria de trajes e maquilagem em vez de dar outros exemplos.

"É possível retratar em cena uma personagem em termos gerais: um mercador, um soldado, um aristocrata, um camponês etc. Para a observação superficial de uma série de categorias em que as pessoas foram outrora divididas não é difícil elaborar maneirismos remarcáveis e tipos de postura. Por exemplo, o soldado profissional em geral se mantém rigidamente ereto, marcha em vez de andar como uma pessoa normal, mexe com os ombros para exibir as dragonas, bate os calcanhares para fazer tinir as esporas, fala em voz alta, aos arrancos, por força do hábito. O camponês cospe, assoa o nariz sem lenço, anda desajeitadamente, fala de modo desconexo, enxuga a boca na ponta do seu gibão de pele de carneiro. O aristocrata está sempre de cartola, luvas e monóculo, fala afetado, gosta de brincar com a corrente do relógio ou com a fita do monóculo. Tudo isto são clichês generalizados, visando representar personagens. São tirados da vida real, existem de fato, mas não contêm a essência de uma personagem, não são individualizados.

"Foi dessa forma supersimplificada que Vásia abordou seu problema. Deu-nos tudo aquilo que às vezes passa por ser o retrato de um certo comerciante mas não é a personagem do papel. Tampouco é um simples comerciante, mas, na verdade, um 'comerciante' entre aspas.

"O mesmo tenho que dizer sobre Leão. Seu aristocrata era uma generalização. Não foi algo que ele preparou para a vida comum mas sim especificamente para o palco.

"Ambos os retratos foram tradicionais, surrados, sem vida, aquilo que se supõe que os atores façam na maioria dos teatros. Não eram pessoas vivas, mas figuras num ritual.

"Outros artistas, dotados de poderes de observação mais aguçados, são capazes de escolher subdivisões nas categorias gerais de figuras de estoque. Podem estabelecer distinções entre militares, entre o membro de um regimento comum e o do regimento de guardas, entre a infantaria e a cavalaria; conhecem soldados, oficiais, generais. Entre os comerciantes, distinguem os pequenos lojistas, negociantes, proprietários de grandes lojas. Sabem o que revela a natureza de um aristocrata e o que indica se mora na capital, na província, se é russo ou de origem estrangeira. Emprestam aos representantes desses vários grupos traços que lhes são característicos.

"Nesse campo Paulo fez um bom trabalho. De todos os tipos militares generalizados que se mostraram na *mascarada* só ele conseguiu transmitir certos traços fundamentais e típicos. Isto fez com que sua personagem não fosse apenas um militar em geral mas um soldado de fato.

"Na terceira categoria de atores característicos vamos encontrar um senso de observação ainda mais acentuado e pormenorizado. Temos agora um soldado com um nome, Ivan Ivanóvitch Ivanov e feições que não se repetem em nenhum outro soldado. Essa pessoa ainda é, indubitavelmente, uma figura militar em geral, mas também um simples soldado e, além disso, tem seu nome individual.

"Do ponto de vista da criação de uma personalidade individual só Kóstia conseguiu realizar-se.

"O que nos deu foi uma criação ousada, artística, que, portanto, deve ser discutida em seus detalhes.

"Pedirei a Kóstia que nos conte pormenorizadamente a história da evolução do seu Crítico. Será interessante, para nós, saber qual foi o processo criador que lhe permitiu viver seu papel."

Atendi ao pedido de Tórtsov e evoquei passo por passo tudo o que anotara no meu diário com referência ao amadurecimento, dentro de mim, do homem da casaca mofada. Depois de ouvir-me atento o diretor pediu que prosseguisse.

— Tente agora lembrar o que experimentou quando se sentiu firmemente integrado na imagem daquele homem.

— Senti uma satisfação especial, que não se parecia com nenhuma outra coisa antes sentida — foi minha réplica entusiasmada. — A menos que seja bastante comparável àquele único momento da nossa primeira atuação de estudantes quando interpretei a cena de Otelo com Iago. De outras vezes só tive essa sensação em curtos lampejos, no decorrer de vários exercícios.

— Pode-nos dar uma definição verbal mais precisa do que quer dizer?

— Antes de mais nada, eu acreditava plena e sinceramente na realidade daquilo que estava fazendo e sentindo. Disso nasceu um sentimento de confiança em mim mesmo e na correção da imagem que eu criara, na sinceridade das suas ações. Não era essa confiança que experimentam as pessoas absorvidas em si mesmas, o ator autoconsciente. Era qualquer coisa de natureza muito diversa, ligada a uma convicção da sua própria integridade.

"Pense só na minha atitude para com o senhor! O sentimento de admiração e respeito que lhe tenho é vivíssimo. Na vida comum sinto-me impedido de me expressar livremente, não posso esquecer que estou falando com o diretor. Sinto-me totalmente incapaz de largar mão, de dar rédeas soltas às emoções. Mas assim que me vi na pele desse outro homem, minha atitude passou por uma transformação radical. Tive até a impressão de que não era eu que conversava com o senhor, mas alguém completamente diferente e que nós dois estávamos observando essa pessoa. Foi por isso que a sua proximidade, seu olhar voltado diretamente para o âmago do meu ser não só não me embaraçaram mas, ao contrário, me acirraram. Gostei de encará-lo desaforadamente e ao mesmo tempo sentia que tinha o direito de fazê-lo sem medo. Mas acaso pode acreditar que seria capaz de fazê-lo, como eu mesmo? Nunca, em circunstância alguma! Na pele daquele outro fui tão longe quanto quis e, se ousei fazê-lo face a face com o senhor, não teria remorso de tratar igualmente a plateia do outro lado da ribalta."

— Sim, mas o que sentiu quando enfrentou o buraco negro da boca de cena? — perguntou um dos outros alunos.

— Nem o notei. Estava envolvido demais numa coisa muito mais interessante, que absorvia todo o meu ser.

— Portanto — concluiu Tórtsov, resumindo o que eu tinha dito —, Kóstia viveu realmente a imagem do seu desagradável Crítico. Assim, como veem, podemos usar as nossas próprias emoções, sensações, instintos, mesmo quando estamos dentro de outra personagem, pois os sentimentos de Kóstia enquanto fazia seu papel eram os dele mesmo.

"Agora pergunto: será que ele teria a coragem de nos mostrar essas mesmas emoções sem usar a máscara de uma imagem criada? Quem sabe se, nas profundezas de seu ser, não haveria sementes capazes de produzir alguma outra personalidade repulsiva? Suponhamos que o fizéssemos demonstrá-lo agora, aqui, sem maquilagem e sem traje adequado. Acha que teria a coragem?"

Tórtsov disse esta última frase em tom de desafio.

— Por que não? — retruquei. — Afinal, tentei muitas vezes representar o papel sem nenhuma maquilagem.

— Mas usou as expressões faciais, os gestos e o modo de andar adequados? — Tórtsov frisou esse ponto.

— Naturalmente — respondi.

— Bem, então foi o mesmo que uma maquilagem. Mas isso não é a parte mais importante. Pode-se apresentar a máscara mesmo sem maquilagem. Não, o que eu quero é que nos mostre seus próprios traços, sejam eles quais forem: bons ou maus, mas que sejam os mais íntimos e secretos, e que seja você mesmo, sem se ocultar atrás de qualquer imagem — insistiu Tórtsov.

— Eu teria vergonha de fazê-lo — confessei.

— Mas se você se escondesse atrás da figura de uma personagem, ainda ficaria embaraçado?

— Não. Assim poderia fazer o que pede.
— Estão vendo! — exclamou Tórtsov, encantado. — É a mesma coisa que aconteceu na *mascarada*. Vimos como um rapaz recatado, que mal seria capaz de se dirigir a uma mulher, torna-se de súbito insolente e, detrás da máscara, expõe os seus traços e instintos mais intimamente secretos, coisas que na vida comum não sonharia mencionar nem em segredo a quem quer que fosse.

"O que lhe dá tanta ousadia? A máscara e o traje atrás dos quais se esconde. Em sua própria pessoa ele jamais se atreveria a falar como o faz dentro dessa outra personalidade por cujas palavras não se sente responsável.

"Assim, a caracterização é a máscara que esconde o indivíduo-ator. Protegido por ela, pode despir a alma até o último, o mais íntimo detalhe. Este é um importante atributo ou traço da transformação.

"Já repararam que os atores e principalmente as atrizes que não gostam muito de se transportar para outras personagens, que sempre representam a si mesmos, gostam de entrar em cena como criaturas lindas, de alto berço, bondosas, sentimentais? E também o oposto, que os atores com estas características gostam de interpretar calhordas, indivíduos deformados, grotescos, porque neles veem margem para contornos mais nítidos, padrões mais coloridos, modelação mais ousada e viva da imagem — tudo isso mais eficaz em teatralidade, deixando vestígios mais profundos na lembrança do público?

"A caracterização, quando acompanhada de uma verdadeira transposição, é uma grande coisa. E como o ator é chamado a criar uma imagem quando está em cena e não simplesmente a se pavonear perante o público, ela vem a ser uma necessidade para todos nós. Noutras palavras, todos os atores que são artistas, os criadores de imagens, devem servir-se de caracterizações que os tornem aptos a se *encarnar* nos seus papéis."

III

Quando Tórtsov entrou hoje no palco da escola, tinha o braço passado em volta dos ombros de Vânia, cujos olhos estavam vermelhos, parecendo visivelmente preocupado.

Prosseguindo em sua conversa com ele, o diretor disse:

— Vá e experimente.

Um minuto depois, Vânia claudicava pelo palco afora, todo recurvado, como se tivesse sofrido um acesso.

— Não — disse Tórtsov, interrompendo-o —, isso não é um ser humano. É um molusco ou um monstro qualquer. Não exagere.

Um minuto após Vânia manquejava por ali afora com juvenil rapidez.

— Agora está muito exuberante! — disse Tórtsov, refreando-o outra vez. — Seu erro é seguir a linha de menor esforço: você se entrega à imitação puramente exterior. Mas as cópias não são obras de criação. É mau seguir essa linha. Seria melhor se você começasse por estudar a natureza da velhice. Isso o esclareceria sobre o que procurar em sua própria natureza.

"Por que é que um jovem pode, instantaneamente, dar um pulo, girar, correr, sentar-se, levantar-se, sem qualquer preparação preliminar, ao passo que um velho está privado dessas possibilidades?"

— Porque é velho. Nada mais! — disse Vânia.

— Isso não é explicação. Há outras razões, puramente físicas.

— O quê, por exemplo?

— Devido à sedimentação dos sais e ao endurecimento dos músculos e por outros motivos que enfraquecem a constituição do homem, com o passar do tempo, as juntas do velho não são bem lubrificadas. Rangem e raspam como ferro enferrujado. Isso diminui a amplitude dos gestos, reduz os ângulos de flexibilidade do torso e da cabeça. Ele se vê forçado a dividir os movimentos maiores em uma série de movimentos menores e cada um destes tem de ser preparado antes que ele o execute.

"Enquanto um rapaz pode dar giros de cinquenta ou sessenta graus com os quadris rápida e facilmente, à medida que for envelhecendo esses giros se reduzirão para ângulos de vinte graus e não se efetuarão depressa mas por partes e com atraso. Por isto é que o tempo e o ritmo nos movimentos dos velhos são tão vagarosos, tão flácidos. Todos esses fatores de moderação, para vocês que interpretam papéis, tornam-se integralmente ligados às *circunstâncias dadas*, ao *mágico se* do enredo de uma peça. Agora comece, mas vigie persistentemente cada um dos seus movimentos. Tenha em mente, com exatidão, o que uma pessoa velha é capaz ou incapaz de fazer."

Não só Vânia, como todos nós, começamos logo a agir como velhos nas *circunstâncias* dadas expostas por Tórtsov. O lugar transformou-se imediatamente num asilo de velhos.

Fazendo isto, o importante era sentir: estou agindo dentro da estrutura das definidas limitações que se associam à condição física de uma pessoa idosa. Não estou apenas fazendo teatro e arremedando.

Mesmo assim, tanto Tórtsov como Rakhmánov foram forçados a nos corrigir um após outro, por falta de precisão ou por inexatidões, sempre que nos permitíamos gestos livres ou rápidos demais e outras ações fisicamente ilógicas.

Finalmente, num coordenado esforço de atenção, conseguimos de fato algum sucesso.

— Agora estão caindo no extremo oposto — disse Tórtsov, corrigindo. — Estão se apegando constantemente ao mesmo ritmo e andamento lentos no andar e a uma cautela exagerada nos gestos. Os velhos não são assim. Como exemplo do que digo, eis um acontecimento tirado da minha própria experiência:

"Conheci certa vez uma senhora de cem anos que era capaz de dar uma corrida por toda a extensão desta sala. Tinha, antes, de passar algum tempo reunindo as forças, batendo com os pés, exercitando as pernas, experimentando passinhos curtos para começar. A essa altura dava a impressão de ser uma criança de um ano que, com enorme concentração do pensamento e da atenção, se apronta para dar os primeiros passos.

"Mas quando as pernas da velha senhora estavam flexíveis e em bom funcionamento, seus movimentos adquiriam uma espécie de ímpeto que ela não podia refrear. Movia-se para a frente cada vez mais depressa até praticamente disparar numa corrida. Aproximando-se da sua meta era-lhe difícil parar. No entanto, uma vez ali, ficava imóvel, como uma locomotiva sem vapor.

"Antes de empreender a segunda empreitada — e a mais difícil — a de retornar, descansava muito tempo. E então voltavam os demorados preparativos no mesmo lugar, a expressão preocupada, todas as precauções. Finalmente a viagem de volta era efetuada no andamento mais lento possível. Depois recomeçava toda a manobra."

Após essa explicação nós todos iniciamos novas experiências. Corremos até a parede com passinhos curtos e depois demos meia-volta muito devagar.

A princípio senti que não obtinha a ação correta nas circunstâncias dadas da velhice. Só conseguia reproduzir a cópia exterior de uma mulher de cem anos e dos seus movimentos, tais como Tórtsov os descrevera. Finalmente consegui pôr-me em marcha e decidi mesmo que tentaria sentar-me como um velho, presumivelmente porque estava exausto.

Aí o diretor interrompeu-me e disse que eu incorrera numa infinidade de erros.

— Que espécie de erros? — perguntei.

— Só os jovens sentam-se assim — explicou Tórtsov. — Você decidiu que queria sentar-se e prontamente o fez, sem mais considerações ou preparativos.

"Ainda por cima — prosseguiu — confira você mesmo o ângulo em que dobrou os joelhos para sentar-se. Quase cinquenta graus? No entanto, como velho, você nunca poderia conseguir dobrá-los mais do que vinte graus. Não, não! Isso é demais! Menos... menos ainda... muito menos. Aí está. Agora, sente-se."

Inclinei-me para trás e caí da cadeira como um saco de aveia caindo de uma carroça.

— Está vendo, o seu velho está partido em dois ou então está com um ataque de lumbago!

Comecei por todos os meios a tentar ajustar-me à ação de sentar-me sem dobrar os joelhos. Para fazê-lo fui forçado a dobrar as juntas dos quadris e a recorrer às minhas mãos como auxílio. Pondo sobre elas meu peso e segurando nos braços da poltrona, pude dobrar os cotovelos e deixar o corpo cair cuidadosamente no assento.

— Mais devagar, mais devagar... com cuidado! — dizia Tórtsov, observando-me. — Não se esqueça de que um homem verdadeiramente velho é meio cego. Antes de pôr as mãos nos braços da poltrona tem de examinar onde as põe e em quê se está apoiando. Está certo. Devagar, senão vai dar outro *jeito* nas costas. Não se esqueça que as suas juntas estão todas enferrujadas e nodosas. Mais devagar ainda, agora... Pronto!

"Pare! Pare! Em que é que está pensando? Você não pode fazer isso tudo de uma vez — objetou Tórtsov, porque eu, assim que me sentei, fui logo me encostando no espaldar. — Nós temos de descansar — explicou-me —, de dar tempo à circulação para completar sua ronda. Na velhice poucas coisas se fazem com rapidez. Assim mesmo! Agora incline-se vagarosamente para trás. Está bem! Levante uma das mãos e agora a outra, coloque-as sobre os joelhos. Deixe-se descansar. Você conseguiu.

"Mas por que tanta cautela? Já realizou o mais difícil. Pode rejuvenescer imediatamente, ficar mais ativo, enérgico, elástico; mude o andamento, o ritmo, mova-se com mais ousadia, incline-se, ponha mais vigor nas suas ações, quase como se fosse moço. Mas... só o faça dentro dos limites de quinze a vinte graus dos seus movimentos normais. Não ultrapasse, de agora em diante, esses limites, ou, se o fizer, faça-o com o máximo cuidado, se não terá cãibra.

"Se o jovem intérprete de um papel idoso concentrar a mente em como absorver e manejar as fases componentes de uma ação difícil e mais extensa, ele começará a atuar conscienciosamente, honesta e coerentemente, sem excesso de ênfase, enquanto que mantendo-se nos limites da personagem, da peça, das circunstâncias dadas que circundam a pessoa idosa, o ator conseguirá pôr-se em circunstâncias análogas, assimilará os traços exteriores, o ritmo e o andamento do velho — e tudo isso tem um grande e mesmo preponderante papel na apresentação cênica de um tal retrato.

"É difícil descobrir e capacitar-se de quais são as *circunstâncias dadas* da velhice. Mas uma vez achadas, não é difícil retê-las por meio da técnica."

CAPÍTULO IV   Tornar expressivo o corpo

I

Havia-se comentado que as portas fechadas no corredor da escola davam para uma sala que estava sendo transformada num museu e que seria, também, um salão de conferências. Alguém ouvira dizer que estavam reunindo fotografias da melhor pintura e escultura de todas as partes do mundo, bem como reproduções e objetos artísticos originais. Outro, que haveria projetos de cenários e fotografias de atores nos seus maiores papéis. A teoria era que, rodeados dessas coisas durante a maior parte do nosso horário escolar, não poderíamos deixar de desenvolver um certo critério de beleza.

Dizia-se também que os nossos instrutores planejavam uma exposição menor de arte falsa. Incluiria, entre outras coisas, fotografias dos cenários mais batidos e atravancados, de atores com trajes superteatrais, maquilagem exagerada, ostentando caretas e gestos artificiais. Tudo o que esperávamos evitar em nós mesmos. Esta coleção, disseram-nos, ficaria abrigada ao lado, no escritório de Rakhmánov. Habitualmente uma cortina a ocultaria e só nos seria mostrada para frisar alguma ponto, por contraste. Ambos os empreendimentos testemunhavam, é claro, o zelo pedagógico de Rakhmánov e foi por causa da sua excitação e orgulho que os boatos transpiraram com tantos detalhes.

Hoje as portas cerradas do salão misterioso abriram-se para nós, mas o museu nem de longe estava pronto. Estátuas de gesso, grandes e pequenas, alguns quadros, fotografias emolduradas e outras semimontadas em esteiras, grandes volumes ricamente encadernados, sobre artes plásticas, indumentária e cenografia sobre balé e dança moderna, estavam espalhados pelas cadeiras, mesas, parapeitos e até mesmo pelo chão.

Na ânsia de tornar a exposição a mais completa e eficiente possível, Rakhmánov não deixara tempo bastante para a sua instalação!

Numa das paredes notei um cartaz com a lista de todos os museus e pontos de interesse artístico em Moscou e nos seus arredores, bem como os dias e as horas em que estavam abertos. Pelos números anotados a lápis na lista e pelos nomes de autoridades ali inseridos calculei que iríamos fazer visitas sistemáticas a esses locais, coordenadas com preleções sobre as artes que se relacionam com a nossa, a da atuação.

Num canto havia um verdadeiro arsenal de espadas, espadins, punhais, floretes, máscaras e plastrões de esgrima, luvas de boxe, bem como sapatos de balé e material de ginástica. Deduzi que o nosso novo curso de treinamento do corpo deveria ser também considerado uma arte.

II

Hoje Tórtsov compareceu pela primeira vez à aula de ginástica sueca. Observou-nos e mais ou menos pela metade do habitual período de uma hora interrompeu-nos e levou-nos ao novo museu-sala de aula, onde nos falou.

— As pessoas em geral não sabem como utilizar o aparelho físico com que a natureza as dotou — disse. — Não sabem como desenvolver esses instrumentos nem como mantê-los em ordem. Músculos flácidos, postura má, peito encovado são coisas que vemos continuamente à nossa volta. Demonstram insuficiência de treino e inépcia no uso desse aparato físico.

"É possível que, na vida comum, um corpo cheio de protuberâncias fora do lugar, pernas tão compridas e finas que forçam o dono a cambalear, ombros encurvados ao ponto de quase constituírem uma deformação, sejam coisas sem importância. De fato a gente se habitua tanto com esses e outros defeitos que acaba por aceitá-los como fenômenos comuns.

"Mas quando pisamos o palco, muitas deficiências físicas menores chamam logo a atenção. Ali o ator é esmiuçado por milhares de espectadores como que através de uma lente de aumento. A menos que tenha a intenção de mostrar uma personagem com defeito físico — e nesse caso deve poder exibi-lo sem ultrapassar o grau certo — o ator deve mover-se com uma facilidade que aumente a impressão criada em vez de distrair o público dessa impressão. Para fazê-lo, precisará de um corpo saudável, em bom funcionamento, dotado de um controle extraordinário.

"Vocês já progrediram muito desde que iniciaram estas aulas. Os exercícios diários, regulares, começaram a desemperrar não só os músculos e as juntas que vocês utilizam na vida normal mas também outros de cuja existência vocês nem sabiam. Sem exercício todos os músculos definham, e reavivando as suas funções, revigorando-os, chegamos a fazer novos movimentos, a experimentar novas sensações, a criar possibilidades sutis de ação e expressão. Os exercícios contribuem para tornar a nossa aparelhagem física mais móvel, flexível, expressiva e até mais sensível.

"Chegou a hora de considerar uma outra coisa, ainda mais importante, a ser efetuada pelos seus exercícios..."

Após uma pequena pausa Tórtsov perguntou:

— Vocês admiram o físico dos "homens fortes" de circo? Eu por mim não conheço nada mais repelente do que um homem com ombros que só ficariam bem num touro, com músculos que formam grandes nós górdios por seu corpo afora. E já viram esses "homens fortes", depois de suas próprias demonstrações de halterofilismo, aparecer de casaca, puxando belos cavalos no desfile? De um certo modo parecem tão cômicos quanto os palhaços. Será que podem imaginar esses corpos apertados nos trajes da Veneza medieval, ajustadíssimos ao corpo, ou com os justos gibão e malha renascentistas geralmente usados pelos homens em *Romeu e Julieta*? Como pareceriam absurdos!

"Não cabe a mim julgar até que ponto essa cultura física é necessária no reino do esporte. Meu único dever é o de adverti-los de que a aquisição de tamanho superdesenvolvido é, normalmente, inaceitável no teatro. Precisamos de corpos fortes, poderosos, desenvolvidos em boas proporções, bem-plantados, mas sem nenhum excesso pouco natural. O objetivo da nossa ginástica é o de corrigir e não o de estufar o corpo.

"Vocês agora estão na encruzilhada. Que rumo tomarão? Irão pela linha de desenvolvimento muscular do halterofilista ou seguirão as exigências da nossa arte? Devo, naturalmente, guiá-los por esta segunda diretriz.

"Agora acrescentaremos requisitos de escultura ao treinamento ginástico de vocês. Assim como o escultor procura com o cinzel a linha certa, as belas proporções no equilíbrio das partes das estátuas que ele cria com a pedra, assim também o professor de ginástica deve tentar obter os mesmos resultados com corpos vivos. A estrutura humana ideal é coisa que não existe. Tem de ser feita. Com este fim temos primeiro de estudar o corpo e compreender as proporções das suas diversas partes. Os defeitos, uma vez achados, devem ser corrigidos. O que a natureza deixou por fazer deve ser desenvolvido, de modo que os mús culos dos ombros e do tórax possam-se expandir. Outros, entretanto, têm ombros largos e um tórax abaulado — por que permitir que esses defeitos aumentem com os exercícios? Não será melhor deixá-los em paz e concentrar a atenção nas pernas, se elas forem desproporcionalmente finas? Aumentando aí a estrutura muscular pode-se estabelecer uma forma geral adequada. Para estes fins os exercícios atléticos podem contribuir. O resto pode ser remediado por um desenhista, um modista, um bom alfaiate e sapateiro."

III

Tórtsov trouxe hoje à nossa aula de ginástica um célebre palhaço de circo. Ao saudá-lo, disse:

— Hoje acrescentaremos a cambalhota às nossas atividades. Embora possa parecer estranho, isto auxilia o ator nos seus grandes momentos de máxima exaltação e contribui para a sua inspiração criadora. É espantoso? O motivo é que a acrobacia ajuda a desenvolver a qualidade da *decisão*.

"Para um acrobata seria desastroso demais ficar devaneando logo antes de executar um salto mortal ou qualquer outra proeza de arriscar o pescoço! Nesses momentos não há margem para indecisão. Sem parar para refletir, ele tem de entregar-se nas mãos do acaso e da sua própria habilidade. Tem de saltar, haja o que houver.

"É exatamente isso que o ator tem de fazer quando chega ao ponto culminante do seu papel. Em momentos como aquele em que Hamlet diz: 'Ora, o veado ferido que vá chorar' ou Otelo exclama: 'Oh, sangue, sangue!' o ator não pode parar para pensar, duvidar, pesar considerações, aprontar-se e pôr-se à prova. Tem de agir. Tem de executar o salto a todo pano.

"No entanto, a maioria dos atores tem uma atitude inteiramente diferente em relação a isto. Apavoram-se com os grandes momentos e muito antecipadamente, com todo empenho, tentam preparar-se para eles. Isto produz nervosismo e pressões que os impedem de *largar-se* nos pontos culminantes, quando precisam se entregar inteiramente aos seus papéis.

"Vocês poderão algumas vezes machucar-se ou pegar um galo na testa. Seu instrutor providenciará para que não seja muito grande. Mas um ferimento leve, por amor ao saber, não pode prejudicá-los muito. Vai-lhes ensinar a fazerem sua tentativa seguinte sem excesso de reflexão, sem vai não vai, com máscula decisão, usando sua intuição e inspiração físicas.

"Quando tiverem desenvolvido força de vontade em seus movimentos e ações corpóreas acharão mais fácil transferi-la para a vivência do seu papel e aprenderão a se entregar, sem refletir, instantânea e totalmente, ao poder da intuição e da inspiração. Em todo papel há trechos difíceis dessa espécie, por isso deixem que a acrobacia os ajude a vencê-los, na medida em que ela o possa fazer.

"Além disso, a acrobacia pode-lhes prestar outro serviço ainda. Pode ajudá-los a se tornarem mais ágeis, mais fisicamente eficientes em cena, ao se levantarem, ao se curvarem, voltarem, correrem e quando fizerem uma variada quantidade de movimentos difíceis e rápidos. Com ela aprenderão a agir num ritmo e tempo rápidos, impossíveis para um corpo destreinado. Boa sorte!"

Assim que Tórtsov saiu da aula, pediram-nos que tentássemos dar cambalhotas no chão sem tapetes. Eu fui o primeiro voluntário, pois suas palavras tinham-me causado a mais profunda impressão. Quem senão eu ansiava por se livrar das dificuldades inerentes aos momentos trágicos de um papel!?

Sem demorar-me muito em reflexões virei-me de pernas para o ar com um baque retumbante. Minha recompensa foi um galo no alto da cabeça. Fiquei zangado e assim dei outra cambalhota e mais outra e uma quarta. Dessa vez o galo foi na testa.

IV

Hoje Tórtsov assistiu à aula de dança que temos frequentado desde o início da temporada escolar. E depois continuou seu comentário.

Disse, entre outras coisas, que essa aula não é parte fundamental do nosso trabalho de corpo. Seu papel, subsidiário como o da aula de ginástica, prepara-nos para outros exercícios, mais importantes.

Este fato, entretanto, não diminui a grande importância que Tórtsov atribui à dança como auxiliar do desenvolvimento físico. Serve não só para tornar mais ereto o corpo como também abre os movimentos, alarga-os, dá-lhes definição e acabamento, o que é muito importante, porque um gesto picado, cortado a serrote, não serve para o palco.

— Dou também valor à dança — explicou ainda Tórtsov — porque é um excelente corretivo para a posição dos braços, das pernas, das costas.

"Certas pessoas, por terem o tórax encovado e os ombros recurvados para diante, deixam os braços balançar à sua frente e caminham estapeando a barriga e as coxas. Outras, de peito de frango, têm os ombros muito para trás, e o abdômen protuberante. Conservam os braços também pendurados para trás. Nem uma postura é certa nem a outra. Os braços devem pender ao lado da pessoa.

"Frequentemente os braços são mantidos com os cotovelos voltados para dentro, para o corpo. Devem-se voltar para o outro lado, com os cotovelos para fora. Mas isto precisa ser feito com moderaçao pois o exagero deformará a postura, burlando a intenção.

"A posição das pernas não é menos importante. Quando está errada, prejudica toda a figura. Ficamos desajeitados, pesados, trôpegos. Na maioria das mulheres, as pernas, das ancas aos joelhos, voltam-se para dentro. O mesmo se dá com a planta dos pés: frequentemente os calcanhares estão virados para fora e os dedos para dentro.

"Os exercícios de balé na barra são um esplêndido corretivo para estes defeitos. As pernas voltam para o exterior, à altura dos quadris, colocando-as no ângulo certo. Isto lhes dá uma aparência mais esbelta. A posição correta das pernas junto aos quadris produz efeito nos pés, nos calcanhares. Tudo entra na linha e os artelhos apontam para fora, como devem fazer quando as pernas se mantêm como devem.

"Aliás, não só os exercícios na barra como também muitos outros movimentos de dança contribuem para isto. Baseiam-se em várias posições e passos que exigem que as pernas se voltem para fora à altura dos quadris, e que os pés fiquem devidamente plantados.

"Pensando nisto recomendo ainda outro meio, bem mais doméstico, para prática diária. É muitíssimo simples: voltem os dedos do pé esquerdo o mais para fora que puderem; depois coloquem o pé direito diante dele, com os dedos o mais possível voltados para o exterior.

"Ao fazê-lo, os dedos do seu pé direito deverão tocar o calcanhar do pé esquerdo e os dedos do seu pé esquerdo precisarão ficar bem perto do seu calcanhar direito. No começo vocês terão de se segurar numa cadeira para manter o equilíbrio, além de dobrar consideravelmente os joelhos, e torcer o corpo todo. Mas devem tentar aprumar tanto as pernas quanto o corpo.

"Essa correção forçará as pernas a se voltarem para fora à altura dos quadris. A princípio, também, seus pés não ficarão muito unidos, mas enquanto não o ficarem vocês não conseguirão aprumar-se. Com o tempo e à medida que as pernas forem se voltando para fora, alcançarão a postura que indiquei. Assim que a puderem fazer, façam-na todos os dias, frequentemente, sempre que tiverem o tempo, a paciência e a força que necessitam. Quanto mais tempo conseguirem permanecer nessa posição, mais rápida e firmemente as suas pernas se voltarão para fora nos quadris e nos pés.

"Igualmente importante para a plasticidade e expressividade do corpo é o desenvolvimento das extremidades dos braços e das pernas, pulsos, dedos, tornozelos.

"Nesse trabalho o balé e outros exercícios de dança têm muito o que oferecer. Na dança os pés e dedos podem ser muito eloquentes e expressivos, deslizando pelo chão, executando vários passos — são como pena aguçada fazendo um intrincado desenho numa folha de papel. Erguendo-nos sobre a ponta dos pés sugerimos voo. Os pés e os dedos dos pés moderam os arrancos, dão uma qualidade de maciez, contribuem para a graciosidade, assinalam o ritmo e as acentuações da dança. Portanto não é de surpreender que nos exercícios de balé dê-se muita atenção aos dedos do pé e ao seu desenvolvimento. Temos de aproveitar os métodos que já foram elaborados na dança clássica.

"Quanto aos pulsos e aos dedos das mãos não estou bem certo de que os métodos do balé devam ser muito recomendados. Não gosto do modo dos dançarinos de balé utilizarem os pulsos. É amaneirado, convencional, sentimental. Tem mais elegância do que beleza. Muitas bailarinas dançam com pulsos sem vida ou muscularmente tensos.

"Há, entretanto, uma outra coisa, na disciplina da dança clássica, que é útil ao maior desenvolvimento do instrumental físico de vocês para a utilização plástica do seu corpo, para a postura e o porte em geral.

"Nossa coluna vertebral, que se dobra em todas as direções, é como uma mola em espiral e precisa estar solidamente posta em sua base. Deve estar, por assim dizer, bem parafusada no lugar, na vértebra mais baixa. Quando alguém sente que esse suposto parafuso é forte, a parte superior do seu torso tem um suporte, um centro de gravidade, estabilidade e aprumo. Mas se, ao contrário, sente que o parafuso está frouxo, a sua coluna vertebral e por conseguinte todo o seu torso perdem a estabilidade, o aprumo, a forma e com estas coisas a beleza de movimento e a fluência plástica.

"Esse parafuso de faz de conta, esse ponto central, que sustém a coluna dorsal, representa um papel importante na arte do balé. Aproveitem-se disso e aprendam, nas suas aulas de dança, a adquirir meios de desenvolver, reforçar e colocar adequadamente as suas vértebras.

"Com este fim também tenho, ainda, para vocês, um método antiquado, um método que podem utilizar em casa todos os dias ao fazerem exercícios corretivos para a espinha.

"Noutros tempos as governantas francesas obrigavam seus pupilos de ombro arredondado a se deitarem numa mesa dura ou no chão, de modo a fazer com que a parte posterior da cabeça e toda a espinha tocassem a superfície plana. As crianças tinham de ficar assim deitadas durante horas, todos os dias, enquanto suas pacientes governantas liam-lhes em voz alta.

"Eis aqui um outro modo de endireitar as crianças de ombros engarrafados: as governantas faziam-nas jogar para trás ambos os cotovelos, dobrados, e depois enfiavam uma bengala entre eles e as costas. Quando a criança tentava reassumir a postura normal, seus braços, naturalmente, premiam a bengala contra suas costas. Sob a pressão, a criança era obrigada a se endireitar. Os guris costumavam andar nessa posição horas a fio sob a severa supervisão da governanta e a coluna vertebral era finalmente treinada para se manter ereta.

"Enquanto a ginástica desenvolve movimentos tão definidos que chegam a ser abruptos, marcando o ritmo com um acento forte, quase militar, a dança tende a produzir fluência, amplitude, cadência, no gesto. Unidas, desdobram o gesto, lhe dão linha, forma, direção, aerização.

"Os movimentos da ginástica são em linha reta, na dança as linhas são complexas e variadas.

"Entretanto, o balé e a dança muitas vezes levam a um excessivo refinamento formal, a uma graça exagerada, à afetação. Isso é mau. Quando, no curso de alguma pantomima, o bailarino tem ocasião de indicar, com um gesto da mão, alguém que está saindo ou entrando, ou algum objeto inanimado, ele não estende apenas a mão na direção necessária; antes de mais nada, guia o objeto ao extremo oposto do palco, a fim de acentuar a amplitude e a extensão do gesto. Executando esses movimentos desproporcionadamente amplificados e prolongados os bailarinos de ambos os sexos tentam alcançar mais beleza, mais pompa, do que é necessário. Isto leva às poses, ao sentimentalismo, ao artificialismo, ao exagero inatural e frequentemente ridículo.

"Para evitar que isto se repita no teatro propriamente dito, é preciso que se lembrem de uma coisa que eu já repeti muitas vezes: representando, nenhum gesto deve ser feito apenas em função do próprio gesto. Seus movimentos devem ter sempre um propósito e estar sempre relacionados com o conteúdo de seu papel. A ação significativa e produtiva exclui automaticamente a afetação, as poses e outros resultados assim perigosos."

V

Paulo Shustov arrastou-me hoje a ver seu tio e conhecer um velho amigo deles, um famoso ator. Paulo insistiu que eu devia aproveitar essa chance de lhe dar uma olhadela. E tinha toda razão.

Travei conhecimento com um ator notável que fala com os olhos, a boca, as orelhas, a ponta do nariz, os dedos, em movimentos quase imperceptíveis.

Descrevendo o aspecto exterior de alguém, a forma de um objeto, o contorno de uma paisagem, tinha um jeito espantosamente vivo de externar o que lhe ia pelo cérebro. Por exemplo, ao descrever o ambiente doméstico de um amigo que era ainda mais gordo do que ele próprio, podia-se vê-lo transformar-se, aos nossos olhos, numa escrivaninha bojuda, um guarda-roupas abaulado ou uma poltrona superestofada. Assim fazendo, não copiava os objetos propriamente ditos mas reproduzia a sensação de costuras prestes a se romper.

Quando contou como ele e seu gordo amigo iam bamboleando no meio desse mobiliário tinha-se uma excelente imagem mental de dois ursos numa toca.

Para pintar essa cena nem precisava sair da cadeira. Ali sentado, oscilava levemente de um lado para o outro, curvando-se ou erguendo seu vasto abdômen e isso bastava para dar a impressão de quem se espreme para evitar um objeto.

No curso de outra das suas descrições, sobre alguém que saltara de um bonde em pleno movimento e caíra de encontro a um poste, todos nós gritamos a um só tempo, tão vividamente nos fazia ver o acidente.

Mais impressionante ainda era o intercâmbio silencioso desse ator com o tio de Paulo, que nos contou como, na mocidade, ambos haviam cortejado a mesma jovem. Tio Shustov era muito divertido ao gabar-se do seu próprio sucesso e mais divertido ainda ao descrever a derrota do outro ator.

Este não disse uma palavra sequer, mas a certos pontos da história, em vez de fazer uma objeção, deixava apenas que os seus olhos percorressem todos os presentes, como que a nos dizer:

— Que descaramento! Ele está mentindo e vocês idiotas ficam aí sentados, ouvindo-o e acreditando em todas as palavras!

A um certo ponto o homem gordo cerrou os olhos em fingido desespero e impaciência, ficou imóvel com a cabeça atirada para trás e depois mexeu as orelhas. Parecia que as estava usando em lugar das mãos para pôr de lado a insistente tagarelice do amigo.

No curso das outras gabolices do tio Shustov seu convidado moveu, maliciosamente, a ponta do nariz, primeiro para a direita e depois para a esquerda. Em seguida ergueu uma sobrancelha depois da outra, fez o mesmo com a testa, permitiu que um pequeno sorriso brincasse em volta dos lábios cheios. Esses movimentos minúsculos, quase imperceptíveis, fizeram um estrago mais eloquente do que as palavras, nos ataques a ele dirigidos pelo companheiro.

Outra disputa cômica foi travada entre os amigos sem uma só palavra. Discutiram um com o outro unicamente com os dedos mas era perfeitamente claro que um acusava o outro de alguma treta relacionada com um caso de amor.

Depois do jantar, ao café, o tio de Paulo fez o hóspede interpretar sua célebre cena sem palavras de *A tempestade*, de Ostróvski. Sua interpretação descritiva foi vívida, tanto pictórica como psicologicamente, se é que se pode aplicar esse termo a uma coisa retratada apenas por meio de expressões faciais e dos olhos.

CAPÍTULO V Plasticidade do movimento

I

Paralelamente às nossas ginásticas rítmicas, iniciamos agora uma aula de movimento plástico, dirigida por Mme. Sonova. Hoje Tórtsov veio ao vestíbulo do teatro, onde estávamos trabalhando, e falou-nos.

— Quero que vocês tenham plena consciência da atitude para com esta nova matéria. De um modo geral, acredita-se que o movimento plástico deve ser lecionado por um professor de dança do tipo rotineiro e que o balé e a dança moderna, com suas poses e passos formalizados, transmitem esse movimento de que nós, atores de teatro propriamente dito, carecemos.

"Mas será mesmo assim?

"Já assinalei que há bailarinas e primeiros-bailarinos cujas poses tornam-se artificiais, cujos gestos fluentes tornam-se desproporcionais e pomposos. Usam o movimento e a plasticidade simplesmente pelo movimento e pela plasticidade. Aprendem-nos sem nenhuma relação com o conteúdo interior — e criam uma forma desprovida de sentido.

"Terá por acaso o ator alguma necessidade dessas expressões puramente exteriores, vazias? Darão acaso graça e suavidade às suas expressões comuns?

"Vocês já viram esses dançarinos quando estão fora de cena, trajando roupas comuns. Será que andam como nós queremos andar quando transmitimos uma personagem da vida real? Sua graciosidade e requinte altamente especializados serão aplicáveis aos nossos objetivos criadores?

"Dentre os atores dramáticos, conhecemos alguns que se servem desse tipo especial de plasticidade com o objetivo exclusivo de impressionar seus admiradores do sexo oposto. Esses atores compõem combinações de poses com as lindas linhas do seu corpo, os braços traçam etéreos padrões de movimentos exteriormente concebidos. Os pretensos gestos começam nos seus ombros, nas suas ancas e espinha dorsal, vão descendo pela superfície dos braços, das pernas e depois voltam ao ponto de partida sem ter realizado coisa alguma de significância criadora, sem ter levado nenhum estímulo interior à ação, nenhum anseio de atingir algum propósito. Esses movimentos vão viajando como a força num tubo pneumático, transportando cartas, indiferente ao seu conteúdo.

"Podemos reconhecer que os movimentos são fluentes, mas, também, são ocos e sem inteligência. São como as mãozinhas de uma bailarina que as agita com sua graça. Não precisamos desses hábitos do balé, das poses de cena, dos gestos teatrais que seguem uma linha exterior, superficial. Jamais poderão transmitir o espírito humano de Otelo ou de Hamlet.

"Busquemos antes adaptar essas convenções do palco, essas poses e gestos, à execução de algum objetivo vital, à projeção de alguma experiência interior. Então o gesto deixará de ser apenas um gesto, convertendo-se em ação real, dotada de conteúdo e propósito.

"Precisamos é de ações simples, expressivas, com um conteúdo interior. Onde iremos encontrá-las?

"Há outras espécies de dançarinos e atores além dos que discutimos. Elaboraram para seu próprio uso uma espécie de plasticidade permanentemente fixada e não dão maior atenção a esse lado das ações físicas. Seu movimento tornou-se parte do próprio ser, sua qualidade individual, segunda natureza. As bailarinas e os atores desse tipo só se podem mover com fluidez.

"Se se pusessem a ouvir atentamente a sua própria mecânica, sentiriam erguer-se uma energia das mais profundas fontes do seu ser, do seu próprio coração. Não é uma energia oca, está carregada de emoções, desejos, objetivos, que a fazem ir pulsando num curso interior com o fim de despertar esta ou aquela ação determinada.

"A energia, aquecida pela emoção, carregada de vontade, dirigida pelo intelecto, move-se com orgulho e confiança, como um embaixador numa missão importante. Manifesta-se na ação consciente, cheia de sentimento, conteúdo e propósito, que não pode ser executada de modo desleixado e mecânico mas deve ser preenchida de acordo com os seus impulsos espirituais.

"Fluindo pela rede do nosso sistema muscular, despertando nossos centros motores interiores ela nos incita à atividade exterior.

"Move-se não só ao longo dos braços, da espinha, do pescoço, mas também ao longo das pernas. Incita os músculos das pernas e faz com que nos movamos de determinado modo, o que é um fator importantíssimo quando se está em cena.

"Perguntam-me se a maneira de andar em cena é diferente do andar que usam na rua?

"Sim, é diferente, e a razão é que na vida comum andamos incorretamente enquanto que em cena somos obrigados a andar corretamente, como pretendia a natureza e de acordo com todas as suas leis. Aí está a dificuldade maior.

"As pessoas que a natureza não dotou de um andar bom, normal, que são incapazes de desenvolvê-lo por si mesmas, quando entram em cena recorrem a toda sorte de estratagemas para esconder essa deficiência. Aprendem a andar de algum modo especial, com um estilo pitoresco e pouco natural. Mas esse tipo de andar *teatral*, *de palco*, não deve ser confundido com o legítimo andar de cena, com base em leis naturais.

"Vamos falar desse verdadeiro modo de andar, dos meios de desenvolvê-lo para que possamos de uma vez por todas banir do palco o andar empertigado que muitos atores usam atualmente. Noutras palavras, vamos aprender a andar desde o começo outra vez, tanto em cena como fora dela."

Mal saíram essas palavras da boca de Tórtsov, Sônia saltou e passou por ele, ostentando seu andar que ela evidentemente considera um modelo de perfeição.

— Si... i... im — Tórtsov arrastou significativamente a voz, enquanto seus olhos estudavam com cuidado os pezinhos dela. — As chinesas usam sapatos apertados para transformar pés humanos em cascos como os das vacas. E as mulheres dos nossos dias? Acaso diferem muito das chinesas na deformação de uma excelente e complexíssima parte do nosso equipamento físico, o pé, que representa papel tão importante? A que barbaridades elas se entregam, principalmente as mulheres, as atrizes! Um andar bonito é um de seus encantos mais cativantes. E é sacrificado no altar da moda e dos saltos idiotas.

"De agora em diante pedirei às nossas alunas que compareçam às aulas de calçado de salto baixo, ou melhor, sem salto nenhum. A nossa roupeira lhes fornecerá tudo de que necessitarem."

Depois de Sônia, o nosso acrobático Vásia demonstrou seu passo alígero. Mais certo seria dizer que não andou, mas que flutuou.

— Se os pés de Sônia não dão conta do recado, os seus exageram o papel — disse Tórtsov. — Nisso não há mal. É difícil desenvolver um pé bem-formado mas é muitíssimo mais fácil reduzir-lhe a ação. Você não me preocupa.

A Leão, que pesadamente se locomoveu diante dele, Tórtsov observou:

— Se uma doença ou um acidente o deixasse com um joelho duro, você iria de médico em médico, buscando aquele que lhe restituísse a flexibilidade. Por que é que tendo agora duas articulações de joelho quase atrofiadas, você parece tão despreocupado com o seu defeito? Entretanto, ao andarmos, a flexão das articulações dos joelhos é importantíssima. Não se pode realmente andar com pernas tesas, indobráveis!

Em Gricha, a dificuldade estava na dureza da espinha — que também tem grande papel no andar das pessoas.

A Paulo, Tórtsov sugeriu lubrificar as juntas dos quadris, que pareciam enferrujadas. Isso o impedia de jogar a perna devidamente para diante, encurtava-lhe o passo, tornando-o desproporcional em relação à sua altura.

Ana apresentou um exemplo de constante falha entre as mulheres. Dos quadris até os joelhos, suas pernas viravam-se para dentro. Terá de fazer um número extra de exercícios de balé na barra para ajudar a voltá-las para fora.

A ponta dos pés de Maria é tão virada para dentro que eles praticamente tropeçam um no outro. Por outro lado a ponta dos pés de Nicolau volta-se demais para fora.

Tórtsov achou arrítmica a utilização das minhas pernas.

— Você anda como certas pessoas falam. Costumam arrastar as palavras e depois, por algum motivo, metralham-nas de repente, como se fossem grãos de ervilha secos. Dá um grupo de passos deliberados e de repente dispara como se estivesse com as botas de sete léguas. Pula passos como os corações defeituosos pulam batidas.

Em resultado dessa revisão ficamos conscientes dos defeitos nossos e alheios em matéria da arte de andar e constatamos que já não sabíamos caminhar. Como criancinhas, teríamos de readquirir desde o início esta faculdade importante e difícil. Para ajudar-nos nessa tarefa, Tórtsov explicou a estrutura da perna e do pé humanos e a base da maneira certa de andar.

— É menos necessário ser ator do que engenheiro ou mecânico para compreender e apreciar plenamente a ação do nosso aparelho motor — foi o que ele observou, à guisa de introdução.

"A perna humana — prosseguiu —, da pélvis ao pé, recorda-me a estrutura inferior de um carro Pullman. Devido à sua multiplicidade de molas, que absorvem e moderam os choques em todas as direções, a parte superior do carro, onde estão sentados os passageiros, permanece quase imóvel, apesar de estar-se locomovendo a uma velocidade espantosa, levando trancos de todos os lados. É isto o que se deve passar com o movimento das pessoas, quer estejam andando ou correndo. Nessas horas o torso, o tórax, os ombros, o pescoço e a cabeça devem permanecer inabaláveis, serenos, completamente livres em seus próprios movimentos, como o passageiro em viagem num trem de primeira classe. Em grande parte isto se torna possível devido à nossa espinha dorsal.

"Sua finalidade é a de atuar como uma mola em espiral, dobrando-se em qualquer direção ao menor movimento, a fim de manter o equilíbrio dos ombros e da cabeça que, na medida do possível, devem permanecer tranquilos e livres de sacudidelas.

"Tal como no vagão ferroviário, nossas molas estão situadas na parte inferior do corpo, nos quadris, joelhos, tornozelos e em todas as articulações dos nossos dedos dos pés. Sua função é moderar os choques quando andamos ou corremos e também quando balouçamos o corpo para diante, para trás, para os lados, em qualquer movimento de arremesso ou de rotação.

"Devem exercer outra função ainda: a de propulsionar o corpo que carregam. Isto se faz para que esse corpo, ainda uma vez como o vagão ferroviário, mova-se o mais suavemente possível, numa linha horizontal com poucos altos e baixos verticais.

"Descrevendo-lhes esta maneira de andar e de correr, lembro-me de um incidente que me impressionou muito. Via passar alguns soldados. As cabeças, ombros, caixas torácicas eram visíveis por cima da cerca que me separava deles. Não pareciam absolutamente andar, mas sim rolar sobre patins ou esquis numa superfície inteiramente lisa. Tinha-se a sensação de que deslizavam, não havia nenhum passo brusco para cima e para baixo.

"Esse efeito foi provocado porque todas as molas correspondentes, nos quadris, joelhos, tornozelos e dedos dos pés desses soldados, estavam preenchendo magnificamente as suas funções. Graças a isto a parte superior do corpo de cada um deles passava positivamente flutuando, por trás da cerca, numa linha horizontal.

"Para dar-lhes uma visão mais clara da função de cada parte, em separado, comparável às molas de um vagão, vou examiná-las cada qual separadamente.

"Começando de cima, temos a pélvis e as articulações dos quadris. Exercem dupla função. Em primeiro lugar, tal como a coluna vertebral, moderam os choques laterais e a oscilação do torso de um lado para o outro quando andamos. Em segundo lugar, atiram toda a perna para a frente cada vez que damos um passo. Esse movimento deve ser amplo e livre, concordando com a nossa altura, o comprimento das pernas, o tamanho do passo, a velocidade desejada, o *tempo* e o caráter do andar.

"Quanto melhor a perna for lançada do quadril para diante, tanto mais livre e levemente ela balançará de volta, o passo dado será maior e mais rápido. De agora em diante, esse balanço da perna a partir dos quadris, quer para diante ou para trás, não deve mais depender do nosso torso, embora ele muitas vezes tente interferir, curvando-se para a frente ou para trás, para dar mais impulso ao movimento de andar, que deveria ser executado apenas pelas pernas.

"São necessários exercícios especiais para desenvolver os passos e um balanço livre e amplo a partir dos quadris.

"A pergunta é: que tipo de exercícios? Fiquem de pé e apoiem-se primeiro com o ombro e o lado direito do tronco, e depois com o esquerdo, contra um pilar ou o batente de uma porta. Este apoio é necessário para a manutenção de uma posição vertical fixa. Impede que o corpo se curve em qualquer posição que seja. Depois de assim estabelecer a postura vertical do tronco, ponham então o seu peso firmemente na perna próxima do pilar ou da porta. Ergam-se ligeiramente na ponta dos pés e balancem a outra perna bem para fora, sem dobrá-la no joelho, primeiro para a frente e depois para trás. Experimentem fazer isto balançando-a em ambos os sentidos num ângulo reto. A princípio devem fazê-lo pouco e lentamente, aumentando o período de tempo de modo a exercitarem todos os músculos correspondentes. Naturalmente não poderão alcançar o limite logo de saída. Isso tem de ser feito gradual e sistematicamente.

"Depois de fazer o exercício com, digamos, a perna direita, voltem-se e façam a mesma coisa, do mesmo modo, com a perna esquerda.

"E em cada um dos casos tenham todo cuidado para que o pé, quando jogarem a perna, não fique em ângulo reto em relação a ela, mas aponte na mesma direção da perna.

"Como já assinalei, quando andamos, nossos quadris baixam e sobem. Quando o quadril direito está erguido, ao lançarmos para a frente a perna direita, o quadril esquerdo baixa, enquanto nossa perna esquerda oscila para trás. E quando isto acontece, sentimos um movimento rotativo nas articulações dos quadris.

"As molas seguintes, abaixo da pélvis, são os joelhos. Também eles têm dupla função: ajudam a mover o corpo para diante e absorvem os choques e solavancos verticais do peso do corpo ao passar de uma perna para a outra. A esta altura uma das pernas, assumindo esse peso, dobra-se um pouco, apenas o necessário para manter a estabilidade dos ombros e da cabeça. Depois que os quadris cumpriram seu papel de levar o tronco adiante e regular seu equilíbrio, é a vez dos joelhos se endireitarem e assim impelirem mais para a frente o corpo que estão carregando.

"Um terceiro jogo de molas — um cacho inteiro — que modifica e promove os movimentos do nosso corpo está situado em nossos tornozelos, pés, em todas as juntas dos dedos dos pés. É um mecanismo altamente complexo, esperto e importante em relação ao nosso andar e peço que lhe dediquem particular atenção.

"A flexão da perna no tornozelo carrega o tronco ainda mais longe em seu caminho. O pé e seus dedos participam desta ação mas têm ainda outra função: absorvem os choques do movimento devido ao seu mecanismo rotativo.

"Há três modos de usar esse mecanismo dos nossos pés e de seus dedos, que produzem três tipos de andar.

"No primeiro, o calcanhar inicia o passo.

"No segundo, toda a sola dos pés é plantada no chão de uma só vez.

"No terceiro, conhecido como o andar grego ou de Isadora Duncan, os dedos são os primeiros a baixarem, depois, toda a sola até o calcanhar. O peso então volta aos dedos numa espécie de movimento rolante.

"Por ora falarei do primeiro tipo, que é mais comum nas pessoas que usam salto no sapato. Quando se anda assim, o calcanhar é a primeira parte do pé a receber o peso, que depois é levado adiante, aos dedos do pé. Mas eles não se recurvam sobre si mesmos, antes seguram o chão, como as garras de um animal.

"À medida que o peso do corpo começa a fazer pressão sobre as articulações dos dedos, eles se endireitam e assim repelem o chão até que o movimento atinge a última extremidade do dedo grande, a sua ponta. Agora o peso do corpo permanece ali por um instante, como acontece quando uma bailarina dança na ponta dos pés, mas sem impedir o impulso para a frente.

Esse grupo inferior de molas, do tornozelo ao dedo grande, representa aqui um papel importante. Para lhes demonstrar a influência dos dedos dos pés no aumento da extensão do passo e da rapidez do andar, vou-lhes citar um exemplo, da minha própria experiência.

"Quando vou andando para casa ou para o teatro e os dedos dos meus pés estão executando suas funções ao máximo, chego, sem aumentar minha velocidade, cinco a sete minutos mais cedo do que se não fizesse com que os pés e dedos dos pés cumprissem seu devido papel para acelerar meus movimentos. É importante que cada dedo execute nossos passos até a ponta.

"Os dedos dos pés também moderam os choques e nesse papel a sua importância é tremenda. Isto principalmente no instante dificílimo em que tentamos manter um andar macio e os mais indesejáveis solavancos verticais podem surgir com a maior força — o momento em que transferimos nosso peso de um pé para o outro. Esta fase de transição é perigosíssima para a manutenção de um andar macio. E aí tudo depende dos dedos dos pés, principalmente do dedo grande. Mais do que qualquer outra mola do corpo, eles têm o poder de fracionar a transferência de peso com a ação moderadora das suas extremidades.

"Procurei descrever-lhes as funções das diversas partes que compõem as pernas e com esse fim examinamos pormenorizadamente a atuação de cada uma delas. Mas, na realidade, elas não agem apartadas, mas simultânea e interdependentemente. Tomemos o caso do instante em que o peso do corpo é passado de uma perna para a outra, como na segunda etapa da propulsão do corpo e na terceira fase de passar adiante, mudando outra vez o peso para o outro pé — em certo grau todas as partes motoras da perna estão atuando juntas. É impossível traçar todas as suas relações e assistência mútuas. Temos de descobrir essas coisas dentro de nós mesmos, com o auxílio das nossas próprias sensações quando nos movemos. Posso apenas sugerir-lhes o plano de operação dessa peça de aparelho esplêndida e complexa, que é a perna humana."

Quando Tórtsov concluiu suas explicações, todos os alunos começaram a experimentar esse andar. Mas moviam-se visivelmente pior do que antes, nem de acordo com os velhos hábitos nem com os preceitos novos. Tórtsov notou algum progresso em mim mas logo acrescentou:

— Sim, os seus ombros e a sua cabeça estão livres das sacudidelas. Você desliza, mas somente pela terra, não voa. Portanto, o seu andar mais parece um arrasto, um rastejo. Você anda como os garçons nos restaurantes, com medo de entornar a sopa. Eles protegem o corpo e os braços — e com estes as bandejas — contra oscilações e arrancos.

"Entretanto esse movimento deslizante no andar só é bom dentro de certos limites. Ultrapassando-os fica exagerado, como se vê nos garçons de restaurantes. Um certo grau de movimentação do corpo para cima e para baixo é necessário. Seus ombros, cabeça e tronco podem ir flutuando no ar, mas deixe que a linha não seja estritamente reta, deixe que ondule um pouquinho.

"O andar não deve ser coisa rasteira, deve alçar voo."

Roguei-lhe que explicasse exatamente a diferença entre as duas coisas.

— Parece que no andar rastejante, quando o peso do corpo é passado — digamos — da perna direita para a esquerda, a primeira termina sua função simultaneamente ao instante em que a outra começa a sua. Noutras palavras, o pé esquerdo transfere o peso do corpo no mesmo momento em que o pé direito o assume. O resultado é que no andar rasteiro ou rastejante não temos aquela fração de segundo em que o corpo parece pairar no espaço, apoiando-se apenas no dedo grande de um pé, que está executando até o último átimo a sua linha de moção predestinada.

"No andar que se eleva, há um momento em que, por um segundo, a pessoa parece abandonar a terra, como uma bailarina que se alça nas pontas dos pés. Depois desse instante de elevação etérea começa o afundamento suave, imperceptível, sem trepidações e a transferência do peso do corpo de um pé para o outro."

Segundo Tórtsov, esses dois momentos — a elevação no ar e a macia troca de um pé para o outro — têm capital importância, pois são a chave de um passo leve, suave, ininterrupto, um passo que chega a ter um caráter etéreo, flutuante.

Mas isso de flutuar quando andamos não é assim tão fácil como pode parecer.

Em primeiro lugar é difícil captar aquele segundo em que a elevação ocorre. Felizmente tive a sorte de senti-lo. Então Tórtsov reclamou que eu estava pulando para baixo e para cima, numa vertical.

— Mas como é que posso me elevar sem fazer assim? — perguntei.

— Deve deixar o solo não para cima porém para diante, numa linha horizontal.

Além disso, insistiu em que não houvesse nenhuma interrupção, nenhum retardamento na moção do corpo ao ser dado o passo. O jorro para a frente não deve ser interrompido nem mesmo por uma fração de segundo.

— Equilibrada no dedo grande do primeiro pé, a pessoa deve levar avante o impulso no mesmo grau em que o passo foi iniciado. Esse tipo de passo vai roçando a terra, não se ergue abrupta e verticalmente mas vai se movendo horizontalmente cada vez mais para diante, deixando o solo imperceptivelmente, como um avião no instante da decolagem e, com igual suavidade, volta a afundar sem nenhuma trepidação para cima e para baixo. Essa moção horizontal, para a frente, produz uma linha ligeiramente curva, ondulante. Pular para cima e cair em vertical geram uma linha torta, angular, em zigue-zague.

Se um estranho tivesse entrado hoje em nossa aula, pensaria que estava em alguma clínica para paraplégicos. Todos os alunos iam e vinham, totalmente absortos, concentrando-se em seus músculos e aparentemente imersos num problema complicado.

Essa absorção evidentemente resultou no emaranhamento de seus centros motores. As coisas que eles costumavam fazer por instinto exigiam agora o máximo de supervisão e revelavam a extensão de sua ignorância quanto à anatomia e ao sistema dos músculos locomotores. Na realidade puxamos todos os cordéis errados e produzimos o tipo de movimento inesperado que faz a marionete quando os seus fios estão trançados.

É fato que a concentração da atenção em nossos movimentos teve o resultado positivo de nos ensinar a ter um sadio respeito perante os requintes e a complexidade do mecanismo das nossas pernas. Súbito compreendemos como todo ele é entrelaçado e complementar.

Tórtsov pediu-nos que levássemos cada movimento até o seu acabamento absoluto. Observados e orientados de perto por ele, andamos passo a passo e durante o processo vigiamos as nossas próprias sensações.

Com uma bengala na mão, ele apontava exatamente o momento e o ponto em que os músculos ficavam tensos na minha perna direita. Ao mesmo tempo, Rakhmánov ia andando do outro lado e apontava com sua bengala as tensões musculares correspondentes em minha perna esquerda.

— Observe — disse Tórtsov —, enquanto minha bengala vai subindo pela sua perna direita, que está esticada para diante e assumindo o peso do seu corpo, a bengala de Rakhmánov vai descendo por sua perna esquerda, que está transferindo seu corpo e o peso dele para a perna direita. Agora começa o movimento inverso, a minha bengala desce e a dele sobe. Está notando que esse movimento alternado das nossas bengalas, indo dos dedos do pé ao seu quadril e do seu quadril aos dedos do pé, vai em direções opostas? Minha bengala sobe enquanto a dele desce e vice-versa. É assim que atuam os pistões numa máquina a vapor do tipo vertical. Não deixe de observar como a flexão e o relaxamento nas juntas vão-se seguindo um ao outro, sucessivamente, de cima para baixo e de baixo para cima.

"Se tivéssemos uma terceira bengala, poderíamos assinalar como parte dessa energia continua a subir pela sua coluna vertebral, amortecendo os abalos e sustentando o equilíbrio. Completada essa missão a tensão na espinha passa a descer novamente até os dedos dos pés, de onde veio.

"Você ainda tem de notar mais um detalhe — prosseguiu Tórtsov. — Quando as bengalas chegam aos seus quadris há um segundo de pausa enquanto elas fazem a volta no ponto da articulação e depois recomeçam a descer."

— Sim, notamos isso — respondemos —, mas qual é o significado da volta da bengala?

— Vocês mesmos não notam esse movimento rotativo dentro das articulações dos seus quadris? De fato, alguma coisa parece girar antes de começar a descer pela perna. Para mim, evoca a plataforma giratória onde a locomotiva, depois de chegar à última estação, é colocada em posição antes de partir no rumo oposto. Temos plataformas exatamente assim nas articulações dos nossos quadris. É um movimento do qual estou perfeitamente cônscio.

"Mais uma observação. Será que vocês avaliam a habilidade com que as articulações dos quadris atuam naquele instante em que recebem a tensão ascendente e descarregam a descendente? São como as rodas de escape numa máquina a vapor, amortecem os choques nos momentos perigosos. É quando nossos quadris passam de cima para baixo e de baixo para cima.

II

Hoje, enquanto caminhava para casa, posso afirmar que os transeuntes na rua me tomaram por bêbedo ou anormal.

Eu estava aprendendo a andar.

Mas era muito difícil.

O momento em que meu peso era passado de uma perna para a outra parecia especialmente complicado.

Ao aproximar-me do fim da caminhada, parecia ter conseguido livrar-me do solavanco quando transferia meu corpo de um pé para o outro — digamos da ponta do meu pé direito para o calcanhar do esquerdo e em seguida (depois que o movimento de transferência tinha percorrido toda a planta do meu pé esquerdo), da ponta do pé esquerdo para o calcanhar do direito. Além disso, cheguei a compreender por experiência própria que a suavidade e a linha ininterrupta no movimento para a frente dependem da ação correlata de todas as molas das pernas, da cooperação harmoniosa dos quadris, joelhos, tornozelos, calcanhares e dedos dos pés.

Eu tinha o costume de parar um pouco quando chegava ao Monumento a Gogol. Sentado, ali, num banco, pus-me a observar os transeuntes e o seu modo de andar. E o que foi que descobri? Nem um deles, sequer, dava um passo completo até a extremidade dos dedos ou permanecia parado na ponta do último dedo nem mesmo por uma fração de segundo. Só numa meninazinha é que eu vi um andar flutuante e não o caminhar rasteiro de todos os demais.

Tórtsov, de fato, tem razão, as pessoas não sabem como utilizar o maravilhoso aparelho que são as suas pernas.

Portanto, temos de aprender. Temos de começar do começo e aprender. A andar, a falar, a ver, a agir.

Mais cedo, quando Tórtsov nos disse exatamente isso, eu sorri com os meus botões e pensei que ele manifestava todas essas ideias para projetar uma imagem vívida. Agora passava a apreciar suas palavras literalmente e em relação ao nosso futuro programa de desenvolvimento físico.

Essa constatação é meia batalha ganha.

III

Tórtsov novamente esteve presente à nossa aula de movimento plástico. Desta vez disse:

— O movimento e a ação que têm suas origens nos recessos da alma e seguem um traçado interior são essenciais para os verdadeiros artistas no drama, no balé e em outras artes plásticas e teatro.

"Somente esse tipo de movimento serve para nosso uso quando estamos compondo a forma física de uma personagem."

— E como se consegue isto? — perguntou um dos alunos.

— Mme. Sonova, aqui, vai-nos ajudar a resolver esse problema.

E então Tórtsov entregou a classe, provisoriamente, a Mme. Sonova.

— Olhem para isto — começou ela —, tenho aqui em minha mão uma gota de mercúrio. Agora vou despejá-la cuidadosamente no dedo indicador, bem na pontinha dele.

Assim falando, ela agia como se estivesse injetando o mercúrio imaginário em seu dedo, bem dentro dos músculos.

— Agora vocês façam o mesmo e deixem que ele lhes percorra o corpo todo — ordenou. — Não se apressem. Façam-no gradualmente. Primeiro passando pelas articulações dos dedos; deixem que eles se estendam para que o mercúrio possa ir descendo até a palma da mão, até a articulação do pulso, depois pelo antebraço, o cotovelo. Já chegou até aí? Passou rolando? Vocês o sentiram nitidamente? Não tenham pressa, sondem o caminho. Esplêndido. Agora, devagar, observem-no enquanto ele vai subindo até o ombro. Assim. Maravilhoso! O braço desdobrou-se todo, estendeu-se e foi erguido, junta por junta. Não, não, não! Por que deixaram o braço cair todo de uma vez, feito um pedaço de pau? O mercúrio rolará para baixo e sairá, lá se vai ele no chão! Vocês têm de deixá-lo escorrer, devagarinho, devagarinho, primeiro do ombro para o cotovelo. Agora dobrem, dobrem o cotovelo. Assim mesmo. Mas por enquanto não abaixem o resto do braço. Por nada deste mundo, se não, perdem o mercúrio. Assim. Agora prossigam. Deixem que corra até o pulso. Mas não muito depressa. Tenham cuidado, tenham cuidado. Por que estão deixando o pulso cair? Mantenham-no erguido! Vigiem esse mercúrio! Devagar, devagar. Está perfeito. Agora façam com que ele corra sucessivamente pelas juntas da mão e dos dedos. Assim, deixem que eles vão descendo, descendo. Devagar, está certo. Esta é a última flexão. A mão agora está vazia, o mercúrio escorreu.

"Agora vou despejar o mercúrio no alto da sua cabeça — disse ela, dirigindo-se a Paulo Shustov. — Deixe-o ir descendo pelo seu pescoço, passando por todas as vértebras da sua espinha, pela bacia, ao longo da sua perna direita, depois subindo outra vez, passando pelo arco pélvico, descendo a perna esquerda até o dedo grande do pé esquerdo. Agora subindo outra vez até a bacia, devolva o mercúrio, pela sua espinha, ao seu pescoço e, através da cabeça, até o alto da mesma.

Depois nós todos fizemos o mesmo, deixando o mercúrio imaginário rolar para baixo e para cima pelos membros, ombros, queixos, nariz e depois correr novamente para fora.

Teríamos realmente sentido a sua passagem pelo nosso sistema muscular, ou imaginamos que sentíamos o mercúrio fictício a percorrer-nos?

Nossa mestra não nos deu tempo de refletir sobre isso. Fez-nos executar os exercícios sem nenhum pensamento dissector.

— O diretor lhes dirá tudo o que precisarem saber — disse Mme. Sonova —, mas por enquanto vão trabalhando com muito e muito cuidado e repitam estes exercícios muitas e muitas e muitas vezes! Terão de fazê-los por muito tempo antes de passarem verdadeiramente a senti-los.

— Venha cá depressa, Kóstia — disse Tórtsov —, e responda-me com franqueza. Não acha que os seus colegas agora têm mais fluência do que antes em seus movimentos?

Meus olhos se voltaram para o gordo Leão. Surpreendi-me deveras com as arredondadas curvas dos seus movimentos. Mas logo o atribuí ao fato de que a sua figura rotunda reforçava o efeito.

Mas não podia pensar o mesmo de Ana com seus ombros angulosos, os pontudos joelhos e cotovelos. Onde é que teria achado aquela fluidez de movimentos? Será que o mercúrio imaginário, em seu curso ininterrupto através dela, podia dar tal resultado?

O resto da aula foi dado por Tórtsov.

— Mme. Sonova chamou a atenção física de vocês para o movimento da energia ao longo de uma rede de músculos. Esse mesmo tipo de atenção deve-se concentrar na investigação dos pontos de pressão durante o processo de relaxamento dos nossos músculos — um assunto que já examinamos pormenorizadamente. O que é a pressão ou espasmo muscular senão energia móvel bloqueada?

"Com os seus exercícios do ano passado, de emitir certos raios ou comunicações sem palavras,* vocês ficaram sabendo que a energia funciona não só dentro de nós mas, também, fora, brota das profundezas do nosso ser e é dirigida para um objeto exterior.

---

*Ver Capítulo 10 de *A preparação do ator*. (N. do T.)

"Exatamente como nesse processo, temos agora de fixar nossa atenção no setor do movimento plástico, em que ela representa um grande papel. É importante que a atenção de vocês se desloque sempre em companhia da corrente de energia, pois isto ajuda a criar uma linha infinita, ininterrupta, que é essencial à nossa arte.

"Aliás, isto também se aplica a outras artes. Não creem que a música deve ter essa mesma linha contínua de som? Está claro que um violino não pode cantar a melodia enquanto o arco não se desloca macia e constantemente sobre suas cordas.

"E que acontecerá se essa linha contínua for subtraída ao pintor em seu desenho? — Tórtsov sondou mais fundo. — Será ele capaz de traçar, sem ela, o simples contorno de um desenho? Claro que não. Essa linha é absolutamente necessária ao pintor.

"Que diriam de um cantor que fosse tossindo sons intermitentes em vez de emitir a nota sonora, ininterrupta?"

— Aconselhá-lo-ia a internar-se num hospital em vez de subir ao palco — caçoei.

— Tentem depois tirar a um dançarino o longo traçado da sua linha. Sem ele poderá criar a sua dança? — perguntou Tórtsov.

— Claro que não — repliquei.

— Bem, o ator precisa tanto ter essa linha ininterrupta quanto qualquer outro artista. Ou acham que podemos passar sem ela?

Todos nós concordamos com Tórtsov que não podíamos.

— Portanto — concluiu — podemos considerá-la essencial a todas as artes. Mas a história ainda não acabou.

"*A própria arte se origina no instante em que essa linha ininterrupta é estabelecida, seja ela de som, voz, desenho ou movimento. Enquanto houver, separados, apenas sons, exclamações, notas, interjeições em vez de música; ou linhas e pontos separados em vez de um desenho; ou arrancos espasmódicos separados em vez de movimento coordenado — não se pode falar em música, ou canto, desenho ou pintura, dança, arquitetura, escultura, nem, finalmente, em arte dramática.*

"O que eu quero que façam é que observem como a linha ininterrupta de movimento é estabelecida.

"Olhem para mim e repitam o que vou fazer. Como veem, o meu braço, com o mercúrio de faz de conta nos dedos, está pendendo ao meu lado. Mas eu quero erguê-lo. Portanto, ajustemos o metrônomo em seu andamento mais lento, número dez. Cada batida representará uma semínima. Quatro batidas constituirão um compasso 4/4, tempo que levarei para erguer meu braço.

Tórtsov então pôs em marcha o metrônomo e avisou que ia dar início à sessão.

— Conto um. Um quarto de compasso, durante o qual executo um dos movimentos componentes, o erguer do braço e o movimento de energia do ombro ao cotovelo. A parte do braço que ainda não foi erguida deve estar relaxada, livre de qualquer tensão, pendendo frouxa como o couro de um chicote. Os músculos descontraídos tornam o braço flexível e ele pode então desfraldar-se, enquanto se estende, como o pescoço de um cisne.

"Observem em seguida que, ao erguer ou baixar o braço, bem como noutros movimentos que se faz com ele, deve-se conservá-lo bem rente ao corpo. Um braço mantido longe do corpo é como uma bengala levantada por uma ponta. Temos de afastar de nós a mão e quando o movimento se completar, trazê-la de novo até nós. O gesto começa no ombro, vai às extremidades do braço e volta ao seu ponto de partida no ombro.

"Continuemos. Conto dois. Este é o segundo quarto do compasso, durante o qual é feito outro movimento sucessivo, o mercúrio imaginário passa do cotovelo ao pulso enquanto essa parte do braço é erguida.

"Contagem seguinte, três. O terceiro quarto destina-se a erguer o pulso e, uma a uma, as articulações dos dedos.

"Finalmente, ao contar quatro, nossa quarta e última semínima, erguemos todos os dedos.

"De modo exatamente igual deixo agora cair meu braço, concedendo uma semínima para a execução de cada uma das quatro flexões. Um, dois, três, quatro..."

Tórtsov agora rosnava a contagem abruptamente, como um comando militar.

— Um! — depois uma pausa antes da contagem seguinte. — Dois! — Outro silêncio. — Três! — Nova pausa. — Quatro! — Uma espera e assim por diante uma porção de vezes.

Devido ao andamento lentíssimo, as pausas entre as vozes de comando eram bem demoradas. As batidas, alternando-se com a inação silenciosa, interferiam em qualquer fluidez de movimento. Nossos braços moviam-se aos arrancos, feito uma carroça se arrastando sobre sulcos profundos.

— Façamos agora o mesmo exercício no dobro da velocidade. Cada semínima terá duas batidas, um e um, como um compasso de dois tempos em música, depois dois e dois, três e três, quatro e quatro, em vez dos números simples. Assim conservaremos as mesmas quatro semínimas em cada compasso, mas divididas em oito partes, ou oito notas.

Executamos assim o exercício.

— Como perceberam — disse Tórtsov —, os intervalos na contagem foram menores, pois havia mais contagens no compasso e isso facilitou uma certa fluidez de movimento.

"É estranho. Será que a simples enunciação da contagem influencia a maciez do erguer ou cair do braço? É claro que o segredo não está nas palavras, mas na *atenção* fixada na direção da nossa corrente de energia. Quanto menores forem as frações de cada batida, quanto mais frações forem comprimidas em cada compasso, preenchendo-o, mais contínua será a linha de atenção que acompanha cada minúscula moçao do fluxo de energia. À medida que o compasso vai sendo dividido em frações ainda menores, à medida que ele se vai tornando mais compacto, a linha de atenção e o movimento da energia tornam se mais constantes e daí, também, o do braço.

"Agora vamos pôr à prova o que acabei de dizer."

E então lançamo-nos a uma série de testes durante os quais a semínima foi repartida em três partes, depois em quatro, seis, doze, dezesseis, vinte e quatro e até mesmo mais frações em cada compasso. Os movimentos foram-se fundindo uns nos outros até se tornarem constantes e contínuos como o zumbido das próprias batidas: um-um-um-um-um-um-um-um-dois-dois-dois-dois-dois-dois-dois-dois-três-três-três-três-três-três-três-três-quatro-quatro-quatro-quatro-quatro-quatro-quatro-quatro...

Por fim eu já não podia contar, pois seria preciso uma dicção muito rápida. Minha língua zumbia, minha língua oscilava, mas as palavras não se distinguiam. Nessa velocidade máxima o meu braço movia-se sem interrupção e muito devagar, pois o bater do metrônomo ainda estava regulado no dez.

O resultado foi uma prodigiosa suavidade. Meu braço realmente se desenrolava e enrolava outra vez, como o pescoço de um cisne.

Então Tórtsov nos disse:

— Podemos estabelecer um outro paralelo, desta vez com um motor externo de embarcação. Na partida ele faz ruídos explosivos intermitentes, depois eles se tornam constantes, assim como o movimento da hélice.

"O mesmo se aplica a vocês. A princípio vocês praticamente escarravam o comando e agora a chamada da batida se transformou num único e contínuo zumbido de movimento plástico e lento. Desta forma ele é adaptável ao propósito da arte, pois vocês conseguiram uma constância de movimento.

"Notarão isto ainda mais quando fizerem o exercício com música, porque em vez das suas próprias vozes zumbindo a contagem terão a linha bela, contínua, do som musical."

Então Rakhmánov sentou-se ao piano e pôs-se a tocar alguma coisa num tempo vagaroso, lânguido. Seguindo-o, estendemos os braços, as pernas e as espinhas.

— Sentiram — perguntou Tórtsov — como a sua energia viajava em marcha imponente ao longo de uma linha ininterrupta? *É essa moção que cria fluência, a plasticidade de movimento corpóreo que nos é tão necessária.*

"Esta linha interior vem dos mais profundos recessos de nosso ser, a energia que ela engendra está saturada de estímulos das emoções, vontade e intelecto.

"Quando, com o auxílio de exercícios sistemáticos, vocês se habituarem e sentirem prazer em basear suas ações antes numa linha interior do que exterior, virão a saber o que significa propriamente a emoção do movimento."

Quando terminamos os exercícios Tórtsov prosseguiu:

— Uma linha de movimento sólida, ininterrupta, em nossa arte, é a matéria-prima com a qual modelamos a forma plástica.

"Assim como um fio inteiro de lã ou de algodão ganha feitio enquanto vai passando pela máquina de tecer, assim também a nossa linha de ação está sujeita à fabricação artística. Num ponto podemos torná-la mais leve, noutro reforçá-la, numa terceira fase podemos apressá-la, retardá-la, retê-la, rompê-la, acrescentar-lhe acentuação rítmica e finalmente coordenar nosso movimento com as ênfases de tempo e de ritmo.

"Que instantes da ação produzida devem coincidir com a batida dos compassos em nossa mente?

"Essas fases são frações de segundo imperceptivelmente minúsculas, durante as quais a corrente de energia passa pelos diferentes pontos de articulação, as juntas dos dedos ou as vértebras da coluna dorsal.

"Essas frações de segundo é que são notadas por nossa atenção. Enquanto rolamos a gota de mercúrio imaginária de junta a junta, tomamos nota do instante em que a energia simbolizada por ela cruza pelo ombro, cotovelo, curva do pulso, juntas dos dedos. Foi isso que fizemos com acompanhamento musical.

"É possível que a coincidência não tenha sido exata, pode não ter ocorrido quando vocês a esperavam, pode ter vindo antes, ou depois.

"Vocês podem não ter contado com precisão, mas apenas aproximadamente a batida calculada. O importante é que a ação, assim dividida, de fato os encheu de tempo e ritmo, que vocês sempre estiveram cônscios do compasso e que a sua atenção perseguiu e alcançou a contagem cada vez mais fracionada que as suas línguas não podiam acompanhar. Mesmo assim foi criada uma linha contínua de atenção e com ela o fluxo ininterrupto de ação que procurávamos."

O que se revelou particularmente agradável foi o relacionamento de um movimento interior de energia com uma melodia.

Vânia, trabalhando com afinco ao meu lado, verificou que "a música de fato aplainava todos os nossos movimentos, de modo que eles iam deslizando como relâmpagos lubrificados".

Os sons e o ritmo promovem uma suave continuidade e leveza de movimento que dão a impressão de que o braço voa do tronco espontaneamente.

Fizemos exercícios semelhantes com as nossas pernas, espinhas e pescoços. Nisto a energia movia-se por nossas vértebras exatamente como fazia quando estávamo-nos adestrando na descontração das tensões musculares.

Quando a corrente de energia corria para baixo, sentíamos como se estivéssemos afundando nas regiões subterrâneas. Quando ela subia por nossas espinhas era como se fôssemos erguidos muito acima da terra.

Fazendo trabalho análogo com as pernas, estimulou-se a ação dos músculos da perna e dos pés ao caminhar.

Sempre que conseguíamos estabelecer um fluxo de energia macio e regular, obtínhamos um passo macio, compassado e elástico. Sempre que a energia vinha aos arrancos, bloqueava-se nos pontos de articulação ou noutros centros de locomoção, o nosso andar era desigual, picado.

— Como o andar tem sua linha contínua de movimento — disse Tórtsov — quer dizer que o tempo e o ritmo são-lhe inerentes.

"Qualquer movimento, aí, como em seus braços, é dividido nas frações componentes de instantes em que a energia passa ao longo das articulações (no estender a perna, no ímpeto propulsor do corpo, em sua repulsão, na troca dos pés, na moderação do solavanco e assim por diante).

"Portanto, quando prosseguirem com os exercícios, vocês devem coordenar as batidas do tempo e ritmo externos, em seu passo, com as batidas correspondentes da linha interior de movimento de energia, tal como fizemos em nosso trabalho com os braços e a coluna vertebral."

Quanta atenção é necessária para espreitar o movimento rítmico, regular, da energia! O menor esmorecimento e logo aparece uma trepidação indesejável, rompe-se o fluxo e a maciez do movimento, desengrena-se a ênfase.

Fizeram-nos, também, interromper o fluxo de energia. O mesmo se fez com o tempo e o ritmo. O resultado foi uma pose imóvel. Acreditávamos em sua veracidade quando era justificada por um impulso interior. Esse tipo de pose transformava-se em ação retida, em escultura viva. É muito agradável não só atuar por impulso interior mas também permanecer inativo em ritmo e tempo.

No fim da aula, Tórtsov resumiu:

— No trabalho anterior, nas aulas de ginástica e de dança, vocês se ocuparam com a linha externa de movimento dos braços, pernas, corpo. Hoje aprenderam algo mais, a linha interior de movimentação, que é a base da plasticidade.

"Vocês é que devem decidir qual destas duas linhas, a interior ou a exterior, é a mais importante, qual delas considera mais apropriada para a produção em cena de uma imagem física da vida de um ser humano, para a composição de uma personagem."

Nossa opinião unânime levou Tórtsov a dizer:

— Então compreendem que no alicerce da plasticidade de movimento temos de estabelecer uma corrente interior de energia.

"Esta, por sua vez, deve ser coordenada com as batidas compassadas do tempo e do ritmo.

"A essa sensação interior de uma energia passando pelo corpo chamamos o senso de movimento."

Agora compreendi, pelas minhas próprias sensações, a importância da energia móvel para a obtenção de plasticidade. Posso visualizar claramente a sensação que terei quando estiver atuando em cena e ela correndo por todo o meu corpo. Posso sentir a linha contínua interior e compreendo com perfeita nitidez que sem ela não pode haver beleza de movimento. Agora desprezo em mim todas as migalhas picadas, incompletas, de movimento. Por enquanto ainda não tenho a habilidade necessária para fazer aquele gesto largo que é a exteriorização de uma emoção interior, mas compreendo que preciso tê-la.

Noutras palavras, ainda não alcancei a plasticidade de movimento e o senso de movimento mas posso prevê-los em mim e já compreendo que *a plasticidade exterior baseia-se no nosso senso interior do movimento da energia.*

CAPÍTULO VI Contenção e controle

I

Hoje havia uma grande flâmula atravessando parte da frente da nossa classe-museu, que a esta altura já estava arrumada, com as exposições arranjadas de modo muito eficaz. Na flâmula, as palavras: *Contenção e Acabamento*.

Mas Tórtsov não se referiu imediatamente a elas. Perguntou se nos lembrávamos do exercício com o louco,* aquela bem-sucedida improvisação em que, pensando que um evadido de um manicômio estava atrás da porta, eu fui parar debaixo de uma mesa com um pesado cinzeiro na mão para me defender. Depois de pormenorizar as circunstâncias dadas do exercício, mandou-nos repeti-lo.

Nós, os alunos, ficamos encantados, pois estávamos doidos para representar outra vez e atiramo-nos à improvisação com toda energia, até a última grama. Parecíamos realmente estar no apartamento de Maria e acreditar que o inquilino anterior, que ficara louco furioso, ali se refugiara. Tornou-se real o problema de como ele tentaria evitar que o capturassem. E quando Vânia, que mantinha fechada a porta, recuou num salto repentino, fugimos, as moças gritando com terror sincero. Foi preciso algum tempo para

---

*Ver *A preparação do ator*. (N. do T.)

que organizássemos nosso instinto de conservação de modo a erguermos uma barricada contra a porta e telefonarmos para o hospício.

Tórtsov elogiou-nos, mas sem entusiasmo. Tentamos justificar-nos alegando que há muito tempo não representávamos o sketch e tínhamos esquecido os detalhes. Mas quando o repetimos sua atitude não mudou.

— O que é que está errado? — perguntamos. — O que é que o senhor está tentando extrair de nós?

Como fazia frequentemente, o diretor respondeu à nossa pergunta com uma ilustração pitoresca. Disse:

— Imaginem que têm diante dos olhos uma folha de papel branco toda rabiscada de linhas e manchada de borrões. Imaginem ainda que lhes digam para traçar nessa mesma folha um delicado desenho a lápis... uma paisagem ou um retrato. Para fazê-lo, terão primeiro de limpar o papel, apagando as linhas e manchas supérfluas que, se permanecerem, obscurecerão e arruinarão o desenho. Em benefício dele vocês são forçados a ter uma folha de papel limpa.

"O mesmo acontece com o nosso tipo de trabalho. Os gestos excessivos equivalem ao refugo, ao sujo, às manchas.

"A atuação de ator atulhada de uma multiplicidade de gestos será semelhante a essa folha de papel borrocada. Portanto, antes de empreender a criação exterior da sua personagem, a interpretação física, a transferência da vida interior de um papel para a sua imagem concreta, ele tem de se livrar de todos os gestos supérfluos. Só nestas condições poderá alcançar suficiente nitidez de contorno para a sua corporificação física. Os movimentos irrestritos, por mais naturais que sejam para o próprio ator, apenas embaçam o desenho de seu papel, tornam o desempenho sem clareza, monótono e descontrolado.

"Todo ator deveria dominar seus gestos de modo a exercer controle em vez de ser controlado por eles.

"Alguém que esteja passando por um drama emocional pungente é incapaz de referir-se a ele coerentemente, pois em determinado momento as lágrimas o sufocam, a voz falha, a tensão dos sentimentos confunde os pensamentos, o aspecto miserável desorienta aqueles que o veem e os impede de compreender a causa verdadeira do seu sofrimento. Mas o tempo, o grande restaurador, modera a agitação interior do homem, permite-lhe portar-se com calma em relação aos acontecimentos passados. Pode-se referir a eles coerentemente, devagar, inteligivelmente e enquanto relata sua história permanece relativamente calmo, ao passo que os que a ouvem choram.

"A nossa arte busca alcançar exatamente esse resultado e requer que o ator sinta a agonia do seu papel, e chore até mais não poder em casa ou durante os ensaios e que depois se acalme, liberte-se de todo sentimento que seja alheio ao papel ou o obstrua. Vai então ao palco para transmitir ao público, em termos claros, prenhes, profundamente sentidos, inteligíveis e eloquentes, aquilo por que passou. A essa altura os espectadores serão mais atingidos que o ator e este conservará todas as suas forças a fim de encaminhá-las para onde elas lhe são mais necessárias: para a reprodução da vida interior da personagem que ele está interpretando.

"É por demais frequente que os atores em cena abafem e obscureçam a ação justa e adequada aos papéis que estão interpretando, com o uso de uma quantidade supérflua e inoportuna de gestos. Muitas vezes um ator dotado de admirável domínio da expressão facial não dá ao seu público a oportunidade de apreciá-la cabalmente porque a encobre com uma porção de gestos rebuscados das mãos e dos braços. Esses atores são os piores inimigos de si próprios pois impedem os outros de verem as ótimas qualidades que têm a oferecer.

"O uso excessivo dos gestos dilui um papel como a água dilui o bom vinho. Ponham um pouco de bom vinho tinto no fundo de um copo e depois acabem de enchê-lo com água. Terão um líquido apenas vagamente róseo. A verdadeira linha de ação de um papel fica também indistinta no meio de uma revoada de gestos.

"Afirmo que um gesto, como tal, um movimento independente que não exprima nenhuma ação pertinente ao papel do ator, é desnecessário, a não ser em algumas raras ocasiões, como, por exemplo, em certos papéis característicos. Simplesmente usando um gesto não se pode transmitir o espírito interior de um papel nem a principal linha contínua de ação que corre por ele. Para conseguir isto, temos de usar movimentos que induzam à ação física. Eles, por sua vez, transmitem o espírito interior do papel que estamos interpretando.

"Os gestos, *per se*, são o recurso de atores preocupados em exibir sua bela aparência, em posar, em fazer exibicionismo.

"Além dos gestos, os atores, também, fazem muitos movimentos involuntários, numa tentativa de ajudarem a si mesmos a superar passagens difíceis dos seus papéis. Esses movimentos podem evocar efeitos emocionais exteriores ou a aparência física exterior de emoções que não existem nos atores superficiais. Assumem a forma de cãibras convulsivas, hipertensão muscular desnecessária e prejudicial, na suposição de que ajudam a espremer emoções teatrais. Entretanto elas não só fazem borrões no papel como também interferem na contenção, no controle e no estado verdadeiro, natural, do ator enquanto ele está em cena.

"Muitos de vocês cometem esse erro e Vânia mais do que todos.

"Como é agradável ver um artista em cena quando ele domina a contenção e não se entrega a todos esses gestos convulsivos, crispados! Vemos emergir nitidamente o traçado de seu papel por causa dessa contenção. Os movimentos e as ações da personagem que está sendo retratada lucram incalculavelmente em importância e atração quando não são obscurecidos pelas nuvens de uma gesticulação supérflua, irrelevante, exclusivamente teatral.

"Contra esse excesso de movimento ainda há que dizer o seguinte: ele absorve uma grande quantidade de energia que se aplicaria melhor em finalidades mais intimamente relacionadas com a artéria mestra que pulsa através do papel, do começo ao fim.

"Quando vocês mesmos, pessoalmente, tiverem feito a experiência do que significa essa contenção e controle do gesto, sentirão quanto vai-se expandir sua expressão física, como vai-se tornar mais cheia, mais bem talhada, transparente. Ao mesmo tempo a redução dos seus gestos será compensada pelas entonações da voz, flexibilidade da expressão facial, todos os meios de comunicação mais requintadamente exatos e mais bem calculados para transmitir as delicadas nuanças das emoções e a vida interior de um papel.

"O comedimento nos gestos tem particular importância no setor da caracterização. A fim de fugirmos de nós mesmos sem repetir as mesmas exterioridades em cada papel, é indispensável conseguir uma eliminação de gestos. Cada movimento exterior, que fora do palco pode ser natural num ator, separa-o da personagem que ele está interpretando e fica a lembrá-lo dele mesmo. Se o ator é incapaz de fugir de si mesmo em seu conceito interior de um papel, deve pelo menos se recobrir exteriormente com movimentos que sejam característicos desse papel.

"Ocorre frequentemente que um ator encontre três ou quatro gestos característicos, típicos. Para se contentar durante toda a peça com esse número de gestos é necessário ter a máxima economia de movimento. Neste caso a contenção ajuda muito. Mas se esses três gestos submergirem numa centena de movimentozinhos pessoais, ligados à própria personalidade do ator e não ao seu papel, a máscara posta por ele cairá, revelando o seu próprio rosto de todo dia. Mais ainda, se isto ocorrer em todos os papéis que interpretar, o efeito para o público será extremamente monótono.

"O ator tampouco deve esquecer que o gesto típico ajuda-o a aproximar-se da personagem que ele está encarnando, ao passo que a intrusão dos movimentos pessoais o separa dela, e o impele às emoções puramente pessoais. Isto não pode contribuir nem para o propósito da peça nem para o do papel, pois o que é preciso são emoções *análogas* e não emoções pessoais. Naturalmente, os gestos característicos não podem ser muito repetidos, se não perdem o efeito e se tornam cacetes.

"Quanto maiores a contenção e o controle exercidos pelo ator neste processo criador, mais clara será a forma e o desenho do seu papel e mais poderoso o seu efeito sobre o público. Maior será o seu sucesso e também o do autor da peça, cujas obras só podem atingir o grande público pelo sucesso dos atores, diretores e todo o esforço coletivo de quantos contribuem para uma produção com seu talento e trabalho.

"Um dia, quando Bryulov, um célebre pintor, criticava numa aula um dos trabalhos de seus discípulos de belas-artes, tomou de um pincel para acrescentar apenas um toque a certa tela inacabada e o quadro imediatamente adquiriu vida. O aluno, diante do milagre, ficou embasbacado.

"Então Bryulov explicou: 'a arte começa com o mais leve dos toques.'

"E nós podemos aplicar à nossa arte as mesmas palavras desse pintor famoso. Precisamos apenas de um toque levíssimo ou dois, para dar vida a um papel, para alcançar a sua forma acabada. Sem estes ínfimos toques ele não terá o brilho de um acabamento perfeito.

"Entretanto, quantas vezes vemos no palco um papel inteiramente desprovido desse pequeno toque. Pode estar bem elaborado mas ainda assim notamos a falta desse elemento importantíssimo. É possível que apareça um diretor de talento, diga uma só palavra e o ator se incendiará, fazendo brilhar o papel com todas as cores do prisma de sua alma.

"Isto me lembra o regente de uma banda militar que se tornou conhecido principalmente porque todos os dias costumava andar pelas avenidas marcando com os braços o compasso de concertos inteiros. Ao reger sua banda usava o mesmo *tempo*. A princípio ouvíamos, enquanto nossa atenção estava presa aos sons, mas, cinco minutos depois, já estávamos apenas observando os movimentos automáticos da sua batuta e vendo as páginas brancas da partitura à medida que ele, metodicamente, ia virando página após página com a mão esquerda. Não era mau músico. Sua banda era boa e bem conhecida em toda a cidade. Ainda assim, sua música não se impunha, porque o elemento mais importante — o conteúdo interior — nunca se revelava e não chegava até os ouvintes. Todas as partes componentes de cada música eram executadas com precisão e fluência, mas seguiam-se umas às outras de um modo tão indiferençável que os ouvintes não podiam separá-las nem compreendê-las. A cada parte faltava o toque desejado, que lhe proporcionaria um acabamento, bem como à música inteira.

"Temos em nossos palcos muitos atores que vão marcando assim os seus papéis, varando peças inteiras com o mesmo ímpeto, sem dar atenção alguma ao toque necessário que fornece *acabamento*.

"Contrastando com a lembrança desse maestro sacudidor de batuta, recordo-me de Arthur Nikisch, de pequena estatura, mas grande músico, capaz de dizer mais com os sons do que a maioria das pessoas com as palavras.

"Com a pequenina ponta de sua batuta, extraía da orquestra um oceano de sons, com o qual pintava amplos quadros musicais.

"Não se deve tampouco esquecer como Nikisch, antes de iniciar o concerto, percorria com os olhos, meticulosamente, cada um de seus músicos e depois esperava até que se fizesse na sala um silêncio total, antes de erguer a batuta e concentrar em sua ponta a atenção de toda a orquestra e todo o público. Naquele instante a batuta dizia: 'Atenção! Ouçam! Vou começar!'

"Mesmo nesse momento preparatório, Nikisch tinha aquele 'toque' intangível que tão lindamente completava cada movimento seu. Para Nikisch havia algo de precioso em cada nota completa, cada meia nota, cada oitava ou décimo sexto de nota, cada ponto — e o contraponto matematicamente preciso, as deliciosas naturais, as próprias dissonâncias e a harmonia. Tudo isso ele executava com imenso prazer, sem medo de arrastar. Nikisch nunca perdia de vista o menor som, nunca deixava de lhe dar seu valor total. Com a batuta extraía tudo o que se podia extrair dos instrumentos e da própria alma dos seus músicos. Enquanto isto, a mão esquerda trabalhava com o expressivo colorido de um pincel, ora aplainando, ora ralentando a música, ora elevando e aumentando. Que notável reserva ele tinha, bem como uma precisão matemática, que não só não interferia na inspiração mas a encorajava. Seus *tempi* eram do mesmo alto nível. Seu *lento* estava longe de ser monótono, aborrecido, esticado como o zumbido de uma gaita de fole, que o regente da banda militar martelava ao tique-taque do metrônomo. O tempo lento de Nikisch continha em si os tempos rápidos. Nunca retinha nem apressava a música. Era só no final, quando tudo já fora dito, que Nikisch apressava ou retardava o tempo, quer para alcançar o que fora retido quer para restituir o que um tempo anterior deliberadamente rápido subtraíra. Para isto preparava uma frase musical num tempo novo. Parecia dizer: 'nunca se apressem! Exprimam tudo o que se esconde na música.' E agora chegamos ao próprio ápice da frase! Quem poderia prever como ele iria pôr a coroa na obra completa? Seria com um novo e grande movimento lento ou, pelo contrário, dar-lhe-ia um final inesperadamente atrevido, rápido enfático?

"De quantos regentes se pode dizer: ele sabia como penetrar, adivinhar e captar todas as sutis matizações de uma obra musical e fazer o que Nikisch fazia com tanta sensibilidade, não apenas selecioná-las mas também conduzi-las e iluminá-las para o público? Nikisch o fazia porque seu trabalho era executado não só com admirável contenção mas também com um acabamento brilhantemente penetrante.

"Às vezes uma demonstração por meio do oposto é convincente e vou usar uma agora para lhes mostrar a significação e o valor do acabamento em nosso campo de trabalho. Vocês todos conhecem esse tipo de atores-metralhadoras, tão numerosos nas farsas, no *vaudeville*, nas comédias musicais. Eles têm sempre de ser alegres, provocar o riso das pessoas, manter seu passo num andamento vivaz. Mas ser alegre, quando por dentro estamos tristes, é coisa difícil. Por isso eles recorrem a uma rotina exterior. O meio mais fácil de conseguir isto é com ritmo e *tempo* exteriores. Os atores desse tipo apressam suas falas e varam a ação da peça com uma velocidade exagerada. A peça inteira é misturada num todo caótico que o público não pode desintrincar. Nada se pode encontrar aí de sustentado, nenhuma contenção, nenhum acabamento.

"Entre as mais belas qualidades dos artistas de teatro que atingiram a categoria suprema estão a contenção e o acabamento. Seguindo o modo como eles desdobram uma interpretação ante nossos olhos e vendo-a crescer, temos a impressão de estar presentes a algum miraculoso ato de trazer à vida uma grande obra de arte.

"As criações de gênios do teatro como um Tommaso Salvini é que são monumentos duradouros. Esses grandes artistas algumas vezes amoldam os inícios de uma personagem com uma desarmante quietude no primeiro ato e prosseguem nos atos seguintes acrescentando ao papel peça por peça, gradualmente, calmamente, seguramente. Quando todas as peças componentes estão reunidas e colocadas, temos um monumento imortal, edificado sobre as paixões humanas: ciúme, amor, horror, vingança, raiva. Isto seria impossível sem controle e contenção. O escultor funde em bronze o seu sonho. O ator toma seu sonho de uma personagem, realizado através do subconsciente, seu estado criador interno, através do subtexto e do superobjetivo do papel, e lhe dá vida por meio da voz, dos movimentos, do poder emocional dirigido pela inteligência.

II

— Há uma descrição de uma das atuações de Salvini — dissera Tórtsov — em *Minha vida na arte*. Talvez lhes fosse proveitoso relê-la.

Naquela noite Paulo e eu obtivemos um exemplar do livro e lemos o seguinte:

> "Vi Salvini pela primeira vez no Teatro Bolshoi, onde ele e sua Companhia italiana estavam atuando durante a Quaresma.
>
> Levavam *Otelo*. Não sei como foi, se por distração ou falta de atenção quanto à chegada desse grande gênio, ou porque fiquei confuso com a vinda de outras celebridades, como Possart, que sempre preferia interpretar o papel de Iago em vez do papel-título, seja como for, o fato é que eu concentrei minha atenção inicial totalmente em Iago, pensando que fosse Salvini.
>
> Bem, realmente — disse comigo mesmo — ele tem boa voz. Tem os elementos de um bom ator, uma ótima presença, representa no estilo italiano habitual, mas não vejo nele nada de extraordinário. O ator que interpreta Otelo é tão

bom quanto ele. Também tem bom material, uma voz maravilhosa, dicção, porte. Senti-me bastante frio ante os arroubos dos técnicos que estavam prontos para desfalecer depois da primeira fala de Salvini.

Era como se no início da peça o grande ator não quisesse atrair a atenção do público. Se o quisesse fazer, teria a oportunidade de conseguir seu objetivo com uma pausa brilhante. E foi isso que fez, depois, na cena do Senado. Não havia nada de novo na maneira de desempenhar a primeira parte dessa cena, exceto que me deu a oportunidade de estudar o rosto, o traje e a maquilagem de Salvini. Não posso afirmar que havia neles nada de excepcional. Na verdade, não gostei de seu traje naquela cena e nem depois. A maquilagem? Acho que não tinha. Era seu próprio rosto e é bem possível que fosse inútil tentar maquilá-lo. Tinha um bigodão pontudo, usava uma peruca mais do que evidente. O rosto era largo, pesado, quase gordo. Pendia-lhe do cinto uma grande adaga oriental, fazendo-o parecer mais cheio de carne do que realmente era, sobretudo com seu camisolão e turbante mouriscos. Nada disso era muito característico de Otelo, o soldado.

E no entanto...

Salvini aproximou-se do palanquim dos Doges, ficou um momento envolto em concentrada meditação e logo, sem que o pudéssemos sequer notar, ele tomou toda a plateia do imenso Bolshoi na palma da sua mão. Parecia que tinha feito isso com um só gesto. Sem olhar para o público, estendeu a mão, agarrou-nos como se fôssemos formigas ou mosquitos. Apertou o punho — e sentimos o sopro da fatalidade, abriu a mão — e era a alegria. Estávamos em seu poder e assim ficaríamos até o final da peça e muito tempo depois. Agora sabíamos quem era, o que era esse grande gênio e o que podíamos esperar dele. A princípio era quase como se o seu Otelo não fosse Otelo e sim Romeu. Não tinha olhos para nada e para ninguém a não ser Desdêmona, só pensava nela, sua confiança nela era ilimitada e ficamos abismados de que Iago fosse capaz de transformar esse Romeu num Otelo devorado pelo ciúme.

Como lhes poderei transmitir o impacto poderoso da impressão causada por Salvini? Talvez citando as palavras de um poeta que disse: 'A criação é para a eternidade.'

Assim é que Salvini atuava."

CAPÍTULO VII   A dicção e o canto

I

Nesta noite, durante uma representação no teatro anexo à nossa escola, eu estava controlando os efeitos sonoros e no intervalo ouvi uma conversa nos bastidores, entre alguns artistas e Tórtsov.

O diretor fizera a um ator alguns comentários sobre a sua atuação mas, infelizmente, eu tinha perdido esses comentários e a resposta do ator. Quando comecei a ouvir, Tórtsov estava narrando algumas experiências pessoais. Como é seu costume, estava ensinando por meio dessas experiências e das conclusões que delas extraíra.

É mais ou menos este o teor do que ele dizia:

— Quando recitava para mim mesmo eu tentava falar com a máxima simplicidade possível, sem falso patético, sem efeitos tonais insinceros nem ênfase exagerada no verso. Procurava ater-me ao cerne do poema. A impressão que isto produzia devia-se ao fato de que as palavras das frases vibravam, cantavam e isso dava nobreza e uma qualidade musical à minha fala.

"Quando levei para o palco esse modo de falar, os atores, meus colegas, se espantaram com a mudança que ocorrera em minha voz, minha dicção e com meu novo modo de exprimir sentimento e pensamentos. Depois verifiquei que não tinha ainda resolvido todos os ângulos do problema. Não basta que o próprio ator sinta prazer com o som de sua fala, ele deve também tornar possível ao público presente no teatro ouvir e compreender o que quer que mereça a sua atenção. As palavras e a entonação das palavras devem chegar aos seus ouvidos sem esforço.

"Isso requer muita habilidade. Quando a adquiri, compreendi o que chamamos *a sensação das palavras*.

"A fala é música. O texto de um papel ou uma peça é uma melodia, uma ópera ou uma sinfonia. A pronunciação no palco é uma arte tão difícil como cantar, exige treino e uma técnica raiando pela virtuosidade. Quando um ator de voz bem trabalhada e magnífica técnica vocal diz as palavras de seu papel, sou completamente transportado por sua suprema arte. Se ele for rítmico, sou involuntariamente envolvido pelo ritmo e tom de sua fala, ela me comove. Se ele próprio penetra fundo na alma das palavras do seu papel, carrega-me com ele aos lugares secretos da composição do dramaturgo, bem como aos da sua própria alma. Quando um ator acrescenta o vívido ornamento do som àquele conteúdo vivo das palavras, faz-me vislumbrar com uma visão interior as imagens que amoldou com sua própria imaginação criadora.

"Quando controla seus movimentos e lhes acrescenta palavras e voz, parece-me que isto se torna um harmonioso acompanhamento para um lindo cantar. Uma boa voz de homem entrando em cena com a sua *deixa* é como um violoncelo ou um oboé. Uma voz feminina pura e alta, respondendo à *deixa*, faz-me pensar num violino ou numa flauta. As profundas notas de peito de uma atriz dramática lembram-me a introdução de uma viola. O baixo pesado de um pai nobre ressoa como um fagote, a voz do vilão é um trombone, que troveja mas também gargareja para dentro, como se fosse por causa da raiva ou de saliva acumulada.

"Como é que os atores podem deixar de perceber toda uma orquestra numa única frase, até mesmo uma frase simples, de sete palavras, como, por exemplo, 'Volte! Eu não posso viver sem você!'

"De quantos modos diferentes essa frase pode ser cantada e cada vez de um novo jeito! Quanta variedade de sentidos podemos atribuir-lhe! Que quantidade de variados estados de espírito! Experimente trocar o lugar das pausas e das acentuações e conseguirá um número cada vez maior de significações. Paradas curtas, combinadas com acentuações, destacam nitidamente a palavra-chave e a apresentam diferente das outras. Pausas maiores, sem sons, permitem impregnar as palavras com um novo conteúdo interior. Isto tudo é auxiliado pelos movimentos, pela expressão facial e a entonação. Essas mudanças produzem estados de espírito renovados, dão novo conteúdo a toda uma frase.

"Tome, por exemplo, a primeira palavra, *volte*, seguida de uma pausa cheia de desespero porque aquele que se foi não voltará. É o começo de uma ária patética.

"*Eu não posso* — seguido de uma breve pausa respiratória que prepara e ajuda a realçar a palavra-chave, *viver*, que é o ponto alto. Evidentemente essa é a palavra mais importante de toda a frase. Para fazê-la sobressair com mais relevo ainda, há uma nova pequena pausa respiratória, depois da qual a frase termina, com as palavras: *sem você*.

"Se a palavra *viver*, para a qual foi criada toda a frase musical, for uma coisa viva, arrancada do âmago de uma alma, se a mulher que foi rejeitada se apegar por meio dessa palavra, com todas as forças que lhe restam, ao homem a quem se entregou por toda a eternidade — então ela transmitirá o cerne, o espírito despedaçado, de uma mulher que foi traída. Mas em caso de necessidade as pausas e as palavras acentuadas podem ser distribuídas de modo muito diferente e isto é o que temos:

"*Volte* — pausa — *Eu* (respiração) *não posso*... (respiração)... *viver sem você!*

"Desta vez a delineação forte é dada às palavras: *Eu não posso*. Por elas sentimos uma mulher em desespero, para a qual a vida perdeu o sentido. Isso dá a toda a frase um colorido de fatalidade e parecemos sentir que essa mulher abandonada chegou ao fim, que diante dela um abismo está-se abrindo.

"Pense quanta coisa pode-se concentrar numa palavra ou frase, como é rica a linguagem. É poderosa, não por si mesma, porém, na medida em que transmite a alma humana, a mente humana. Há, de fato, tanto conteúdo espiritual, emocional, nestas pequenas palavras: *Volte. Eu não posso viver sem você!* Nelas está a tragédia de toda uma vida humana.

"E entretanto o que é uma frase dentro do conceito mais amplo do dramaturgo, numa cena inteira, um ato, uma peça? Apenas um pontinho, um momento, uma parte insignificante de um grande todo.

"Assim como os átomos entram na formação de todo um universo, os sons individuais transmitem palavras; as palavras, frases; as frases, pensamentos; e com os pensamentos se formam cenas e atos inteiros e o conteúdo de uma grande peça que abarca a vida trágica de uma alma humana — de *Hamlet, Otelo, Hedda Gabler, Mme. Ranevskaia*. Esses sons formam toda uma sinfonia!"

II

"Jóra scancrarporta sprópiaventura!"

Foram estas as palavras inesperadas que saíram dos lábios de Tórtsov quando ele hoje entrou na sala de aula. Olhamos para ele e uns para os outros, atônitos.

— Não compreendem? — perguntou, depois de uma breve espera.

— Nem uma palavra — confessamos. — O que significam essas palavras recriminativas?

— "Já é hora de escancarar as portas à sua própria ventura." O ator que as pronunciou numa certa peça tinha uma voz boa e ampla, audível em todos os pontos do teatro e apesar disso nós não conseguimos entendê-las mais do que vocês conseguiram e nós também pensamos que ele nos estava recriminando — explicou Tórtsov.

"As consequências desse exemplo leve e grotesco foram para mim tão notáveis que terei de me estender um pouco sobre o que se passou comigo:

"Após muitos anos de experiência como ator e diretor, cheguei à plena constatação, intelectual e emocional, de que todo ator deve-se assenhorear de uma excelente dicção e pronunciação, deve sentir não somente as frases e as palavras, mas também cada sílaba, cada letra. A essência destes fatos é que, quanto mais simples é uma verdade, mais tempo levamos para chegar a ela.

"Não sentimos nossa própria língua, as frases, sílabas, letras e é por isso que a distorcemos com tanta facilidade. Em vez de *va*, dizemos *fa*; em vez de *ga*, dizemos *kua*. Acrescente-se a isto o ceceio, as distorções guturais, nasais e outras com que enfeiamos o bem falar.

"Para mim, hoje, as palavras com partes substituídas parecem o mesmo que um homem que tem uma orelha no lugar da boca, um olho no lugar da orelha, um dedo em vez do nariz.

"Uma palavra com o começo engavetado é como um rosto com o nariz esborrachado. Uma palavra cujo fim foi engolido faz-me pensar num homem sem perna ou sem braço.

"A omissão de letras ou sílabas individuais é hoje para mim um defeito tão gritante como a falta de um dente ou um olho, uma orelha amassada ou qualquer outra espécie de deformidade física.

"Quando escuto alguém, por inércia ou por desmazelo habitual, disparando suas palavras todas juntas, num bolo amorfo, penso forçosamente numa mosca que tenha caído num pote de geleia, ou então no tempo do outono, quando as saraivadas, a névoa e a lama esmaecem tudo.

"A falta de ritmo no falar, que faz com que uma frase comece devagar, se arremesse de repente no meio e com a mesma brusquidão escorregue por uma porteira adentro, recorda-me o modo de andar de um bêbedo e a fala metralhada dos que padecem da dança de são Guido.

"Vocês naturalmente já leram livros ou jornais mal impressos, faltando letras e com muito erros de impressão. Não é uma tortura o tempo que se perde tentando decifrar as charadas que esses erros produzem?

"E eis aqui outro tipo de tortura: ler cartas escritas como quem estivesse espalhando graxa numa superfície qualquer. Vá a gente adivinhar quem nos está convidando para o que, onde e quando. Às vezes é totalmente impossível. Escrevem: *Você... d... d...* O que pensam que a gente é, um debiloide ou uma dondoca; um amigo ou um tolo — é impossível decifrar.

"Embora seja difícil enfrentar um livro mal impresso ou uma caligrafia má, se tentarmos bastante conseguiremos fazer uma ideia do pensamento atrás das palavras. A matéria impressa ou escrita está diante de nós, temos tempo para reexaminá-la muitas vezes e desemaranhar o incompreensível.

"Mas que recurso se tem no teatro quando os atores pronunciam o texto de um modo comparável ao livro mal impresso, quando omitem letras inteiras, palavras, frases que frequentemente são de importância primordial para a estrutura básica da peça? Não podemos evocar a palavra falada, a peça vai seguindo para o seu desenlace sem nos dar tempo de parar para atinar com o que não compreendemos. Uma dicção má vai gerando uma incompreensão depois da outra. Atravanca, obscurece e até mesmo esconde o pensamento, a essência e até o próprio enredo da peça. A princípio o público apura os ouvidos, a atenção, os miolos, para não perder nada do que se está passando no palco; se não consegue acompanhar, começa a agitar-se, mexer-se, sussurrar e finalmente tossir.

"Vocês acaso calculam a significação, terrível para o ator, dessa palavra: *tosse*? Uma plateia de mil pessoas que chega ao ponto de ficar sem paciência, perdendo contato com o que se está passando em cena pode, à força de tossidas, expulsar do teatro os atores, a peça, a atuação inteira. Significa ruína para a peça e a interpretação. Um dos meios de defesa contra essa eventualidade é o emprego de uma forma de falar clara, vívida, bela.

"Outra coisa que cheguei a compreender: se bem que a distorção do nosso falar coloquial seja mais ou menos tolerada no ambiente doméstico, se transportarmos para o palco algum desses modos grosseiros de falar e o utilizarmos para enunciar versos melodiosos sobre temas elevados, sobre a liberdade, os ideais, o amor puro, ele se tornará ofensivo e ridículo. As letras, as sílabas, as palavras não foram inventadas pelo homem — foram sugeridas a ele pelos seus instintos, seus impulsos, pela própria natureza, tempo e local.

"Só depois de ter compreendido que as letras são apenas símbolos de sons, que exigem a execução de seu conteúdo, é que eu me vi naturalmente confrontado com o problema de aprender essas formas sonoras a fim de melhor preencher o conteúdo.

"Conscientemente voltei ao início do alfabeto e comecei a estudar cada letra separadamente. Achei mais fácil começar pelas vogais porque haviam sido bem treinadas, endireitadas e suavizadas pelo canto."

III

— Já perceberam que um sentimento interior é liberado por meio do som claro do *A*? Esse som está ligado a certas experiências interiores profundas que buscam se libertar e saem flutuando com facilidade dos recessos de nosso peito.

"Mas existe um outro som de *A*. É abafado, sem nitidez, não sai flutuando com facilidade, mas permanece lá dentro, ribombando ominosamente, como em alguma caverna ou cripta. Há também o insidioso *A A A*, que sai rodopiando e perfurantemente penetra naqueles que o ouvem. O som alegre do *A* ergue-se de nós como um foguete, ao contrário do *A* pesado, que, como um peso de ferro, afunda até às fontes mais profundas do nosso ser.

"Não experimentam a sensação de que partículas de vocês são carregadas para fora nessas ondas vocais? Não são vogais vazias; têm um conteúdo espiritual.

"Foi isso que cheguei a compreender sobre as formas sonoras das vogais e então passei ao estudo das consoantes.

"Estes sons não tinham sido corrigidos e polidos para mim durante a prática do canto e, assim, meu trabalho com eles foi complicado. Em seu livro *A palavra expressiva*, S. M. Volkonski diz: 'Se as vogais são um rio e as consoantes as suas margens é preciso reforçar estas últimas, para evitar as inundações!'

"Além dessa função diretiva, as consoantes têm dons de sonoridade.

"As mais sonoras dentre elas são *M, N, L, R, V, Z, G, TH* e as consoantes-rolhas, *B, D, G, W*.

"Com estas é que iniciei minha pesquisa.

"Nestes sons podemos distinguir claramente quais são os tons que quase se assemelham aos das vogais. A única diferença é que não saem desimpedidos, mas são retidos por pressões em vários pontos, os quais lhes dão suas tonalidades peculiares. Quando a pressão que bloqueou a acumulação tonal se rompe, o som se lança para fora. Um exemplo disto é a letra *B*: o ribombo acumulado é contido por nossos lábios fechados, que lhe deram o seu caráter. Removendo-se o impedimento, há uma explosão e o som se escoa livremente. Portanto é válido chamar estas consoantes de consoantes-rolhas.

"Na pronunciação de um *B* a explosão ocorre imediata e abruptamente, o fôlego acumulado e a voz saem com rapidez instantânea. Pronunciando as consoantes *M*, *N* e *L*, o mesmo processo ocorre, de modo mais delicado, diferente, com uma breve demora quando os lábios se abrem (para o *M*) ou a língua toca as gengivas superiores (o céu da boca) para o *N* e o *L*.

"Há outras consoantes que não têm tom mas são esticadas. Neste grupo estão as surdas, os sons do *F* e do *S*.

"Além destas, há, como sabem, as consoantes explosivas: *P*, *T*, *K* etc. Caem bruscamente, como os golpes de um martelo. Mas também impelem para fora os sons vocálicos que estão atrás delas.

"Quando esses sons se combinam para formar sílabas, palavras e frases, sua forma vocal adquire, naturalmente, uma capacidade maior, de modo que podemos lhe dar mais conteúdo. Pronunciem, por exemplo, as duas primeiras letras do alfabeto, *A* e *B*, juntas, mas na ordem inversa.

"Santo Deus, pensei comigo mesmo, será que teremos de reaprender, desde o começo, o alfabeto? Vai ver que entramos na segunda infância, desta vez a artística."

— BaBaBa... — começamos todos em coro, como um rebanho de ovelhas.

— Olhem aqui — disse Tórtsov, interrompendo-nos de chofre. — Preciso de um som diferente, aberto, nítido, largo — Ba-a-a — que transmita surpresa, alegria, saudação eufórica, alguma coisa que faça meu coração bater com mais força e alegria. Ouçam: Ba. Sintam como lá no fundo de mim um ribombante *B* ganhou vida, como meus lábios mal podem conter a força do som, como o obstáculo é rompido através e a partir dos meus lábios abertos, como se partisse de braços estendidos ou das portas de um lar hospitaleiro e daí surge para encontrá-los, como um anfitrião saudando um hóspede querido, um amplo, generoso *A*, porejando um ânimo acolhedor. Se fossem reproduzir minha exclamação numa folha de papel, vocês escreveriam mais ou menos isto: g-m-B-A-a. Não recebem, com esta exclamação, um pedaço de mim, que voou para vocês junto com o som jubiloso?

"E agora aqui temos a mesma sílaba *BA*, mas com espírito completamente diferente.

Tórtsov pronunciou os sons de um modo sombrio, abafado, deprimido. Dessa vez o ribombo foi como o rolar de um trovão subterrâneo prenunciando um terremoto. Seus lábios não se abriram em boas-vindas. Apartaram-se devagar, quase perplexos. Nem mesmo o som do *A* foi alegre, como tinha sido na primeira vez. Saiu fosco, sem ressonância, quase como se tivesse retrocedido sem conseguir libertação. Em vez dele saiu de seus lábios um sopro levemente farfalhante, como o vapor de uma grande vasilha descoberta.

"Há infinidade de variações que se pode inventar para esta sílaba das duas letras *B* e *A* e em cada uma delas estará manifesto um pedacinho tirado de uma alma humana. Sons e sílabas como esta têm vida em cena, mas os que produzem uma pronunciação mirrada, desanimada, mecânica, são como cadáveres, não sugerem a vida e sim a sepultura.

"Agora tentem ampliar a sílaba, incluindo três letras: bar, ban, bat, bag. A cada letra adicional muda-se o estado de espírito, cada consoante nova atrai novos pedacinhos do nosso ser, de dentro de um recesso ou outro da nossa personalidade interior. Se agora aumentarmos o número de letras para formar duas sílabas, a capacidade de expressão emocional será de novo ampliada: baba, babu, bana, banu, balu, bali, barbar, banian, batman, bagrag...

IV

Repassamos os sons com que havíamos encerrado a última aula com Tórtsov e depois começamos a inventar por conta própria. Provavelmente era a primeira vez em minha vida que eu de fato escutava os sons das letras. Percebi como eram imperfeitos em nossa boca e como eram plenos na boca de Tórtsov. Ele era como um *gourmet* de fonética, apreciando o aroma de cada sílaba e som.

A sala toda se encheu de uma variedade de ruídos, em luta uns com os outros, atropelando-se, mas apesar de todo o nosso zelo ardente não conseguimos nenhuma ressonância. Contrastando com as nossas vogais foscamente coaxadas e com os latidos das nossas consoantes, as vogais cantantes e a ressonância das consoantes de Tórtsov pareciam tão brilhantes, sonoras, reverberando em todas as partes da sala.

Como este problema é ao mesmo tempo tão simples e tão difícil, pensei comigo mesmo. Quanto mais simples e mais natural, mais difícil parece.

Observei o rosto do diretor. Era radioso como o rosto de um homem que aprecia os sons e se apraz com a beleza deles. Depois olhei para os meus colegas e quase dei risada ao ver suas expressões faciais sombrias, inflexíveis, beirando caretas ridículas.

Os sons que Tórtsov produzia tanto davam prazer a ele quanto a nós que o ouvíamos. Ao passo que os ruídos ásperos e rascantes que forçávamos a sair de dentro de nós apenas nos causavam e em nossos ouvintes enorme aflição.

Tórtsov agora estava feliz, firmemente montado em seu cavalo de batalha, deleitava-se com sílabas que unia em palavras que nos eram familiares ou noutras que ele inventava. Com essas palavras formava frases, pronunciando uma espécie de monólogo, depois voltando aos sons e sílabas individuais para de novo construí-los em palavras.

Enquanto ele saboreava os sons fixei meus olhos em seus lábios. Faziam-me pensar nas válvulas cuidadosamente ajustadas de um instrumento metálico de sopro. Quando se abriam ou fechavam não deixavam nenhuma fenda por onde algum ar se desperdiçasse. Graças a essa estrutura matematicamente precisa, os sons que ele produzia eram excepcionalmente bem definidos e puros. Num instrumento de fala tão perfeito como o que Tórtsov elaborou para si, a articulação dos lábios funciona com incrível leveza, rapidez e exatidão.

Isto não se pode dizer do meu. Meus lábios, como as válvulas de algum instrumento barato e malfeito, não se fecham com bastante firmeza. Deixam que o ar escape, são mal ajustados. Por isso as minhas consoantes não têm a necessária clareza e pureza.

A articulação dos meus lábios é tão mal desenvolvida e está tão abaixo de qualquer padrão de virtuosidade, que nem sequer admite uma fala rápida. As sílabas e as palavras se atropelam, colidem e caem umas sobre as outras, como o barranco roído pela erosão de um riacho. O resultado é um contínuo transbordamento de vogais e a língua embaraçada.

— A famosa cantora e mestra, Pauline Viardot — disse Tórtsov —, costumava dizer aos seus discípulos que eles deviam cantar com a frente dos lábios.

"Por isso trabalhem muito para o desenvolvimento da articulação de lábios, língua e todas as partes que contribuem para a produção de consoantes bem-talhadas e bem-conformadas.

"Agora não entrarei nos detalhes deste trabalho. Vocês terão seu treinamento para isso."

V

Hoje Tórtsov entrou na sala de braço com uma senhora, Mme. Zarembo. Ficaram de pé, um ao lado do outro, no meio da sala, com sorriso brilhante no rosto.

— Cumprimentem-nos — anunciou Tórtsov —, nós formamos... uma aliança.

Os alunos pensaram, naturalmente, que ele falava de casamento. E então ele prosseguiu:

— De agora em diante, Mme. Zarembo vai ajudar a colocar suas vozes no que se refere às vogais e às consoantes. E eu, ou algum substituto, corrigirei, simultaneamente, a pronúncia de vocês.

"As vogais não exigirão minha interferência, porque o canto as colocará naturalmente certo. Mas as consoantes têm de ser trabalhadas tanto no canto como no falar.

"Infelizmente há vocalistas que pouco se interessam pelas palavras em geral e as consoantes em particular. E há também professores de dicção que nem sempre compreendem com muita clareza a produção do tom. O resultado é que frequentemente as vozes dos cantores são impostadas adequadamente para as vogais e inadequadamente para as consoantes, enquanto no produto dos professores de dicção pode acontecer o oposto, com as consoantes superpronunciadas e as vogais desprezadas.

"Em tais circunstâncias, as aulas de canto podem fazer ao mesmo tempo bem e mal. Esta situação não é normal e a culpa de que ela exista pode ser atribuída frequentemente a um lamentável preconceito. O fato é que o trabalho de colocação da voz consiste primordialmente no desenvolvimento da respiração e na vibração das notas sustentadas. Muitas vezes se diz que somente as vogais podem ser sustentadas. Mas acaso não possuem também essa qualidade algumas consoantes? Por que não desenvolvê-las para que se tornem tão vibrantes quanto as vogais?

"Que bom seria se os professores de canto ensinassem ao mesmo tempo dicção e se os professores de dicção ensinassem canto! Mas como isso é impossível, vamos ter aqui especialistas dos dois campos cooperando um com o outro.

"E assim Mme. Zarembo e eu resolvemos fazer uma experiência.

"Não estou disposto a apoiar o tipo declamatório de entonação, habitual no teatro. Deixemos isso para aqueles cujas vozes não são espontaneamente cantantes.

"Para lhes dar ressonância, essas pessoas têm de recorrer a torções e truques vocais, à pirotécnica teatral, declamatória. Por exemplo: para dar impressão de solenidade, rebaixam a voz, num tom cada vez mais grave, em intervalos de segundos. Ou, para aliviar a monotonia, esganiçam notas individuais uma oitava acima, mantendo, porém, durante o resto do tempo, uma semimonotonia pesada, porque seu diapasão é muito limitado.

"Se esses atores deixassem os sons cantar por si mesmos, será que teriam de recorrer a métodos tão tortuosos?

"Entretanto, na fala coloquial, as boas vozes são raras. Quando aparecem, muitas vezes lhes falta poder e extensão. Sem extensão, uma voz jamais poderá projetar a vida total de um ser humano.

"Quando perguntaram a Tommaso Salvini, o grande ator italiano, de que precisamos para ser intérprete de Tragédia, ele respondeu: 'Voz, voz e mais voz!' Por enquanto eu não posso explicar, nem vocês podem entender plenamente as insinuações dessa observação feita por Salvini e muitos outros. Só com a própria experiência e prática é que vocês compreenderão tanto com os sentimentos como com o cérebro o sentido essencial dessas palavras. Quando sentirem as possibilidades que lhes serão abertas por uma voz bem colocada, capaz de exercer suas funções naturalmente predestinadas, só então o conselho de Salvini lhes revelará sua significação profunda."

VI

— Estar "bem de voz" é uma bênção não só para a prima-dona mas também para o artista dramático. Sentir que temos o poder de dirigir nossos sons, comandar sua obediência, saber que eles forçosamente transmitirão os menores detalhes, modulações, matizes da nossa criatividade!

"'Não estar bem de voz' — que tortura, para um cantor e também para um ator! Sentir que não controlamos nossos sons, que eles não alcançarão a sala repleta de ouvintes! Não ser capaz de exprimir o que o nosso ente criador interno está-nos ditando tão vívida e profundamente! Só o próprio artista conhece tais torturas. Só ele pode dizer o que foi finalmente forjado na fornalha do seu ser interior e como terá de ser transmitido pela voz e a palavra. Se a voz se falseia, o ator se envergonha porque aquilo que criou dentro de si foi mutilado em sua forma exterior.

"Há atores cujo estado normal é 'não estar bem de voz'. O resultado é que falam pouco, deformando assim aquilo que estão transmitindo. Entretanto a sua alma, todo esse tempo, está cheia de música belíssima. Imaginem um mudo transmitindo à sua amada seus sentimentos ternos e poéticos. Em vez de voz, ele tem um rosnado rascante e repulsivo. Deforma aquilo que dentro dele é lindo e precioso. Essa deformação o deixa desesperado. O mesmo acontece com um ator capaz de ter sentimentos admiráveis mas senhor de um instrumento vocal medíocre.

"É também frequente que um ator seja dotado pela natureza com uma voz de lindo timbre, flexível nos poderes de expressão, mas de volume insignificante, de modo que não pode ser ouvida além da quinta fila da plateia. O público da primeira fila conseguirá apreciar o timbre encantador dos seus sons, sua dicção expressiva e o lindo desenvolvimento de sua fala. Mas e os que estão sentados nas últimas filas? Essa parte dos espectadores está condenada ao tédio. Começa a tossir, ninguém mais pode ouvir nada, o ator mal pode continuar. Tem de forçar sua linda voz e essa violência prejudica não somente os seus sons, sua pronunciação, sua dicção, mas também a experiência emocional do seu papel.

"Pensem também nos que têm vozes que são facilmente audíveis em toda a extensão do teatro no registro mais baixo e no registro mais alto, porém são totalmente inexistentes no registro medio. Desses, alguns são tentados a subir a voz até ficarem forçados e esganiçados e os outros afundam a voz até ficarem trovejando nas profundezas. Forçar, seja como for, arruína o timbre de qualquer voz e um alcance de cinco notas restringe toda expressividade.

"Outra coisa aflitiva é uma voz de ator, excelente sob todos os outros aspectos, com volume, flexibilidade, expressividade, capaz de transmitir todos os matizes do padrão interior de um papel, mas apesar disso marcada por uma deficiência vital: o timbre é desagradável. Se os ouvidos e os sentimentos do público estiverem fechados para ele, que adiantará o volume, a flexibilidade ou expressividade da sua voz?

"Pode acontecer que estas deficiências não sejam remediáveis, por causa de alguma idiossincrasia inerente, ou algum defeito vocal devido a doença. Mas o mais frequente é que as deficiências citadas por mim possam ser corrigidas, pela colocação adequada dos sons, a eliminação das pressões, tensões, esforços, e respiração e articulação dos lábios erradas ou, finalmente, podem ser curadas se forem causadas por doença.

"O que se deve concluir disto tudo é que até mesmo uma voz naturalmente boa deve ser desenvolvida não só para o canto mas também para a fala.

"Qual será o trabalho? Será o mesmo que é exigido para a ópera, ou terá o teatro exigências totalmente diferentes?

"Afirmam alguns que essas exigências diferem completamente. Para os fins de conversação precisamos de sons abertos mas

— e agora falo por experiência própria — essa amplitude vocal tende a se tornar vulgar, incolor, difusa e, acima de tudo, frequentemente sobe de tom — e tudo isso é prejudicial à fala no palco.

"'Que bobagem — protestam outros. — Na conversação os sons devem ser condensados e fechados.'

"Porém a experiência ensinou-me que isto leva a uma voz constrangida e abafada, de pequena extensão. Soa como se estivesse dentro de um tonel; os sons, em vez de voarem para longe, caem no chão aos pés do próprio orador.

"Então, que devemos fazer?

"Em vez de responder a isto, vou-lhes falar sobre o meu próprio trabalho com os sons e a dicção no curso de minha carreira de ator:

— Quando eu era moço, me preparei para ser cantor de ópera — assim começou Tórtsov sua narrativa.

"Graças a isso, tenho alguma noção dos métodos habitualmente usados para colocar o som e a respiração visando as finalidades do canto. Não preciso dessa noção para cantar, propriamente, mas pode ajudar-me na procura dos melhores métodos para desenvolver uma fala natural, bela, plena. Sua função é transmitir por meio de palavras quer os sentimentos exaltados do estilo trágico, quer a fala simples, íntima, graciosa, do drama e da comédia.

"Minha pesquisa foi incentivada pelo fato de ter trabalhado muito naqueles últimos anos no setor da ópera. Entrando em contato com os cantores, conversei com eles sobre o tema da arte vocal, ouvi o som de vozes bem-colocadas, deparei com um variadíssimo sortimento de timbres, aprendi a distinguir entre as matizações de tom da garganta, nariz, cabeça, peito, as da laringe, as occipitais e outras. Tudo isso ficou registrado em minha memória auditiva. Mas o principal é que passei a entender a vantagem das vozes colocadas '*na máscara*', onde estão situados o céu da boca, as fossas nasais, os seios nasais e outras câmaras de ressonância.

"Os cantores me disseram: 'o som que é colocado contra os dentes ou dirigido contra o osso, isto é, o crânio, adquire vibração e força. Os sons que, ao contrário, vão de encontro às partes moles do palato ou da glote vibram como se estivessem abafados em algodão.'

"Outro cantor me disse: 'Quando canto, coloco meus sons exatamente como uma pessoa adormecida ou doente faz quando suspira, com a boca fechada. Dirigindo assim o som para a frente do meu rosto, para dentro da cavidade nasal, abro a boca e continuo a fazer o som de mu-u-u-u, como antes. Mas agora o suspiro primitivo se transforma num som, livremente emitido e ressonante ao detonar contra as cavidades nasais e as outras caixas sonoras da máscara facial.'

"Experimentei todos esses métodos para meu próprio uso a fim de poder descobrir a natureza do som com que tenho sonhado."

VII

— Também ocorrências acidentais contribuíram para me orientar pelo caminho. Um exemplo disto foi o conhecimento que travei no exterior com um célebre cantor italiano. Um dia ele estava com a impressão de que a sua voz não estava devidamente vibrante e que não poderia cantar no recital daquela noite. O pobre coitado pediu-me que fosse com ele e lhe ensinasse como agir caso as coisas andassem mal. Suas mãos estavam geladas, o rosto pálido; ele estava desnorteado quando subiu ao palco de concerto e começou a cantar magnificamente. Depois do primeiro número, veio até aos bastidores e fez um *entrechat* de pura alegria, cantando em surdina:

— Ela chegou, chegou, chegou!

— O que foi que chegou? — perguntei atônito.
— Ela... a nota! — repetiu, enquanto pegava a música para o número seguinte.
— Onde foi que ela chegou? — eu ainda estava perplexo.
— Ela chegou aqui — disse o cantor, designando a frente de seu rosto, o nariz, os lábios.
— Noutra ocasião, assisti a um concerto dado pelos discípulos de uma conhecida professora de canto e, por acaso, sentei-me ao lado dela. Isto me deu a oportunidade de testemunhar de perto a excitação que lhe causavam seus pupilos. A velha senhora o tempo todo agarrava meu braço ou cutucava-me nervosamente com o cotovelo ou o joelho sempre que um deles fazia alguma coisa errada. E enquanto isso, ficava repetindo com angústia estas palavras: "Lá se foi, lá se foi", ou então murmurando alegremente: "Veio, veio!"
"O que foi para onde? — perguntei intrigado.
— A nota foi para trás da cabeça dele — dizia ela ao meu ouvido, com uma voz assustada. Ou então repetia, feliz:
"Veio. Voltou pra boca dele (ela queria dizer: para a frente do seu rosto, para a máscara)."
— Lembrei-me desses dois incidentes e das palavras "Veio, foi-se... na máscara, pra trás da cabeça dele" e tentei descobrir por que seria uma coisa tão terrível para os cantores quando a nota desaparece nas suas nucas ou por que se alegram tanto quando ela vem para a frente, para a máscara facial.

"Para desvendar o mistério tive de trabalhar com o canto. Mas como receava incomodar as outras pessoas que moravam em minha casa, exercitava-me em voz baixa e com a boca fechada. Essa gentileza da minha parte foi muitíssimo frutífera, pois, no início, quando se está colocando um som, é mesmo melhor zumbir suavemente até encontrarmos o apoio certo para a voz.

"No começo eu só sustentava uma, duas ou três notas do registro médio, apoiando-as nas diferentes partes ressonantes da minha máscara facial que eu podia sentir dentro dela. Às vezes parecia que o som tinha alcançado o ponto exato necessário e, outras vezes, eu percebia que ele 'se fora'.

"Finalmente, depois de longo período de exercícios, determinei um meio de colocar duas ou três notas onde elas me pareciam soar de modo bem diferente: eram plenas, compactas, ressonantes — qualidades estas que eu não percebera antes em mim. Mas não fiquei nisso. Decidi trazer o som para fora de tal modo que até mesmo a pontinha do meu nariz estremecesse com as suas vibrações.

"Consegui fazê-lo, só que a minha voz, então, ficou muito nasal. Isso me impôs toda uma nova série de exercícios, para ficar livre do efeito nasal. Trabalhei nisso bom tempo, embora, afinal, o segredo do defeito se revelasse bem simples. A única coisa que era preciso fazer era eliminar uma tensão minúscula, quase imperceptível, na parte interna da cavidade nasal, onde eu conseguia perceber uma leve pressão.

"Afinal consegui livrar-me dessa pressão. As notas eram lançadas para fora e até mais poderosas do que antes, mas o timbre da voz não era tão agradável como eu queria. Tinha ainda vestígios de um indesejável som preliminar, do qual não conseguia livrar-me. Obstinadamente recusei-me a permitir que o tom voltasse a descer para a minha garganta, na esperança de que com o tempo venceria este novo obstáculo.

"Na etapa seguinte da minha busca tentei aumentar a extensão que havia fixado para os meus exercícios. Para meu espanto, as notas médias, bem como as do registro superior e as do inferior, soavam espontaneamente belas e tinham características iguais às das primeiras que eu tinha exercitado.

"Assim, gradativamente, fui conferindo e aplainando as discrepâncias entre as notas naturalmente abertas do meu registro. A tarefa seguinte seria a de elaborar as notas mais difíceis de todas — as notas-limites — as mais altas, que, como todos sabem, requerem um tom fechado, artificialmente colocado.

"Se você estiver em busca de alguma coisa, não vá sentar-se na praia à espera de que ela venha encontrá-lo. Você tem de procurar, procurar, procurar com toda a sua obstinação! Por isso é que eu passava todos os meus momentos livres em casa fazendo *mu-u-u-u*, tateando em busca de novas ressonâncias, novos pontos de apoio, adaptando-me a eles constantemente.

"Durante o período de pesquisa notei por acaso que sempre que eu tentava trazer os sons para a frente, para a minha máscara facial, inclinava a cabeça para a frente e deixava o meu queixo cair. Essa posição facilitava a emissão do som o mais para diante possível. Muitos cantores reconhecem este método e o aprovam.

"Desse modo elaborei toda uma escala de notas do registro mais alto. De início só o fazia com a boca fechada, mugindo as notas e não com a boca aberta e verdadeira voz.

"Chegou a primavera. Minha família foi para o campo e eu fiquei sozinho. Isto me permitiu fazer meus exercícios de mugido com a boca aberta, além de também fazê-los com a boca fechada. No primeiro dia depois da partida da família, cheguei em casa para jantar e, como de costume, estendi-me num divã para dar os habituais mugidos. Pela primeira vez, após um intervalo de um ano inteiro, arrisquei-me a abrir a boca numa nota bem-colocada com ela fechada.

"Qual não foi o meu espanto quando, de repente, inesperadissimamente, saiu flutuando de meu nariz e de minha boca um tom há muito tempo amadurecido, um tom que nunca antes conhecera mas com o qual sempre havia sonhado, um tom que já tinha ouvido nos cantores e há muito tempo vinha tentando produzir.

"Quando aumentava a voz, ela se mostrava mais forte e substancial. Nunca me havia julgado capaz de conseguir esse tom. Era como se um milagre me houvesse acontecido. Fiquei tão transportado que cantei a noite inteira e minha voz não só não se cansou como ainda ficava cada vez melhor.

"Acontecia — antes de fazer esses exercícios sistemáticos — que eu ficava rouco quando cantava alto e durante muito tempo. Agora, ao contrário, isso parecia ter um efeito benéfico em minha garganta, parecia limpá-la.

"Outra surpresa agradável ainda me estava reservada: eu era capaz de produzir notas que até então estavam fora da minha extensão vocal. Minha voz ganhava novos matizes, um timbre diferente que me parecia melhor, mais nobre, mais aveludado que antes.

"Como é que tudo isso tinha acontecido espontaneamente? Era claro que com o auxílio dos mugidos em voz baixa fora possível não só desenvolver o tom mas também igualar todos os sons vocálicos. E isto é muito importante.

"Com essa voz de nova impostação que eu desenvolvera, os sons abertos das vogais eram todos dirigidos para o mesmo ponto na parte superior do palato, exatamente na raiz dos dentes, e daí reverberavam para as cavidades nasais bem na frente da máscara facial.

"Testes ulteriores mostraram que quanto mais alto ia a voz, entrando no registro de notas artificialmente fechado, mais iam subindo para diante os pontos de apoio nas cavidades nasais.

"Além disso notei que ao mesmo tempo que as minhas notas naturalmente abertas se apoiavam no meu céu da boca e reverberavam nas cavidades nasais, as notas fechadas, apoiadas nas cavidades nasais, refletiam no meu céu da boca.

"Noites sem fim cantei sem parar no meu apartamento deserto, encantado com a minha nova voz. Mas o meu autocontentamento não tardou muito em ser perturbado. Num ensaio de ópera, ouvi um conhecido regente criticar um cantor porque ele impelia muito para a frente os seus sons, produzindo por isso uma espécie de anasalamento cigano.

"Este incidente destruiu a base que eu julgava tão sólida sob os meus pés. É verdade que eu costumava notar aquela desagradável qualidade nasal na minha voz quando ela estava colocada no extremo anterior de minha máscara facial.

"E assim tornou-se necessária uma nova pesquisa.

"Sem abandonar minhas descobertas, comecei a explorar a cabeça em busca de novas superfícies de reverberação em todos os pontos do meu céu da boca, no alto e até mesmo atrás de minha cabeça — que tanto me haviam ensinado a recear — e por toda parte eu encontrava novas caixas sonoras. Cada uma delas contribuía em maior ou menor grau e acrescentava novas cores para realçar o tom. E, ao mesmo tempo, aprendi a controlar o *nasalado cigano*.

"Esses testes me convenceram de que a técnica do canto é muito mais complexa e sutil do que eu pensava e que o segredo dessa arte não está encerrado só na máscara.

"Tive a sorte de descobrir mais um segredo ainda. Nas aulas de canto que frequentei fiquei impressionado com as repetidas exortações do professor aos alunos que trabalhavam as notas altas: *Bocejem!* Dizia ele.

"Parece que para liberar a tensão de uma nota alta a garganta e o maxilar devem se colocar exatamente na mesma posição de quando bocejamos. Quando isto ocorre a garganta se alarga naturalmente e a tensão indesejável desaparece. Graças a esse novo segredo minhas notas superiores se encorparam, a pressão se aliviou e seu tom ganhou reverberação. Isso me deixou muito contente."

VIII

Logo na aula seguinte Tórtsov prosseguiu com a história da sua pesquisa:

— Como resultado das várias tentativas que descrevi, pude obter uma voz que estava bem-colocada para as vogais. Podia fazer minhas vocalizações com elas e minha voz soava plana, forte e cheia em todos os registros.

"Daí passei para as canções mas, para meu espanto, elas todas viraram exercícios de vocalização porque eu só estava cantando as vogais.

"As consoantes não só ficavam sem som, mas também atravancavam meu canto com o seu estrépito seco. Foi então que me lembrei da máxima de S. M. Volkonski, no sentido de que 'as vogais são rios, as consoantes são as suas margens'. Por isso é que meu canto, com suas consoantes vacilantes, era como um rio sem margens, transbordando em profundidades pantanosas que sugavam e afogavam as palavras.

"Depois disso concentrei toda minha atenção nas consoantes apenas. Observei como eu mesmo e outros as manejávamos, ouvi cantores em óperas e concertos. Que aprendi? Parece que até mesmo os melhores sofriam do mesmo que me acontecera. Suas árias e canções podiam tornar-se pura vocalização devido à moleza das consoantes, negligente ou insuficientemente emitidas.

"Compreendi mais do que nunca a natureza do meu problema quando ouvi dizer que a voz de um certo barítono italiano célebre soava fraca quando ele fazia seus vocalizos com vogais e só quando acrescentava as consoantes é que o volume aumentava dez vezes. Tentei provar isto por mim mesmo, mas durante muito tempo os resultados não apareceram.

"Mais ainda, a tentativa me convenceu de que as minhas consoantes, quer sozinhas, quer em combinação com as vogais, não tinham tom. Tive muitíssimo trabalho para conseguir dar som total a cada letra.

"Passava as noites praticando ou cantando vários sons. E não foi com todos eles que obtive bom resultado. Os mais malsucedidos para mim eram os sons sibilantes e os 'de rugido'. Evidentemente havia em mim algum defeito inato ao qual eu era forçado a me adaptar.

"A primeira coisa a aprender era a posição correta da boca, lábios e língua para a criação certa dos sons consonantais.

"Para este fim pedi o auxílio de um de meus discípulos, que tinha uma excelente dicção natural.

"Ele mostrou que era um sujeito muito paciente. Isto me permitiu ficar observando a sua boca horas a fio, tomando nota do que ele fazia com os lábios, com a língua, quando pronunciava vogais que eu reconhecera como incorretas.

"Compreendia, naturalmente, que nunca seria possível duas pessoas falarem de modo idêntico. Cada uma delas não pode deixar de adaptar, de uma forma ou de outra, sua fala aos seus dons particulares.

"Não obstante, tentei transportar para a minha própria enunciação o que havia notado na do meu paciente aluno. Mas toda paciência tem limite e ele deu várias desculpas para não me procurar mais. Isto me obrigou a recorrer a um professor de dicção experiente para me instruir e com ele fiz novos progressos.

"Nem tive tempo de saborear esse sucesso e novamente me vi decepcionado. Pois aconteceu que os estudantes de ópera com os quais eu estivera trabalhando se tornaram alvo do mais áspero tipo de críticas por parte de outros cantores e músicos, que alegavam que no seu afã de acentuarem as consoantes eles emitiam não uma porém muitas de cada vez. Tinham razão. O resultado é que o som das consoantes prejudicava o das vogais e a enunciação ficava totalmente absurda.

"Eu andava tão absorvido no canto que esquecia o principal objetivo da minha pesquisa: a fala no palco e os métodos de declamação.

"Lembrando-me do que procurava, tentei falar tal como aprendera a cantar. Para minha surpresa, os sons escorregavam para trás de minha cabeça e eu era de todo incapaz de arrastá-los para a frente, para a minha máscara. Quando finalmente aprendi a usar a máscara para falar, minha fala tornou-se inteiramente forçada.

"Que significava isso? — eu me perguntava atônito. Evidentemente não se pode falar como se canta. Não admira que os cantores líricos profissionais sempre tentem cantar de um modo diferente daquele como falam.

"Minhas indagações a esse respeito revelaram o fato de que muitos vocalistas assim fazem para não desgastarem o timbre do seu tom de canto usando-o na conversação comum.

"Mas para nós, atores, concluí, esta precaução é ruim pois o nosso real objetivo cantando é justamente o de conseguirmos falar com timbre em nossas vozes.

"Estava firmemente ocupado com esta questão, quando um famoso ator estrangeiro, louvado pela dicção e pelo impacto emocional da sua voz, me disse: 'Desde que sua voz esteja devidamente colocada, você deve falar exatamente do mesmo modo como canta.'

"Depois disso minhas experiências tomaram um rumo definido e progrediram com muita rapidez. Alternava o canto com a fala. Cantava durante quinze minutos, falava durante igual período. Depois, novamente cantava e falava outra vez. Continuei muito tempo com esse treino, mas sem obter o resultado que queria.

"Isso não era de surpreender — concluí —, pois o que poderiam fazer por mim nessas poucas horas de falar correto em oposição às muitas horas de falar incorreto? O falar certo devia ser constantemente usado, transformar-se em hábito, introduzir-se em minha própria vida, tornar-se uma segunda natureza.

"As aulas de canto que damos a vocês, alunos, não são meros exercícios para colocar a voz durante aquela determinada hora. Em aula vocês têm de aprender as coisas que deverão ser praticadas, primeiro sob o controle de um treinador experiente e depois independentemente, em casa e em toda parte onde forem, durante todo o dia.

"Enquanto este novo método não nos tiver dominado inteiramente, não poderemos pensar que o assimilamos de fato. Temos de estar sempre em guarda para falarmos o tempo todo com correção e beleza, no teatro e fora dele. Só assim isto se tornará uma segunda natureza, de modo que nossa atenção não precise desviar-se para o falar quando entrarmos em cena.

"Se, ao entrar em cena, a pessoa que vai interpretar *Hamlet* for obrigada a pensar em suas deficiências de dicção e de voz, ela terá poucas probabilidades de cumprir sua principal missão criadora. Recomendo-lhes, portanto, que preencham de uma vez por todas os requisitos elementares da dicção e do som. Quanto às sutilezas da arte de falar, que lhes permitirão transmitir com perícia e beleza todos os intangíveis matizes dos pensamentos e dos sentimentos, isto é coisa em que vocês terão de trabalhar durante toda a sua vida.

"Como perceberam, eu estava prosseguindo em minha busca muito depois de acabados os meus dias de estudante. Não me era assim tão fácil realizar tudo isso, mas fazia o máximo possível enquanto minha atenção aguentasse.

"Havia períodos em que observava minha voz o tempo todo. Transformava meus dias numa aula contínua e assim conseguia livrar-me de hábitos incorretos de linguagem.

"Finalmente cheguei de fato a sentir que ocorrera uma mudança em meu modo habitual de falar. Havia certos sons individuais que saíam bem, até mesmo frases inteiras e foi justamente então que percebi que estava aplicando em minha linguagem coloquial as coisas que tinha aprendido com o canto. Falava como cantava. O decepcionante é que isto só ocorria em curtos intervalos pois os meus sons tendiam sempre a retroceder até às partes moles do meu palato e garganta.

"Até hoje este estado de coisas ainda prevalece. Não tenho tanta certeza de que poderei manter minha voz falada tão flexível como a cantada. Está claro que terei de acertá-la por meio de exercícios preliminares logo antes de um ensaio ou de uma representação.

"Ainda assim, não podia haver dúvida quanto ao êxito que de um modo geral eu alcançara. Aprendi a impelir a voz para a frente da minha máscara facial à vontade, sempre com rapidez e facilidade, não só quando cantava mas também quando falava.

"Mas o resultado principal de meu trabalho foi que adquiri na linguagem falada *a mesma linha ininterrupta de som que eu tinha desenvolvido no canto e sem a qual não pode existir uma verdadeira arte da palavra.*

"Isso é o que eu vinha buscando havia tanto tempo, o que eu sonhara. É o que dá uma característica de beleza e música não só à linguagem coloquial comum, como também — e principalmente — à poesia elevada.

"Eu aprendera, por minha própria prática, que essa linha ininterrupta só aparece quando as vogais e as consoantes, espontaneamente, vibram tal como o fazem no canto. Quando só são sustentados os sons vocálicos e as consoantes apenas vão martelando atrás deles, tudo o que se obtém é uma brecha, uma ruptura, um vácuo. Em vez de uma linha contínua, têm-se farrapos de sons. Logo descobri que não só as consoantes explosivas mas também as outras — as sibilantes, as que apitam, as que retinem, as rascantes e as silenciantes, as consoantes roufenhas —, todas elas têm de participar e contribuir com as suas reverberações e sons para a criação da linha contínua.

"Agora a minha fala coloquial canta, zune, zumbe e até mesmo ruge, enquanto constrói uma linha constante e modifica os tons e as cores dos seus sons de acordo com as vogais e as consoantes sibilantes ou vibrantes.

"Ao termo desse período de trabalho que lhes descrevi detalhadamente, eu ainda não chegara ao ponto de adquirir uma noção das palavras ou uma noção da frase, mas podia, sem dúvida, estabelecer distinções entre os sons das sílabas.

"Há especialistas deste setor que sem vacilar criticarão em altas vozes o rumo que segui em minha pesquisa e os resultados que obtive. Que o façam. O meu método foi tirado da prática, da própria experiência e meus resultados podem ser submetidos a exame.

"Esse tipo de crítica ajudará a agitar toda a questão de como impostar a voz para o palco e os métodos de ensino adequados, bem como o tema da dicção correta e da produção de sons, sílabas e palavras.

"Depois do que lhes disse em nossa última aula, creio que posso considerá-los suficientemente preparados para iniciar um trabalho responsável quanto à colocação dos sons, à dicção para o canto e à dicção falada em cena.

"É preciso começar esse trabalho agora, enquanto ainda estão estudando.

"Quando um ator entra em cena, deve estar plenamente equipado e sua voz é um item importante do seu instrumental criador. Além disso, quando vocês se tornarem atores profissionais é possível que um falso amor-próprio os impeça de trabalhar como um aluno que aprende o alfabeto. Portanto aproveitem ao máximo a sua mocidade e os anos escolares. Se não fizerem agora este treino, não o farão no futuro e essa falha será como um freio entravando o seu trabalho em todas as fases da sua carreira criadora. A voz será para vocês um poderoso empecilho em vez de ajudá-los. 'Minha voz é minha fortuna', disse um célebre ator, durante um jantar em sua homenagem, enquanto mergulhava seu termômetro de bolso na sopa, no vinho e nos outros líquidos que lhe eram servidos. A preocupação com a voz o impelia a conferir a temperatura de tudo o que punha na boca. Isso demonstra o valor que ele atribuía a um dos maiores dons de uma natureza criadora: uma voz bela, vibrante, expressiva e poderosa."

A essa altura Rakhmánov nos apresentou ao nosso novo professor de dicção. Depois de um pequeno intervalo, ele e Mme. Zarembo nos deram sua primeira aula conjunta.

Perguntei a mim mesmo se farei registro dessas aulas e creio que não. Tudo o que se disse e se fez é prática usual noutras escolas e conservatórios. A única diferença é que a nossa dicção é corrigida na hora e sob a dupla supervisão de ambos os mestres. Essas correções são imediatamente adotadas em nossos exercícios de canto sob a direção da professora de canto. E ao mesmo tempo as críticas do canto são logo aplicadas em nossa linguagem coloquial.

CAPÍTULO VIII Entonações e pausas

I

No auditório do teatro-escola encontramos hoje, ao chegarmos, um grande cartaz com as palavras, "A Fala no Teatro". Como de costume, Tórtsov nos cumprimentou por estarmos atingindo uma nova fase em nosso trabalho:

— Em nossa última aula eu lhes expliquei que os atores devem adquirir o sentido das vogais e consoantes das sílabas, entrar nelas. Hoje prosseguimos, do mesmo modo, passando a considerar palavras e frases inteiras. Não esperem que eu lhes faça uma conferência sobre o assunto. É obra para um especialista. Tudo o que lhes vou dizer refere-se a vários aspectos da arte de falar em cena que eu aprendi por minha própria experiência e prática. Isto os ajudará a abordarem seus novos estudos sobre as "leis da linguagem falada".

"Já se escreveram muitos e excelentes livros sobre essas leis e sobre as palavras. Estudem-nos com cuidado. O mais adequado às necessidades dos atores russos é o bem desenvolvido livro de S. M. Volkonski sobre *A palavra expressiva*. Recorrerei constantemente a ele, citando-o e tirando exemplos para estas aulas de introdução à linguagem em cena. O ator deve conhecer sua língua natal sob todos os aspectos. De que servirão todas as sutilezas da emoção se forem exprimidas em linguagem deficiente?

Um músico de primeira ordem nunca deve tocar num instrumento desafinado. Neste campo da linguagem precisamos ter ciência, mas temos de ser inteligentes e precavidos ao adquiri-la. Não adianta encher a cabeça com uma porção de ideias novas e sair correndo para o palco a fim de explorá-las antes de aprendermos as regras elementares. Esse tipo de estudante perde a cabeça: ou esquece a ciência ou então fica pensando nela, com exclusão de tudo mais. A ciência só pode ajudar a arte quando ambas se apoiam e se complementam."

Tórtsov refletiu um instante e prosseguiu:

— Vocês muitas vezes já me ouviram dizer que cada pessoa que sobe ao palco tem de retreinar-se desde o princípio: ver, andar, mover-se, manter contato com as pessoas e, finalmente, falar. A grande maioria das pessoas, na vida comum, usam modos de falar pobres e vulgares, mas não se dão conta disso pois estão acostumadas com esses defeitos nelas mesmas e nos outros. Não diria que vocês constituem exceção a esta regra. Portanto, antes de começarem seu trabalho regular com a linguagem é absolutamente necessário que se tornem cônscios das suas deficiências no falar, para se livrarem de uma vez por todas do hábito muito difundido entre os atores — de apresentarem sua própria e incorreta linguagem de todo dia para desculpar os modos desleixados de falar em cena.

"As palavras e o modo como são ditas aparecem muito mais no palco do que na vida comum. Na maioria dos teatros, pede-se aos atores que repitam o texto mais ou menos corretamente. Até isso é feito de um modo descuidado, rotineiro.

"Os motivos são muitos e o primeiro é que na vida comum a gente diz o que tem de dizer, ou o que quer dizer, com um objetivo, para alcançar um fim, por necessidade ou, de fato, visando a alguma ação verbal verdadeira, frutífera, intencional. Acontece até, frequentemente, que mesmo quando tagarelamos à toa, sem prestar muita atenção às palavras, nós ainda as estamos usando por um motivo: para que o tempo passe mais rapidamente, para distrair a atenção e assim por diante.

"Já no teatro, é diferente. Ali dizemos o texto de um outro, do autor, e esse texto muitas vezes diverge dos nossos requisitos e desejos.

"Mais ainda, na vida comum falamos de coisas que de fato vemos ou temos em nossa mente, coisas que deveras existem. No palco temos de falar de coisas que não vemos, nem sentimos, nem cogitamos por nós mesmos mas sim nas pessoas imaginárias dos nossos papéis.

"Na vida real sabemos ouvir, porque estamos interessados ou precisamos de ouvir alguma coisa. No palco, na maioria dos casos, apenas assumimos um ar de ouvir com atenção. Não sentimos nenhuma necessidade prática de penetrar os pensamentos e as palavras do nosso comparsa. Temos de nos forçar a fazê-lo. E esse esforço acaba em exagero de atuação, rotina, chavões.

"Há também outras circunstâncias aflitivas que tendem a matar as reações humanas vivazes. As falas, tão repetidas nos ensaios e em numerosas representações, tornam-se papagaiadas. O conteúdo interior do texto se evapora, sobrando apenas os sons mecânicos. Para adquirir o direito de estar em cena os atores têm de estar fazendo alguma coisa. Uma das coisas que eles fazem, para preencher as lacunas que há dentro dos seus papéis, é porem-se a repetir automaticamente suas falas.

"A consequência disto é que os atores adquirem o hábito da fala mecânica em cena, a enunciação impensada, de papagaio, das falas decoradas sem nenhuma consideração pela sua essência interior. Quanto mais eles dão rédea a esse costume, mais aguda se torna a sua memória mecânica, mais obstinado o hábito dessa tagarelice. E gradualmente vemos desenvolver-se um tipo de linguagem teatral especificamente estereotipado.

"Também na vida real deparamos com expressões mecânicas, tais como: — *Como vai?* — *Muito bem, obrigado.* Ou: *Adeus. Boa sorte!*

"O que pensam as pessoas quando dizem essas palavras automáticas? Não estão sujeitas nem ao pensamento nem ao sentimento que elas essencialmente encerram. Elas simplesmente pulam de nós quando estamos absorvidos por interesses muito diferentes. Vemos que o mesmo se dá na escola. Enquanto o aluno vai recitando alguma coisa que aprendeu de cor, muitas vezes está pensando em seus próprios assuntos e na nota que o professor lhe dará. Os atores são propensos a esses mesmos costumes.

"Para tais atores, os sentimentos e as ideias de um papel são enteados. No começo, quando leem a peça pela primeira vez, as palavras — tanto as de suas falas quanto as dos outros que contracenam com eles — parecem interessantes, novas, têm algum sentido. Mas depois de as ouvirem "chutadas" nos ensaios, as palavras perdem todo o sentido essencial. Não mais existem nos corações ou sequer na consciência dos atores, e sim, apenas, nos músculos das suas línguas. A essa altura pouco importa ao ator o que são as suas falas ou as de quem quer que seja. A única coisa importante é tocar pra frente, sem nunca parar no caminho.

"Como é insensato, quando um ator em cena, sem mesmo acabar de ouvir o que lhe estão dizendo ou pedindo, sem deixar que um pensamento — mesmo importante — lhe seja plenamente exposto, apressa-se em interromper a fala de seu comparsa. Costuma também acontecer que a palavra básica de uma 'deixa' é emitida com tanta insuficiência que não chega ao público, de modo que se perde todo o sentido da resposta a essa 'deixa', o comparsa fica sem nada a que responder. Não adianta ele pedir que repita a pergunta, porque, para começo de conversa, o ator que falou antes não tem nenhuma noção verdadeira daquilo que estava perguntando. A soma de todas essas falsificações resulta numa atuação estereotipada que destrói qualquer credibilidade nas falas enunciadas e no seu conteúdo vivo.

"A situação naturalmente piora quando os atores, conscientemente, dão um torneado incorreto às suas falas. Todos nós sabemos que muitos deles usam suas falas como veículo para a exibição de alguns atributos vocais, dicção, modo de declamar, técnica de emissão de voz. Esses atores têm com a arte a mesma relação que um vendedor de instrumentos musicais que espalhafatosamente demonstra suas mercadorias com uma execução pirotécnica, não com o objetivo de transmitir a intenção do compositor, mas unicamente para vender o instrumento.

"Os atores fazem o mesmo quando se derramam em cadências e efeitos técnicos calculados, acentuando letras isoladas nas sílabas, cantarolando ou berrando essas sílabas sem outro propósito senão o de exibir a voz e fazer com que os tímpanos dos seus ouvintes se arrepiem de agradável admiração."

II

Tórtsov hoje começou com uma pergunta: — o que entendemos por subtexto? O que é que se esconde por trás e por baixo das palavras textuais de um papel?

E exprimiu sua resposta do seguinte modo:

— É a expressão manifesta, intimamente sentida, de um ser humano em um papel, que flui ininterruptamente sob as palavras do texto, dando-lhes vida e uma base para que existam. O subtexto é uma teia de incontáveis, variados padrões interiores, dentro de uma peça e de um papel, tecida com *ses* mágicos, com circunstâncias dadas, com toda sorte de imaginações, movimentos interiores, objetos de atenção, verdades maiores e menores, a crença nelas, adaptações, ajustes e outros elementos semelhantes. É o subtexto que nos faz dizer as palavras que dizemos numa peça.

"Todos esses elementos intencionalmente entrelaçados são como os fios individuais de um cabo, percorrem toda a extensão da peça e levam ao superobjetivo final.

"Somente quando os nossos sentimentos mergulham na corrente subtextual é que a 'linha direta de ação' de uma peça ou de um papel passa a existir. Ela se manifesta não só por movimentos físicos mas também pela fala: pode-se representar tanto com o corpo como também com o som, com as palavras.

"O que chamamos de *linha direta* com referência à ação tem seu equivalente no subtexto, com referência à linguagem.

"É desnecessário dizer que uma palavra, apresentada isoladamente e vazia de conteúdo interior, nada mais é senão um nome exterior. O texto de um papel, se for composto apenas disso, não passará de uma série de sons vazios.

"Vejam, por exemplo, a palavra *amor*. Para um estrangeiro ela é apenas uma estranha combinação de letras. É um som vazio porque precisa de todas as conotações interiores que avivam o coração. Mas deixem que os sentimentos, os pensamentos, a imaginação deem vida ao som vazio e produzir-se-á uma atitude completamente diversa, a palavra tornar-se-á significativa. Então os sons *Eu Amo* adquirem o poder de incendiar as paixões de um homem e de alterar completamente o curso de sua vida.

"A palavra *Avante*, quando colorida interiormente pela emoção patriótica, é capaz de levar regimentos à morte certa. As palavras mais simples que transmitem pensamentos complexos afetam inteiramente a nossa visão do mundo. Não foi à toa que a palavra se tornou a expressão mais correta do pensamento do homem.

"Uma palavra pode despertar nele todos os cinco sentidos. Basta a gente se lembrar do título de uma música, do nome de um pintor, de um prato, de perfumes prediletos e assim por diante, para imediatamente ressuscitar as imagens visuais e auditivas, os sabores, odores ou as sensações táteis que a palavra sugere.

"Ela pode evocar sensações dolorosas. Em *Minha vida na arte*, a história de uma dor de dentes provocou dor de dentes na pessoa que a ouviu.

"Nunca se deve usar no palco uma palavra sem alma ou sem sentimento. Lá as palavras não se podem apartar das ideias tanto quanto não se podem apartar da ação. Em cena, a função da palavra é a de despertar toda sorte de sentimentos, desejos, pensamentos, imagens interiores, sensações visuais, auditivas e outras, no ator, em seus comparsas e — por intermédio deles, conjuntamente — no público.

"Isto indica que a palavra falada, o texto de uma peça, não vale por si mesma, porém adquire valor pelo conteúdo do subtexto e daquilo que ele contém. Isto é uma coisa que estamos aptos a esquecer quando entramos em cena. Também somos propensos a esquecer que a peça impressa não é uma obra acabada enquanto não for encenada no palco por atores e animada por emoções humanas autênticas. O mesmo se pode afirmar de uma partitura musical: só é realmente uma sinfonia quando executada num concerto por uma orquestra de músicos. Logo que as pessoas — quer atores quer músicos — instilam a vida de seu próprio sentimento no subtexto de uma obra escrita para ser transmitida a uma plateia, os mananciais espirituais, a essência íntima, são libertados — as coisas reais que inspiraram a composição da peça, do poema, da partitura musical. Todo o sentido de qualquer criação dessa espécie está no subtexto latente. Sem ele, as palavras não têm nenhuma desculpa para se apresentar no palco. Quando são faladas, as palavras vêm do autor, o subtexto vem do ator. Se assim não fosse, o público não teria o trabalho de vir ao teatro, ficaria em casa, lendo a peça impressa.

"Mas é só no palco que um drama pode ser revelado em toda a plenitude e significação. Só numa representação podemos sentir o verdadeiro espírito que anima uma peça e o seu subtexto — este é recriado e transmitido pelos atores cada vez que ela é encenada.

"Cabe ao ator compor a música dos seus sentimentos para o texto do seu papel e aprender como cantar em palavras esses sentimentos. Quando ouvimos a melodia de uma alma viva, então, e só então, podemos avaliar plenamente o valor e a beleza das falas e de tudo que elas encerram.

"Seu trabalho anterior nesta escola familiarizou-os com a linha interior do papel, com a sua ação progressiva que leva ao superobjetivo. Sabem também como essas linhas são formadas para criar um estado interior dentro do qual vivemos nosso papel e como devemos recorrer aos auxílios da psicotécnica quando isso não ocorre espontaneamente.

"Todo esse processo é igualmente válido e necessário na relação com a palavra falada."

III

— Nuvem... Guerra... Abutre... Lilases... — havia um longo intervalo entre uma palavra e a seguinte, enquanto iam caindo dos lábios de Tórtsov em tons inteiramente desapaixonados.

Foi desse modo que ele hoje começou a nossa aula.

— O que acontece dentro de vocês quando absorvem esses sons? Por exemplo, a palavra nuvem. O que vocês recordam, o que sentem, visualizam, quando eu a pronuncio?

Em minha mente surgiu uma grande mancha enfumaçada num céu claro de verão.

— Agora façam este teste. Qual é a sua reação às palavras em seus ouvidos: *Vamos para a estação!*

Vi-me saindo de casa, tomando um táxi, passando por certas ruas, cruzando avenidas, e logo me achei dentro da estação ferroviária. Leão viu-se andando para cá e para lá numa plataforma, ao passo que os pensamentos de Sônia já lhe haviam permitido esvoaçar para os climas do sul e visitar vários balneários.

Depois que cada um de nós tinha contado a Tórtsov a sua imagem mental, ele comentou:

— É evidente que as duas ou três palavras mal tinham saído da minha boca e vocês já estavam executando mentalmente a sugestão que elas continham! Com quanto esmero me contaram todas as coisas que a minha pequena frase evocava! Com que cuidado escrupuloso usaram sons e entonações, escolheram e combinaram as suas cores para nos traçarem uma impressão visual, para fazer com que nós as víssemos com os olhos de vocês! Como vocês queriam mesmo arredondar as suas frases numa total plenitude!

"E, também, como ficaram preocupados em transmitir seu quadro como uma reprodução fiel do original da imagem interior suscitada por uma ida imaginária a uma estação ferroviária.

"Se no palco vocês sempre passassem por esse processo normal e pronunciassem as suas palavras com essa mesma afeição, essa mesma penetração do seu sentido essencial, logo se tornariam grandes atores."

Após uma pausa, Tórtsov passou a repetir a palavra *nuvem* de muitos modos diferentes, perguntando-nos que tipo de nuvem estava dizendo. Nossos palpites foram mais ou menos certos.

Como é que ele nos transmitia a imagem da nuvem? Seria por insinuação, expressão facial, atitude pessoal para com o objeto traçado, com os olhos, que procuravam no teto formas inexistentes?

— Usei tudo isso — disse Tórtsov. — Perguntem à natureza, à intuição, ao que vocês quiserem, como é que elas transmitem aos outros as suas visões. Eu não gosto e tenho até receio de ser demasiadamente explícito num setor em que não sou versado. Portanto, não vamos interferir com o trabalho do nosso subconsciente. É melhor aprendermos a atrair para o nosso trabalho criador as nossas naturezas espirituais, orgânicas. Tornemos o fator vocal de um papel ao mesmo tempo sensível e responsivo, a fim de que ele ajude a transmitir os nossos sentimentos e pensamentos mais íntimos, as imagens da visão mental e assim por diante.

"Com o auxílio das palavras não é difícil transmitir aos outros algumas imagens mais ou menos concretas de um *abutre*, *lilases*, *nuvem*. É infinitamente mais difícil transmitir, por meio das palavras, um conceito abstrato, como, por exemplo, o de *justiça*, o de *direito*. Seria interessante sondar qual é exatamente o processo interior que entra em ação quando essas palavras são ditas...

Comecei a pensar nas duas palavras e tentei penetrar nos sentimentos que elas evocavam em mim. Primeiro fiquei confuso, não conseguia decidir onde fixaria o meu ponto de partida.

Minha mente tentou raciocinar sobre o tema sugerido pelas palavras, firmar nele a atenção e penetrar mais fundo no sentido essencial daqueles termos. Tinha a impressão de alguma coisa vasta, importante, leve, nobre. Mas todos esses epítetos também careciam de definição. Aí lembrei-me de várias frases feitas, indicadas pelas palavras *justiça*, *direito*.

Mas uma fórmula seca nem me satisfazia tampouco me comovia. Tênues emoções lampejavam por mim mas logo se desvaneciam. Eu tentava, mas não conseguia captá-las.

Era preciso procurar alguma coisa mais tangível, alguma forma na qual pudesse emoldurar a abstração. Nesse momento crítico foi minha imaginação que reagiu primeiro e começou a pintar imagens visuais para mim.

Entretanto, como seria possível representar a justiça ou o direito? Por meio de um símbolo, uma alegoria, um emblema?

Corri com a memória todos os surrados métodos de personificar as ideias de direito e justiça.

Vi a figura de uma mulher com uma balança na mão, um código legislativo aberto, e um dedo apontando para um dos parágrafos desse livro.

Mas nem minha mente, nem meus sentimentos ficaram satisfeitos. Em seguida minha imaginação se apressou em sugerir uma nova interpretação visual: uma vida baseada nos princípios da justiça e do direito. Esse pensamento era mais fácil de vestir em termos físicos do que o fora a abstração. Os pensamentos sobre a vida real são mais concretos, acessíveis, palpáveis. Podemos vê-los e tendo-os visto podemos senti-los. É mais provável que eles nos comovam, conduzam-nos naturalmente ao sentido da experiência interior.

Evoquei um incidente da minha própria vida, análogo ao que a minha imaginação me trouxera à mente, e o meu sentimento do que a justiça significa foi mais ou menos satisfeito.

Quando relatei a Tórtsov o processo da minha auto-observação, extraiu dele as seguintes conclusões:

— A natureza arranjou as coisas de tal modo que, quando estamos em comunicação verbal com os outros, primeiro vemos a palavra na retina da visão mental e depois falamos daquilo que assim vimos. Se estamos ouvindo a outros, primeiro recolhemos pelo ouvido o que nos estão dizendo e depois formamos a imagem mental daquilo que escutamos.

"Ouvir é ver aquilo de que se fala; falar é desenhar imagens visuais.

"Para o ator uma palavra não é apenas um som, é uma evocação de imagens. Portanto, quando estiver em intercâmbio verbal em cena, fale menos para o ouvido do que para a vista."

IV

Tórtsov começou pedindo a Paulo que recitasse alguma coisa, mas como ele não soubesse nada de cor o diretor disse:

— Neste caso, suba ao palco e diga uma sentença qualquer ou invente uma historieta, como por exemplo: "Ainda agora estive em casa de Ivan Ivanóvitch. Ele está num estado terrível, a mulher o abandonou. Tive de ir à casa de Pedro Petróvitch para contar o que aconteceu e implorar-lhe que me ajude a acalmar o pobre coitado."

Paulo disse as sentenças mas não causou impressão satisfatória, por isso Tórtsov explicou:

— Eu não acreditei numa só palavra do que você disse e não senti o que pretendeu transmitir a mim com essas palavras que não eram suas.

"Mas como é que poderia dizê-las com sinceridade sem o apoio de circunstâncias imaginárias? Você tinha primeiro de conhecê-las e fazer delas uma imagem mental. Mas agora nem sabe nem vê o que sugerem aquelas palavras que eu lhe dei sobre Ivan Ivanóvitch e Pedro Petróvitch. Você precisa imaginar uma base qualquer para as palavras, como justificação para dizê-las. Ainda mais, precisa formar para si mesmo uma imagem nítida daquilo que a sua imaginação sugere.

"Quando tiver preenchido tudo isto, então as palavras de outra pessoa se tornam suas, justamente aquelas de que precisa e você saberá exatamente quem são Ivan Ivanóvitch, abandonado pela mulher, e Pedro Petróvitch, onde e como vivem e qual a relação que existe entre eles. Aí eles serão pessoas verdadeiras para você. Não se esqueça de fazer uma cuidadosa vistoria mental do apartamento, a disposição dos quartos, o mobiliário, os pequenos objetos que houver por lá. Fará também o percurso, primeiro até a casa de Ivan Ivanóvitch e, da casa dele, até à de Pedro Petróvitch e daí o regresso até o local onde terá de narrar a sua história.

"Durante esse tempo, terá de ver as ruas pelas quais irá passando, as entradas das casas que visitará. Em suma, terá de inventar todo um filme de imagens mentais, um subtexto que se irá desenrolando com toda espécie de cenários e circunstâncias e diante dele a tragédia doméstica de Ivan Ivanóvitch, com base nas palavras que recebeu para dizer, poderá ser representada. Essas imagens interiores criarão um estado de espírito que, por sua vez, moverá os seus sentimentos. Você sabe que a vida lhe faz tudo isso fora de cena, mas em cena é você, o ator, que tem de preparar as circunstâncias.

"Isto não é feito em prol do realismo ou do naturalismo puro e simples, mas porque é necessário às nossas próprias naturezas criadoras, ao nosso subconsciente. Para eles, precisamos de ter a verdade, ainda que seja apenas a verdade da imaginação, na qual eles podem crer, na qual podem viver..."

Depois de inventados esses fac-símiles indispensáveis, Paulo repetiu as frases que lhe haviam dado e tive a impressão de que o efeito foi melhor.

Mas Tórtsov ainda não ficou satisfeito e explicou que Paulo não tinha um ponto de convergência, um foco, para o qual desejasse transmitir as imagens da sua mente e que sem isso as frases não poderiam ser enunciadas de modo que a pessoa que as estivesse ouvindo acreditasse na sua realidade e inevitabilidade.

Para ajudar Paulo, Tórtsov mandou Maria ao palco, para lhe servir de foco e disse a ele:

— Faça com que o objeto de sua atenção não só ouça e compreenda o sentido das suas palavras, mas que ela também veja em sua própria mente o que você vê enquanto fala com ela.

Mas Paulo não sentiu que seria capaz de conseguir isso.

— Não quebre a cabeça com isso, não interfira com a sua própria natureza, apenas faça o que lhe peço. O importante não é o resultado. O importante é que você se dirija para um objetivo e procure realizá-lo, como você atua, ou para ser mais exato, como você procura atuar sobre Maria, sobre a visão interior de Maria, que é o que você está visando neste caso. O fator importante é a sua própria atividade interior.

Paulo então descreveu o que sentia enquanto realizava a experiência:

— Vou dar nome aos momentos característicos dos meus sentimentos — explicou. — Primeiro, antes de poder comunicar qualquer coisa a Maria, eu tive de pôr mais ou menos em ordem o material que queria transmitir a ela. Tive de sondar o sentido essencial do que eu iria dizer, recordar os fatos, as circunstâncias dadas que teria de reproduzir. Tive primeiro de visualizar tudo isso mentalmente. Quando isto ficou preparado e eu cheguei ao ponto de formulá-lo em termos de expressão física, parece que tudo entrou num estado de fermentação e movimento. Meu cérebro, meus sentimentos, minha imaginação, minhas ajustações, expressões faciais, mãos, corpo — tudo se preparou para encontrar a atitude exata para com o objetivo proposto. Era como a afinação de uma grande orquestra. Comecei a me observar cuidadosamente.

— A observar-se a si mesmo? E não a Maria? — interrompeu Tórtsov. — É claro que você não se importava se Maria o compreenderia, sentiria o que estava sob as palavras ditas por você ou enxergaria com os mesmos olhos tudo o que estava se passando na vida de Ivan Ivanóvitch! Não quer isto dizer, então, que enquanto estava comunicando as palavras a ela, você ainda precisava do impulso natural de fazê-la enxergar os quadros de sua mente?

"Tudo isto denota falta de ação. Mais ainda: se estivesse mesmo decidido a lhe transmitir suas palavras, você não as teria recitado como um solilóquio, sem olhar para ela, sem se adaptar a ela, como fez, e teria havido alguns momentos de simples espera para verificar o efeito de suas palavras. Estes últimos são essenciais para a pessoa que contracena com você, para que ela possa absorver o subtexto das suas imagens mentais. É impossível captá-las todas de uma vez. O processo é parcelado: você transmite, você faz pausa, seu comparsa absorve o que você transmitiu, você continua, faz outra pausa e assim por diante. É claro que, enquanto faz isso, deve ter em mente a totalidade daquilo que vai transmitir. Para você, como autor do subtexto, isso está claro automaticamente, mas para o seu interlocutor tudo é novidade, tem de ser decifrado e absorvido. É coisa que leva algum tempo. Você não permitiu isso e, portanto, esses erros todos resultaram não numa conversa com outro ser vivo, mas num monólogo, do tipo que tantas vezes se ouve no teatro."

Finalmente Tórtsov conseguiu levar Paulo a fazer o que lhe pedira, persuadiu-o a fazer Maria ouvir e sentir o que ele tinha em mente. Maria, como também todos os demais, compreendeu, e realmente sentimos até certo ponto o que estava por trás das suas palavras — o seu subtexto. Paulo, por sua vez, vibrou. Insistia em dizer que hoje, pela primeira vez, tinha experimentado intelectual e emocionalmente a significação prática de transmitir a outros o seu subtexto imaginário.

— Agora vocês sabem o que é criar essa corrente ilustrativa que vai fluindo continuamente sob o texto falado de uma peça — disse Tórtsov, concluindo a lição.

V

Durante todo o percurso para casa, Paulo me falou sobre o que experimentara ao fazer hoje o sketch de Ivan Ivanóvitch. Evidentemente o que mais o impressionava era o fato de que, emocionando outra pessoa com o que estava em sua própria mente, verificara que as palavras banais que Tórtsov lhe dera para dizer tinham-se tornado, imperceptivelmente, de um modo qualquer, as próprias palavras que ele precisava para os seus próprios fins.

— Você compreende, não é, se a gente não contar o fato de que a mulher de Ivan Ivanóvitch o abandonou, não haverá nenhuma história — explicava Paulo. — Se não houver história, não haverá nada para servir de base a um subtexto ilustrativo. A gente não terá necessidade de formar qualquer imagem mental de nenhum acontecimento para nós mesmos nem de transmitir essa imagem para ninguém. E o fato crucial da triste ocorrência na vida de Ivan Ivanóvitch é uma coisa que a gente não pode transmitir emitindo raios, nem com gestos, nem com expressões faciais. É preciso falar!

"Foi aí que eu pude apreciar devidamente aquelas palavras que me haviam impingido. Passei a estimá-las como se fossem minhas. Apossei-me delas com gosto, rolei-as embaixo da língua, pesei cada som, deliciei-me com todas as suas entonações. Agora eu já não precisava delas para despejar um relatório mecânico, para servirem de veículo à minha voz ou à minha técnica, mas apenas com o propósito atuante de obrigar meu ouvinte a entender a importância do que eu estava dizendo.

"E sabe o que era mais estupendo? — continuou com o mesmo tom de lirismo. — Assim que as palavras se tornaram minhas, fiquei inteiramente à vontade no palco! De que região do mundo chegou de repente aquela sensação de serenidade e controle?

"Era um sentimento tão maravilhoso, conseguir governar-me, ter conquistado o direito de não me apressar, de calmamente fazer com que os outros esperassem!

"Plantei uma palavra depois da outra na consciência do meu *objeto* e com elas fui transmitindo uma conotação esclarecedora após outra.

"Você pode avaliar melhor do que ninguém a significação e as ilações da calma e controle que senti hoje, pois bem sabe o medo que nós dois sentimos quando temos de fazer pausa em cena. Aliás, não eram realmente pausas, porque mesmo quando estava calado, não deixei nunca de estar em atividade."

Paulo me entusiasmou com sua história. Parei em sua casa e depois fiquei para jantar.

Durante o jantar, seu tio, que como velho ator se interessava muito pelos progressos do sobrinho, perguntou pelo trabalho efetuado hoje em aula. Paulo lhe narrou o que pouco antes me havia explicado. Seu tio ouviu, sorriu, acenou aprovativamente com a cabeça e a cada vez acrescentava:

— Isso mesmo! Isso mesmo!

A certa altura ergueu-se de um salto e exclamou:

— Isso! Acertou bem em cheio! Contagie o seu comparsa! Contagie a pessoa com a qual estiver contracenando! Insinue-se até na sua alma e fazendo assim você mesmo se sentirá ainda mais contagiado! E se você ficar contagiado, todos os outros ficarão ainda mais! E então as palavras que você pronunciar serão mais estimulantes do que nunca.

"*Ação — ação verdadeira, produtiva, dotada de objetivo, esse é o fator de máxima importância na criatividade e, por conseguinte, também no falar!*

"Falar é agir. Esta ação nos determina um objetivo: instilar em outros o que vemos dentro de nós. Não é tão importante que a outra pessoa venha ou não a ver o que temos em mente. A natureza e o subconsciente podem cuidar disso. Nossa tarefa é querer induzir nossas visões interiores em outras pessoas e esse desejo origina a ação. Uma coisa é aparecer diante de um bom público, despejar alguns trá-tá-tás e dar o fora. Outra coisa, muito diferente, é subir ao palco e representar!

"A primeira forma de dizer é teatral, a outra é humana."

VI

— Quando consideramos algum fenômeno, quando visualizamos para nós mesmos algum objeto, algum acontecimento, ou evocamos mentalmente experiências da vida real ou imaginária, não só reagimos a eles com os nossos sentimentos mas também os passamos em revista diante da nossa visão interior — disse Tórtsov, iniciando a aula de hoje.

"Mas, ao fazer isto, a nossa visão interior só deve se relacionar com a vida da personagem que está sendo interpretada e não com a do ator que a interpreta, pois a não ser que a sua própria vida pessoal seja análoga à do seu papel ela não coincidirá com ele.

"É por isto que quando estamos em cena a nossa preocupação maior deve ser a de constantemente refletir em nossa própria visão interior as coisas análogas àquelas que a nossa personagem teria na sua. Essa corrente interior de imagens, alimentada por toda sorte de invenções fictícias e circunstâncias dadas, instila vida num papel, dá base a tudo o que a personagem executa, às suas ambições, pensamentos, sentimentos e, mais do que isto, ajuda muitíssimo o ator a fixar sua atenção na vida interior do seu papel. Ela deve ser utilizada para firmar a atenção vacilante.

"Da última vez trabalhamos com um pequeno monólogo referente a Ivan Ivanóvitch e Pedro Petróvitch — prosseguiu Tórtsov.

"Mas agora vamos supor que todas as falas de todas as cenas de uma peça inteira sejam preparadas — como o devem ser — do mesmo modo que elaboramos as nossas poucas palavras, ilustrando-as com 'ses' e *circunstâncias dadas*. Em tal caso, todo o texto da peça será acompanhado por uma corrente subtextual de imagens como um filme continuamente projetado na tela de nossa visão interior, para guiar-nos enquanto falamos e atuamos em cena.

"Observem com cuidado esse filme e escrevam com as falas do seu papel essa ilustração imaginativa cada vez que interpretarem o papel. Façam com que as suas falas transmitam essas imagens e não apenas palavras.

"Qual é o segredo deste método cuja utilização eu lhes recomendo? É muito simples e claro. A fim de dizer o significado essencial de um texto, temos de penetrar profundamente nele e também senti-lo profundamente. Mas isto é difícil de fazer — e nem sempre é possível — porque, antes de mais nada, um dos elementos primordiais do subtexto é a memória das emoções sentidas, um fator extremamente volátil, caprichoso, esquivo e instável. Segundo, é preciso termos uma capacidade de atenção bem disciplinada para podermo-nos concentrar no sentido subjacente das palavras.

"Esqueçam completamente os sentimentos e concentrem toda a atenção nas imagens interiores. Estudem-nas com o máximo cuidado e descrevam-nas com a máxima plenitude, penetração e o mais vividamente que puderem.

"E então, quando forem atuar e as palavras forem ditas não para vocês, não para o público mas para a pessoa que contracenar com vocês, este método resultará numa força e numa estabilidade muito maiores. Este objetivo, de transportar aquilo que está em nossa visão interior para a visão do nosso comparsa numa cena, exige que as nossas ações sejam executadas ao máximo da sua extensão. Isto despertará nossa vontade e, junto com as forças motivadoras interiores, todos os elementos do espírito criador do ator.

"Por que deixaríamos de utilizar esta afortunada faculdade da memória visual? Uma vez que tenhamos estabelecido dentro de nós esta sequência de imagens facilmente acessível, a nossa tarefa, de nos mantermos na linha certa do subtexto e na linha direta de ação, tornar-se-á bem mais leve. Mais ainda, enquanto vamos descrevendo o que vemos, estamos no rumo certo para despertar sensações recorrentes, que são armazenadas na memória emotiva e das quais precisaremos tanto na função de vivermos os nossos papéis.

"Portanto, quando mantemos em mente essas imagens interiores, pensamos no subtexto do nosso papel e o sentimos.

"Este método não é novo para nós. Usamos métodos semelhantes quando estávamos trabalhando em movimento e ação. Naquele período voltamo-nos para as ações físicas, mais palpáveis e constantes, para nos auxiliarem a despertar nossas instáveis lembranças emocionais e para criar a linha ininterrupta de um papel.

"Agora recorremos ao mesmo processo e, com o mesmo propósito, buscamos a linha ininterrupta de imagens interiores e a transmitimos com palavras.

"Antes, eram as ações que serviam de isca para os nossos sentimentos quando estávamos construindo a ação e, agora, as imagens interiores é que servem de atração para os nossos sentimentos ao lidarmos com as palavras e a fala.

"Deixem que esse filme interior se desenrole frequentemente ante suas visões interiores e, como um poeta ou um pintor, descrevam o que veem e como o veem em cada representação diária. Durante essa revista vocês constantemente estarão cônscios daquilo que têm de dizer enquanto estão em cena. É bem possível que, cada vez que repetirem a revista e falarem sobre ela, o façam com algumas variações. Isto é uma vantagem, pois o inesperado e o improviso são sempre o melhor impulso para a criatividade.

"Até que este hábito se estabeleça é preciso um trabalho prolongado e sistemático. Nos dias em que a sua atenção não estiver bastante firme, quando a linha do subtexto de seu papel ameaçar romper-se, procurem logo se agarrar aos objetos concretos da sua visão interior, como procurariam agarrar-se a um salva-vidas.

"E eis aqui mais uma vantagem: como todos sabemos, as falas de um papel logo se desgastam com a constante repetição. Mas estas imagens visuais, ao contrário, se amplificam e fortalecem cada vez mais com as repetições.

"A imaginação não descansa. Está sempre acrescentando novos toques, novos detalhes que preenchem e animam esse filme de imagens interiores. De modo que a sua frequente e repetida projeção apenas pode fazer bem e nunca nenhum mal.

"Agora sabem não só como criar mas também como utilizar o acompanhamento ilustrado de um subtexto. Mais ainda: vocês têm o segredo deste método de psicotécnica."

VII

— Portanto, uma das funções da palavra falada no palco é a de comunicar-nos com o nosso comparsa numa cena, por meio de subtexto ilustrado das nossas falas ou passá-lo em revista para nós mesmos — foi esta a observação inicial de Tórtsov na aula de hoje.

"Vamos ver se esta função da fala é usada com propriedade — disse ele, voltando-se para Vásia. — Suba ao palco e diga qualquer fala que quiser."

— Juromeu bem que... Eunãoposso continuar vivendose... você promete quevaificare... afastarasnuvens... cura da minha vida quando... vocêsivaimbora... — As palavras de Vásia saíam com seus habituais arrancos e paradas ininteligíveis, que transformam a prosa em algaravia e a poesia em "prosa maluca".

— Ainda não entendi nem uma só palavra — disse Tórtsov, interrompendo-o — e não poderei entender nenhuma outra se você continuar transformando suas frases em picadinho. Aí não há base para a consideração séria de qualquer subtexto.

Não há nem sequer um texto. Qualquer coisa escapa da sua língua arbitrariamente, sem relação com a sua vontade, sua consciência ou o que quer que seja senão o seu abastecimento de ar.

"Portanto, antes de prosseguir, vamos dar um pouco de ordem às palavras do seu monólogo, dispô-las em grupos apropriados. Só então poderemos distinguir que palavra se relaciona com o quê, quais as partes que devem estar juntas numa frase ou pensamento inteiro.

"Para dividir uma frase em períodos temos de ter pontos ou pausas lógicas.

"Como certamente vocês sabem, eles têm ao mesmo tempo uma função dupla e contrastante: *as pausas lógicas unem as palavras em grupos (ou orações) e separam esses grupos uns dos outros.*

"Será que vocês avaliam que o destino de um homem e até mesmo a sua própria vida podem depender da posição dessa pausa? Vejamos as palavras: 'Perdão impossível mandar para a Sibéria.' Como poderemos entender o sentido desta ordem enquanto não soubermos onde está situada a pausa lógica? Colocando-se as pausas, o sentido das palavras torna-se evidente. Ou a gente diz: 'Perdão — impossível mandar para a Sibéria' ou então: 'Perdão impossível — mandar para a Sibéria!'

"Da primeira forma, é um caso para clemência, da segunda, para o exílio. E agora repita o seu monólogo mas com as pausas e só assim poderemos entendê-lo."

Com o auxílio de Tórtsov, Vásia dividiu suas falas em orações e então começou a repeti-las, mas depois do segundo período o diretor o interrompeu.

— Entre duas pausas lógicas devemos pronunciar o texto do modo mais unificado que for possível, quase fundindo-o numa só palavra. Você não deve despedaçá-lo e cuspir fora os pedaços como está fazendo.

"É claro que há exceções que impõem uma pausa no meio de um período. Mas para isto há regras que veremos na devida hora."

— Nós já as conhecemos — redarguiu Gricha. — Sabemos ler de acordo com os sinais de pontuação. Se me perdoa dizê-lo, isto se aprende na escola primária.

— Se aprendeu, por que é que não fala corretamente? — replicou Tórtsov. — Mais ainda, por que não leva as exigências do bem-falar ao seu extremo limite quando está em cena?

"Eu gostaria de vê-los mais frequentemente pegar um livro e um lápis, dividir em orações o que vocês leem. Martelem essas divisões no ouvido, nos olhos, nas mãos.

"A leitura em divisões orais traz ainda outro elemento de grande utilidade prática para vocês: é um auxílio no processo de se sentirem em seus papéis.

"Essa divisão em orações e a leitura de um texto de acordo com ela nos obrigam a analisar as frases e chegar à sua essência. Se não fizermos isto, não poderemos saber como dizê-las. Este hábito de falar por partes tornará a linguagem mais graciosa quanto à forma, inteligível e profunda quanto ao conteúdo, pois os obrigará a sempre concentrar a mente no sentido essencial do que estiverem dizendo quando em cena. Enquanto não conseguirem isto, não adianta tentar a execução de uma das principais funções das palavras, que é transmitir o subtexto ilustrado de seu monólogo, e nem vale a pena fazer o trabalho preparatório de criar esse subtexto.

"A primeira tarefa a ser feita com a fala ou as palavras é sempre a de dividir em períodos, para colocar as pausas lógicas em seus devidos lugares."

VIII

Hoje eu fui o primeiro a ser chamado para recitar. Podendo escolher o texto, resolvi dizer alguns versos de *Otelo*:

> "...Tal como o mar do Ponto,
> cujas frias correntes impetuosas
> jamais refluem e antes vão direto
> ao Propôntido mar e ao Helesponto,
> assim meus pensamentos sanguinários,
> no seu curso veloz, sem olhar para trás,
> sem refluir jamais para um amor humilde,
> irão avante, até que possam desaguar
> no vasto sorvedouro da vingança!"*

Não há ponto final em todo o trecho e a frase é tão longa que tive de correr para chegar até o fim. Parecia-me que devia dizê-la de um só trago, sem nenhuma parada, nem mesmo para tomar fôlego. Mas, evidentemente, eu não conseguiria fazer isso.

Não é de surpreender que eu tenha encurtado alguns compassos, ficando totalmente sem fôlego e congestionado pela tensão quando acabei.

— Para evitar, no futuro, o que acaba de lhe acontecer, sugiro que antes de mais nada peça o auxílio da pausa lógica. Divida a fala em orações, porque, como verificou, você não é capaz de enunciá-la toda de uma vez — foi o comentário de Tórtsov quando terminei.

Portanto, foi assim que distribuí as pausas (marcadas com asteriscos):

Otelo, de William Shakespeare. Tradução de Onestaldo de Pennafort. III. Ato, Cena 3. (*N. do T.*)

> "... Tal como o mar do Ponto*
> cujas frias correntes impetuosas*
> jamais refluem* e antes vão direto
> ao Propôntido mar e ao Helesponto*
> assim meus pensamentos sanguinários
> no seu curso veloz* sem olhar para trás
> sem refluir jamais para um amor humilde
> irão avante* até que possam desaguar
> no vasto sorvedouro da vingança."

— Como exercício, serve — concordou Tórtsov e depois me fez repetir muitas vezes essa sentença inusitadamente longa, obedecendo às pausas que eu fixara.

Depois que o fiz, reconheceu que a fala, agora, era mais fácil de ouvir e entender.

— Só é pena que a gente ainda não a possa sentir — acrescentou. — O maior obstáculo para isso é você. Está com tanta pressa, que não dá tempo a si mesmo de penetrar no que está dizendo, não consegue chegar a examinar e sentir o que está por trás das palavras. Enquanto não fizer isto, não há mais nada que você possa render. É por isto que, antes de mais nada, deve se livrar da sua pressa.

— Eu gostaria, mas como é que vou fazer? — perguntei, meio perplexo.

— Vou-lhe mostrar um meio. — Meditou um instante e depois disse: — Você aprendeu a recitar a fala de Otelo com as suas pausas e medidas verbais lógicas. Isso é bom. Agora recite-a para mim obedecendo aos sinais da pontuação.

— Mas não é a mesma coisa?

— Sim, mas é apenas a metade. Os sinais de pontuação exigem entonações de voz especiais. O ponto final, a vírgula, os sinais de exclamação e de interrogação e os outros têm suas próprias conotações essenciais, peculiares a cada um deles. Sem essas inflexões eles não preenchem suas funções. Tire ao ponto final o arremate da queda de voz, e o ouvinte não perceberá que a sentença terminou e que não vem mais nada. Tire da interrogação o seu toque fonético típico e o ouvinte não saberá que lhe foi feita uma pergunta para a qual se espera dele uma resposta.

"Cada uma dessas entonações produz certo efeito nos ouvintes, forçando-os a fazer alguma coisa: o símbolo fonético de uma interrogação requer uma resposta; o ponto de exclamação pede compaixão, aprovação ou protesto; dois-pontos pedem uma consideração atenta daquilo que se lhes segue; e assim por diante. Há grande expressividade em todas essas entonações. Estas qualidades inerentes aos sinais de pontuação é que podem impedi-lo de se apressar tanto assim. Por isto é que lhes dei este destaque.

"Agora repita a fala de Otelo com todos os sinais de pontuação e seus traçados intrínsecos."

Quando comecei a dizer o monólogo tive a impressão de que estava falando uma língua estrangeira. Antes de poder pronunciar uma palavra, sentia um impulso de pesar, adivinhar, velar o que quer que fosse que me fazia duvidar e — parei, incapaz de prosseguir.

— Isto só prova que você não conhece a natureza da sua própria língua e particularmente a natureza dos sinais de pontuação. Se não fosse assim, você teria executado com facilidade a sua incumbência.

"Recorde-se deste incidente. Deverá constituir mais um motivo para você compreender a necessidade de um estudo cuidadoso das regras da linguagem. Parece que por enquanto os sinais de pontuação o perturbam quando você fala. Vamos tentar fazer com que eles o ajudem em vez de atrapalhá-lo.

"Não posso arcar com a demonstração de todos os sinais de pontuação — disse Tórtsov. — Por isso farei experiências apenas com um deles. Se a demonstração conseguir convencê-lo do meu ponto de vista, você desejará fazer suas próprias experiências com os outros sinais.

"Deixe-me repetir. Minha intenção não é a de lhe ensinar pessoalmente mas sim a de convencê-lo de que deve estudar as regras da linguagem.

"Para a nossa experiência vou usar a vírgula, porque é quase o único sinal de pontuação que ocorre na fala de Otelo que você escolheu.

"Pode-se lembrar do que desejou fazer instintivamente cada vez que chegava a uma vírgula?

"Em primeiro lugar você queria parar. Mas também sentia um desejo de dar uma virada ascendente no som da última sílaba da última palavra antes da vírgula (sem acentuá-la. A não ser que isso fosse logicamente necessário). Depois de sentir isso deixe a nota alta pairando no ar algum tempo.

"Com aquela virada, o som é carregado de baixo para cima, como um objeto é levado de uma prateleira mais baixa para uma superior. Essa linha melódica ascendente pode arcar com toda sorte de guinadas e subir a toda espécie de alturas: em intervalos de terças, quintas, oitavas, com uma curta e íngreme elevação ou com um balanço amplo, suave, pequeno, e assim por diante.

"O que a natureza de uma vírgula tem mesmo de notável é que possui uma qualidade miraculosa. A sua curva, quase como o aviso de um erguer de mão, faz com que os ouvintes aguardem com paciência o fim da sentença inacabada. Você compreende como isto é importante, principalmente para uma pessoa nervosa como você, ou uma criatura espasmódica como Vásia? Se vocês ao menos acreditassem que depois da curva sonora da vírgula os seus ouvintes estão decididos a esperar pacientemente que vocês continuem e acabem a sua sentença, então não haveria nenhum motivo para toda a sua pressa. Isto os tranquilizará e fará com que realmente estimem a vírgula e tudo o que ela representa.

"Se você soubesse a satisfação — quando se está contando uma história comprida ou usando uma longa sentença, como a que você recitou ainda agora — de elevar a nossa linha fonética antes de uma vírgula e esperar confiante, porque sabemos com toda certeza que ninguém nos interromperá nem apressará!

"Essa transferência provisória dos deveres e da ação para outra pessoa garante a nossa paz de espírito enquanto esperamos, porque a pausa torna-se necessária para a pessoa com quem se está falando, a mesma que antes parecia querer apressar-nos. Concorda comigo?"

Tórtsov arrematou suas observações com a guinada vocal nitidamente talhada de uma interrogação e passou a esperar nossa resposta. Tentamos pensar o que dizer e todos nós ficamos excitados porque não achávamos uma resposta. Mas ele se mantinha perfeitamente tranquilo porque a demora era causada por nós e não por ele.

Durante a pausa, Tórtsov começou a rir e depois explicou o motivo.

— Não há muito tempo, eu estava explicando a uma nova arrumadeira onde é que ela devia pendurar a chave da porta da rua e lhe disse: "A noite passada quando cheguei, e vendo a chave na fechadura,..." E então, depois de deixar minha voz subir, esqueci o que queria dizer, parei de falar e fui para o meu escritório. Passaram-se uns bons cinco minutos. Ouvi uma batida na porta. A criada enfiou a cabeça na sala, os olhos cheios de curiosidade e com a pergunta escrita em todo o seu semblante. "E vendo a chave na fechadura,..." depois o quê? — perguntou.

"Portanto, estão vendo que a inflexão ascendente diante de uma vírgula tinha conservado o seu efeito por cinco minutos inteiros e exigia a descida final do som para o último ponto do parágrafo da sentença completa? Essa exigência não respeitou obstáculo algum."

Repassando o que havíamos feito durante a aula de hoje, Tórtsov arriscou-se a profetizar que eu brevemente perderia o temor das pausas porque aprendera o segredo de fazer com que os outros esperassem por mim. Quando eu ultrapassar esse ponto e aprender o imediato, que é o de como utilizar as pausas para aumentar a clareza e a expressividade do meu falar, acentuando e reforçando minha comunicação com os outros, então passarei não só a não temer as pausas mas começarei, pelo contrário, a gostar tanto delas que ficarei propenso a abusar do seu emprego.

IX

Tórtsov parecia estar de muito bom humor quando entrou hoje na classe. E depois, de repente, sem nenhum motivo, anunciou com voz branda porém muito firme:

— Se vocês não prestarem atenção seriamente às aulas, eu me recusarei a trabalhar com vocês!

Caímos das nuvens. Olhávamos uns para os outros e já estávamos dispostos a lhe assegurar que nós todos tínhamos o máximo interesse em suas aulas. Mas antes que pudéssemos dizer uma só palavra, Tórtsov explodiu em gargalhadas.

— Estão vendo como eu estou de bom humor? — perguntou. — Estou com o máximo bom humor possível, porque acabo de ler no jornal uma reportagem sobre o enorme sucesso obtido por um dos meus alunos prediletos. No entanto, bastou que a minha voz seguisse um padrão de entonação calculado para transmitir alguma coisa de definido, firme, irrevogável e eu imediatamente me converti — para vocês — num velho pedagogo severo, colérico, ríspido!

"Há certas entonações fixas, não só para palavras isoladas e sinais de pontuação, mas também para sentenças e frases completas.

"Elas têm formas definidas, baseadas na natureza. Têm nomes. Por exemplo, o padrão de entonação que usei ainda agora é denominado 'período em pescoço de cisne ou de dupla-curva'. Temos primeiro a inflexão ascendente para o ponto elevado em que a vírgula coincide com a pausa lógica e então, depois da virada, vem uma pausa temporária antes que a voz desça bruscamente para o fundo do padrão. Eis aqui um desenho do que acontece."

Tórtsov, então, desenhou para nós num pedaço de papel as seguintes linhas:

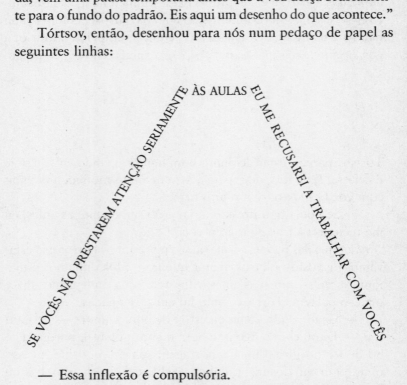

— Essa inflexão é compulsória.

"Há muitos outros padrões fonéticos para frases inteiras, mas não os demonstrarei para vocês, pois não lhes estou ensinando esta matéria, estou apenas falando um pouquinho sobre ela.

"Os atores têm de estar familiarizados com todos esses padrões fonéticos e aqui está uma finalidade, entre muitas outras, para a qual precisarão deles.

"Quando um ator está em cena, acontece muitas vezes que a sua extensão vocal, devido ao embaraço ou por outros motivos, involuntariamente se encolhe e os seus padrões vocais perdem o contorno.

"Os atores de nacionalidade russa, por exemplo, tendem a falar num tom menor, ao contrário dos latinos que preferem o tom maior. Essa característica é ampliada quando estão em cena. No ponto em que um ator francês daria um vibrante sustenido à palavra-chave, numa exclamação de alegria, um ator russo distribuiria os seus intervalos de modo muito diferente e, se possível, baixaria para um opaco-bemol.

"Onde o francês aviva uma entonação distendendo a frase até o limite máximo da sua gama vocal, o russo mantém-se duas ou três notas abaixo dessa gama.

"Quando o francês faz sua voz descer ao registro mais baixo antes de um ponto final, o russo corta várias notas inferiores e assim enfraquece a incisividade final do período.

"Quando se perpetram esses pequenos furtos de som em canções folclóricas, populares, eles não são perceptíveis. Mas quando o ator russo tenta fazê-los em Molière ou Goldoni, está arrastando sua clave-menor para o reino de uma clave-maior de vibração total. A menos que apele para o subconsciente, o ator verificará que neste caso, contra a sua vontade, sua entonação se torna insuficientemente variada.

"Então, como se pode remediar esse defeito? As pessoas que não se dão conta dos padrões compulsórios, necessários para determinada frase ou criados pela natureza de determinada palavra, defrontam aí com um problema insolúvel, ao passo que aquelas que estão familiarizadas com eles acharão a entonação correta, partindo da linha gráfica ou fonética exterior e atingindo as bases interiores para os padrões e intervalos vocais.

"Em tais casos, devemos ampliar exteriormente a extensão de nossa voz, ao mesmo tempo que baseamos numa justificação interior o aumento dos intervalos sonoros de nossas inflexões. Isto ajuda a nos aproximarmos da verdade que buscamos. Se formos sensíveis, logo a reconheceremos. É necessário ter um forte grau de temperamento para dar base a uma escala vocal mais ampla e a maiores intervalos de entonação.

"Tanto melhor! Ele aparecerá, se os seus sentimentos reagirem com vivacidade às entonações que lhes forem sugeridas de fora.

"Portanto, se a entonação os desamparar, comecem por meio de um padrão sonoro exterior, encontrem uma base para ele e prossigam depois até alcançarem um sentimento naturalmente adequado."

Enquanto Tórtsov ainda estava falando, seu ruidoso secretário entrou e levou-o de nossa classe. Disse-nos que voltaria dentro de alguns minutos. Assim tivemos um pequeno intervalo, que foi aproveitado por Gricha para ventilar algumas das suas habituais objeções. Os métodos de força o perturbavam. Alegou que eles destruíam a liberdade criadora uma vez que obrigavam o ator a usar certas inflexões.

Rakhmánov provou, com todo acerto, que o que Gricha estava chamando de força fazia parte do caráter natural da linguagem. E ele, Rakhmánov, estava habituado a considerar o preenchimento das obrigações naturais como uma forma da mais alta liberdade. Já o que ele considerava "força" eram as inflexões inaturais do estilo declamatório convencional que Gricha defendia com tanta teimosia. Em apoio de sua opinião citou uma atriz provinciana cujo único encanto estava em sua linguagem desorientada.

— É o tipo dela, o senhor sabe — insistiu Gricha. — Se lhe ensinassem as regras da linguagem, ela simplesmente deixaria de existir.

— E graças a Deus por isso! — foi a réplica de Rakhmánov. — Se a sua atriz tem de falar errado num papel característico, ótimo, ela que o faça e terá o meu aplauso. Mas a não ser com essa única finalidade, isso é uma desvantagem e nunca uma vantagem para a atriz. Coquetear falando defeituosamente é coisa errada e de mau gosto. Diga-lhe da minha parte que ela será duplamente adorável se continuar fazendo as mesmas coisas que fazia antes, mas em linguagem correta. Então os seus encantos chegarão de fato até o público. Serão transmitidos com mais facilidade pois não estarão obstruídos por uma dicção mal-educada.

— Primeiro nos dizem que não devemos falar como falamos na vida comum, depois nos dizem que devemos falar de acordo com uma lei ou outra. O senhor me desculpe, mas acho que deviam nos dizer definitivamente o que é que precisamos em cena. Será que temos de falar de um jeito diferente do que falamos na vida comum? Temos de falar de algum jeito especial, é isso? — perguntou Gricha.

— Sim, sim, é isso mesmo — disse Rakhmánov, imitando-o. — Não como na vida comum, mas de um jeito especial. Em cena não podemos falar do modo mal-educado que falamos na vida cotidiana.

O agitado secretário de Tórtsov interrompeu a discussão. Entrou para dizer que hoje o diretor não voltaria mais.

E, assim, em vez da aula regular, Rakhmánov nos deu uma sessão de exercícios.

X

Na aula de hoje, Tórtsov me fez repetir muitas e muitas vezes a fala de Otelo e dar "viradas" satisfatórias com a voz em cada vírgula.

A princípio essas inflexões ascendentes eram puramente formais, inertes. Depois, uma delas, de repente, evocou em minha mente uma inflexão real, viva e logo me senti invadido por uma sensação calorosa de familiaridade.

Assim estimulado, fui pouco a pouco arranjando a coragem necessária para dar toda espécie de "viradas" fonéticas, bem e malsucedidas, aos versos de *Otelo*: balanceios curtos ou amplos, com subidas curtas ou muito altas. E cada vez que eu caía no molde certo, novas e variadas lembranças emocionais se agitavam em mim.

Aí é que está situada a fonte verdadeira e espontânea da técnica da linguagem natural. A palavra exterior, por meio da entonação, afeta nossa emoção, memória, sentimentos. Isto agora estava implantado em meu espírito.

E assim resolvi tentar a prolongação das pausas depois da volta do ângulo na vírgula. Isso me daria tempo não só de sondar até o fundo o sentido do que se passava dentro de mim, mas também de experimentar plenamente a sensação.

Mas então ocorreu um infortúnio. Eu estava tão absorvido em todos os meus sentimentos, pensamentos, testes, que esqueci o texto da fala, bem no meio, fiquei desorientado e tive de parar. Apesar disso, Tórtsov estava radiante.

— Isso é que é! — exclamou, encantado. — Bastou que eu fizesse uma predição e você logo se pôs a explorar as possibilidades das pausas. Realmente, você transformou várias das suas pausas lógicas em *pausas psicológicas*. Ora, é ótimo fazer assim, desde que a pausa psicológica não usurpe a função da pausa lógica, mas antes lhes dê realce. Além disso ela deve sempre servir para executar o objetivo que lhe foi atribuído. Do contrário, Kóstia, será inevitável um contratempo como esse em que você se envolveu.

"Você compreenderá mais este conselho de previdência depois que eu lhe explicar a natureza destes dois tipos de pausa: enquanto a pausa lógica modela mecanicamente as medidas, frases inteiras de um texto, contribuindo assim para que elas se tornem compreensíveis, a pausa psicológica dá vida aos pensamentos, frases, orações. Ajuda a transmitir o conteúdo subtextual das palavras. Se a linguagem sem a pausa lógica é ininteligível, sem a pausa psicológica não tem vida.

"A pausa lógica é passiva, formal, inerte; a psicológica, inevitavelmente, transborda atividade e riquíssimo conteúdo interior.

"A pausa lógica serve ao nosso cérebro, a psicológica aos nossos sentimentos.

"Um grande ator disse uma vez: 'comedimento no falar; no silêncio, eloquência.' A pausa psicológica é isto, exatamente: um silêncio eloquente. É um meio importantíssimo de comunicação entre as pessoas. Hoje, Kóstia, você descobriu por conta própria que não pode deixar de aplicar para seus fins criadores essa pausa que fala por si. As palavras são substituídas pelos olhos, pela expressão facial, pela emissão de raios, movimentos quase imperceptíveis, carregados de insinuação — tudo isso e muitos outros meios de comunhão conscientes e inconscientes.

"Todos eles dão corpo às palavras. Frequentemente agem com maior intensidade e finura, são mais irresistíveis em silêncio do que juntamente com palavras. Sua conversação silenciosa pode ter o mesmíssimo interesse, substância e persuasão, que uma conversa verbal.

"A pausa, muitas vezes, transmite aquela porção do subtexto que é originária não só do nosso consciente mas também do subconsciente e não se presta com facilidade à expressão concreta. Como você sabe, todas estas experiências e suas manifestações têm uma importância preciosa para nós, em nossa arte.

"Será que avaliam a elevadíssima posição da pausa psicológica? Ela não está sujeita a nenhuma lei e todas as leis da linguagem falada, sem exceção, curvam-se a ela.

"A pausa psicológica invade com ousadia pontos em que uma pausa lógica ou gramatical pareceria impossível. Suponhamos, por exemplo, que a nossa companhia pretenda fazer uma excursão pelo exterior. Levamos conosco todos os alunos, menos dois. 'Quem são eles? — pergunta Kóstia, excitadíssimo, a Paulo'. 'Eu e...' (aqui ele faz uma pausa psicológica, para suavizar o golpe iminente ou, ao contrário, para realçar um sentimento de indignação) '... e... você!' — responde Paulo.

"Todo mundo sabe que a conjunção *e* não admite nenhuma pausa depois dela. Mas a pausa psicológica não hesita em romper essa regra e introduzir uma parada ilegal. Mais ainda, a pausa psicológica tem o direito de substituir a pausa lógica sem destruí-la.

"Para esta última reserva-se apenas um curtíssimo período de tempo, mais ou menos definido. Se esse período é aumentado, até mesmo a mais lógica das pausas tem de ser logo transformada numa pausa psicológica ativa, cuja extensão é indeterminada. Esta pausa não se preocupa com o tempo. Dura tanto quanto for preciso para cumprir os objetivos de uma ação ou outra. Visa ao superobjetivo e à linha direta de ação da peça e, portanto, pode perfeitamente prender o interesse do público.

"Às vezes fazem-se cenas inteiras à base de pausas psicológicas. Costumamos também chamá-las de 'pausas de papel de astro'. Mesmo assim é preciso proteger com todo cuidado a pausa psicológica contra o perigo do arrastamento — processo este que começa no mesmo instante em que ela deixa de servir à ação com um objetivo. Antes que isto aconteça, ela deve ceder novamente o lugar à palavra falada.

"É uma pena quando a pausa psicológica se deteriora em simples espera, pois aí haverá inevitavelmente um infortúnio: a pausa só pela pausa. Isto faz um buraco vazio no tecido da criação artística.

"Foi justamente isto o que lhe aconteceu hoje, Kóstia, e por isso é que me apressei em explicar seu erro para preveni-lo contra uma repetição futura. Substituam à vontade as pausas lógicas pelas psicológicas, mas nunca as espichem sem uma razão válida.

"Existe ainda outro tipo de pausa na linguagem falada. No canto usamos a expressão alemã que a descreve: *Luftpause*, pausa para tomar ar ou fôlego. É o menor dos repousos, apenas suficiente para uma rápida inspiração de ar. Não ocupa mais tempo que um estalar dos dedos. Frequentemente uma *luftpause* nem mesmo chega a ser uma interrupção, mas apenas um ligeiríssimo atraso de um dos segundos no andamento do canto ou da fala e deixa intacta a linha sonora.

"Na linguagem falada comum e principalmente nas falas rápidas e nos blá-blá-blás, essa pausa respiratória é usada para realçar certas e determinadas palavras.

"Agora vocês conhecem todas as pausas relacionadas com a linguagem falada em cena. Sabem também quais são as condições gerais em que devem ser usadas. A pausa é um elemento importante, um verdadeiro trunfo em nossa técnica de falar."

XI

— Em nossa última aula fizemos algumas descobertas importantes sobre as pausas. Antes sondamos outro aspecto importante da nossa linguagem: as entonações — começou Tórtsov.

"Sobre elas também já falamos quando nos referimos à natureza dos sinais de pontuação. Mas ainda não esgotamos o tema. Ele pode ajudá-los ainda mais no problema da linguagem falada que para vocês é fundamental: *a exposição do subtexto de seu papel, por meio de palavras.*

"Aliás, neste caso, vocês contam não com um só mas com dois trunfos em sua comunhão verbal com os outros numa peça: a entonação e a pausa. Isso é muito, muito mesmo! Com elas vocês podem fazer muitíssimo, sem sequer recorrerem à palavra falada, limitando-se apenas aos sons."

E então Tórtsov se instalou confortavelmente numa poltrona, sentando-se sobre as mãos, assumiu uma pose imóvel e pôs-se a dizer, com muito calor, primeiro um trecho em prosa e depois versos. Falava numa língua estranha, porém vibrante. Pronunciava palavras ininteligíveis com tremendo ímpeto e ardor, sua voz subia às alturas numa espécie de tirada e depois fazia-a baixar o máximo possível, até calar-se e deixar que seus olhos preenchessem aquilo que ele deixara de exprimir em palavras. Tudo isso ele fazia com grande força interior, sem nunca gritar. Alguns dos seus arroubos eram especialmente vibrantes, bem torneados e de nítido contorno; outras frases mal se faziam ouvir mas estavam profundamente imbuídas de sentimentos provenientes do seu íntimo. A esta altura ele estava quase em pranto, foi forçado a fazer uma pausa das mais expressivas para assumir o controle das suas emoções. Nova reviravolta ocorreu dentro dele, a voz tornou-se outra vez mais forte e ele nos assombrou com a sua juvenil leveza. Esse rompante foi abafado de súbito e ele voltou ao seu estado de silenciosa concentração, expulsando de todo a recente alegria.

Encerrou a cena com esse interlúdio de silêncio, magnificamente emocional. Os versos e a prosa e também a língua em que os transmitiu, tudo isso, era invenção do próprio Tórtsov.

— Estão vendo, então — concluiu —, falei numa língua incompreensível para vocês e apesar disso me ouviram com muita atenção. Fiquei sentado numa perfeita imobilidade, não usei nenhum movimento de qualquer espécie, mas vocês não tiraram os olhos de mim. Fiquei silencioso e vocês se esforçaram por penetrar no sentido de meu silêncio. Ninguém me fornece nenhum subtexto mas eu proporcionei minhas próprias concepções, imagens, pensamentos e sentimentos para servirem de base aos sons — tudo aquilo que me parecia ter afinidade com eles.

Claro que esse laço era de ordem muito geral e insubstancial. Sem dúvida, a impressão causada foi a da mesma espécie. Consegui tudo isto, de um lado, com a utilização dos sons e, de outro, com inflexões e pausas. Não é isto de fato o equivalente do que sentimos ao apreciarmos as leituras e recitativos de atores estrangeiros? Não produzem eles grandes efeitos, estados de espírito, não agitam nossas emoções? No entanto, não entendemos uma só palavra das que eles pronunciam em cena.

"Vejam aqui outro exemplo: há pouco tempo um amigo estava em verdadeiros transes por causa da leitura de um ator num recital. '— O que foi que ele leu?' — perguntei. — 'Não sei' — respondeu meu amigo. — 'Eu não entendia as palavras.'

"É evidente que aquele ator podia causar impressão com alguma outra coisa que não fosse as palavras. — Em que consistia o segredo?

"No fato de que o ouvinte não é afetado apenas pelos pensamentos, impressões, imagens que se ligam às palavras, mas também pelas tonalidades das palavras, as inflexões, os silêncios, que preenchem tudo o que as palavras deixaram por exprimir.

"*Por si mesmas, as entonações e as pausas têm o poder de causar um forte efeito emocional no ouvinte.* Como prova, cito-lhes o recitativo que lhes fiz numa língua incompreensível."

XII

Hoje, depois que eu repeti a fala de *Otelo*, Tórtsov fez o seguinte comentário:

— Agora o que você diz já é, não apenas audível e inteligível, mas também tocante, embora não o seja ainda em grau suficientemente poderoso.

Numa tentativa de ampliar o efeito emotivo, apertei, por assim dizer, o pedal do barulho e, dentro da velha tradição teatral, joguei com a paixão pela paixão. O resultado, é claro, foi tensão, pressa e o esmaecimento de todas as proporções rítmicas.

— Que negócio é esse que você fez? — Tórtsov me interrompeu, batendo as mãos uma na outra com energia. — De um só golpe destruiu todo o seu trabalho! Matou o sentido, a lógica das suas palavras!

— Eu estava tentando dar mais vida, mais força — defendi-me, encabulado.

— Então não sabe que a força está na lógica, na coerência do que você diz? E a destrói!

"Será que nunca ouviu, no palco ou fora dele, uma linguagem totalmente simples, despida de qualquer ênfase vocal, sem subidas ou descidas, sem intervalos tonais excessivamente prolongados e sem padrões fonéticos complicados?

"Apesar da falta de todos esses recursos de ênfase, a fala despojada produz frequentemente uma impressão irresistível, graças à exposição convincentemente clara do pensamento, ao agrupamento distinto das palavras e das frases e ao controle da emissão.

"Portanto, justamente em benefício do efeito poderoso que procura, você deve aprender em primeiro lugar a falar de modo lógico, dotado de coerência e com um espaçamento adequado."

Voltei então a dizer os versos na sua forma anterior. Saíram com a mesma nitidez de contorno, mas também com a mesma secura de antes. Eu me sentia num círculo vicioso e não sabia como me livrar dele.

— Talvez você compreenda agora que ainda é muito cedo para estar pensando na força do seu efeito. Isto se desenvolverá por si mesmo, pela conjunção de muitas condições e circunstâncias. Quanto a estas, teremos de procurá-las. Onde? Como?

"Diferentes atores têm conceitos diferentes do que é o efeito produzido por meio da fala. Alguns deles procuram encontrá-lo na tensão física. Cerram os punhos, arquejam, criam raízes no lugar onde estão parados, fazem-se tremer da cabeça aos pés, só para impressionar o público. Com esse método, a voz é espremida para fora assim como estou fazendo agora, numa linha horizontal.

"Em nosso jargão teatral essa pressão exercida sobre o som a fim de obter volume é o que chamamos de 'atuação de alta tensão'. Na realidade não produz volume. Leva apenas o ator a gritar, a ficar rouco e diminuir sua extensão vocal.

"Experimentem. Usem apenas notas diversas, em intervalos de segundas e terças, e digam, com todas as forças que puderem reunir, esta pequena frase: 'Não posso mais tolerar isto!'"

Fiz o que Tórtsov sugeriu.

— É muito pouco, fale mais alto! — ordenou.

Repeti a frase, forçando a voz o mais que pude.

— Mais alto, mais alto! — instigava-me Tórtsov. — Não expanda sua extensão vocal!

Fiz o que ordenava. A tensão física produziu um espasmo. A minha garganta se contraiu, minha extensão vocal baixou para terças e mesmo assim eu não obtinha nenhum efeito de volume.

Empregando toda a força que consegui reunir, vi-me obrigado, quando Tórtsov me incitava, a simplesmente berrar.

— Aí está o resultado final da sua tática de *alta tensão*, isto é, da produção física do som em linha horizontal, sob pressão forçada — disse Tórtsov.

"Agora tente uma nova experiência, de tipo inteiramente oposto. Descontraia todos os músculos do seu aparelho vocal, remova toda pressão de tensão, esqueça-se de jogar com as paixões, não se preocupe demais com o volume. Agora repita-me a mesma frase, sem gritar, mas com toda a máxima amplitude da sua extensão vocal e com inflexões bem fundamentadas. Imagine algumas circunstâncias imaginárias capazes de agitar seus sentimentos."

O que logo me saltou ao cérebro foi: se eu fosse professor e tivesse um aluno como o Gricha, que chegasse à aula meia hora atrasado pela terceira vez consecutiva, o que é que eu faria para pôr ponto final, no futuro, a tamanho desleixo?

Sobre essa base a frase foi muito fácil de dizer e o meu alcance vocal se expandiu naturalmente.

— Viu como a sua frase foi muito mais eficiente agora do que quando você a gritou? E no entanto você não precisou das dores do parto — explicou Tórtsov.

"Agora me diga as mesmas palavras com uma gama ainda mais ampla, não numa quinta, como da última vez, mas numa oitava inteira, bem fundamentada."

Para este fim tive de inventar uma nova base imaginária para a frase. Imaginei que, apesar de minhas exigências categóricas, minhas repreensões, advertências, invectivas, Gricha tornava a chegar atrasado à aula e desta vez não apenas meia hora, mas uma hora inteira. Eu já havia esgotado todas as minhas medidas. Teria, agora, de recorrer a uma medida final, suprema.

— Não posso mais tolerar isto! — a frase irrompeu, dilacerada. Não saiu alto, porque eu me refreei, pensando que as minhas emoções não estavam no seu auge.

— Isso! — exclamou Tórtsov, com alegria. — Saiu forte, não alto, mas sem nenhuma tensão. É isto que o movimento do som para baixo e para cima, em direção vertical, pode fazer. E sem nenhuma voltagem de alta tensão, sem se ir empurrando por nenhuma linha horizontal, como você fez na sua primeira tentativa.

"Quando precisar de força, amolde sua voz e sua inflexão numa linha fonética variada, do mais alto ao mais baixo, exatamente como se usa o giz num quadro-negro para traçar toda sorte de desenhos.

"Não tomem por modelo os atores que acham que estão manifestando força quando o que mostram é apenas o berro. Gritaria não é força, é apenas gritaria e berreiro.

"Alto ou baixo é *forte* ou *piano*. Mas, como sabem, *forte* não é forte só por si mesmo, forte apenas não é *piano*.

"E, reciprocamente, *piano* não é *piano*; é não *forte*.

"O que é que quero dizer com essas expressões: forte não é forte por si mesmo ou piano não é piano por si? Isso significa que não existe de modo algum uma medida absoluta para nenhum dos dois. Não podem ser pesados e nem a sua extensão pode ser medida com uma régua.

"*Forte* é um conceito relativo.

"Suponhamos que você começasse a fala de *Otelo* em voz baixa. Se no verso imediato você falar com uma voz ligeiramente mais alta, já não estará falando no piano do primeiro verso.

"O verso que você ler em seguida será ainda mais alto, será ainda menos *piano* e assim por diante, até chegar ao *forte*. Aumentando gradualmente o seu volume de voz, você chegará eventualmente ao último grau de elevação de voz que é possível, que só se pode descrever como *forte-fortíssimo*. É nessa escala sonora, do *piano-pianíssimo* ao *forte-fortíssimo*, que temos toda a extensão das gradações relativas da elevação de voz. Mas ao usarmos assim a voz, temos de calcular minuciosamente e de estar muito certos da nossa medida, pois de outro modo cairemos facilmente no exagero.

"Certos cantores de pouca discriminação acham bonito fazer contrastes abruptos entre os tons altos e os suaves. Costumam cantar as primeiras palavras de uma serenata de Tchaikóvski *forte-fortíssimo* e as palavras seguintes num *piano-pianíssimo* quase inaudível. Depois recomeçam a berrar *forte-fortíssimo* quando chegam às palavras sobre 'o tom sedutor das guitarras' e continuam com um *piano-pianíssimo*: 'Desce ao meu encontro, querida...' Será que vocês poderiam imaginar uma banalidade e uma falta de gosto maiores do que esses contrastes cataclísmicos?

"O mesmo se dá no teatro. Berreiro e bombástica seguidos por sussurros abafados em cenas trágicas, num desprezo absoluto pelo sentido essencial das palavras ditas ou por qualquer sensatez.

"Entretanto, há um outro tipo de cantores e atores, que podem ter pouca voz e fracos dotes de temperamento, mas que sabem usar o *forte* e o *piano* de tal modo que conseguem aumentar dez vezes a ilusão de seus dons naturais.

"Muitos deles chegam a ter reputação de que possuem grandes recursos vocais. Sabem, porém, que foi à custa de técnica e de arte que granjearam seu renome.

"Quanto à gritaria, por si só, ela raramente pode ser útil em cena. Na maior parte dos casos, só serve para ensurdecer aqueles que de arte não entendem nada.

"Portanto, quando quiserem que a sua dicção tenha verdadeira força, esqueçam-se do volume e pensem no movimento ascendente e descendente das inflexões e nas pausas.

"Só no final de um solilóquio, uma cena, uma peça; depois que foram usados todos os processos e meios de entonação: desenvolvimento passo a passo, gradação lógica, consecutiva, toda sorte de traços e padrões fonéticos — só então, por um breve instante, é que se pode usar voz muito alta, nos versos ou palavras finais, se o sentido da peça o pedir.

"Quando perguntaram a Tommaso Salvini como é que ele, com sua idade avançada, encontrava forças para gritar com tanto vigor em certo papel, ele retrucou: — 'Eu não grito, vocês é que gritam em meu lugar. Eu somente abro a boca. A minha função é levar gradualmente meu papel até o seu ponto culminante e depois disso feito o público que grite, se sentir que é preciso.'

"Há, naturalmente, casos excepcionais no teatro, em que é necessário falar em alta voz. Sobretudo em cenas de multidão, ou quando falamos com acompanhamento de música, de canto, de outros ruídos ou efeitos sonoros.

"E mesmo neste caso, não se deve nunca esquecer que é ainda questão de uma gradação do som relativa e variada e que a manutenção da voz numa das várias notas extremas da escala vocal perturba o público.

"Então, o que podemos concluir desses vários aspectos do volume de som na linguagem falada? A verdade é que esse volume não deve ser procurado no uso altamente tenso da voz, no berro ou estardalhaço, mas sim elevando e baixando a voz, nas entonações. Ainda mais, é preciso que se busque o volume na expansão gradual de *piano* para *forte* e suas mútuas relações.

CAPÍTULO IX   Acentuação: a palavra expressiva

1

— Sônia, quer subir ao palco e dizer alguma coisa para nós? — Esta pergunta, com a qual Tórtsov começou a aula de hoje, soava antes como se fosse uma ordem.

Ela subiu ao palco e começou a falar:

— Um maravilhoso indivíduo...?

— Mas você acentua todas as palavras por igual! — exclamou Tórtsov. — A gente não pode desperdiçar levianamente as acentuações! Uma ênfase mal colocada distorce uma palavra ou aleija uma frase, quando deveria, antes, valorizá-la. A acentuação é um dedo que aponta. Elege a palavra fundamental de uma frase ou oração. Na palavra assim sublinhada, encontraremos a alma, a essência interior, o ponto culminante do subtexto.

"Você ainda não avalia a importância desse ponto culminante e, assim, não aprecia plenamente o valor da acentuação.

"Aprenda a estimá-la, assim como os outros aprenderam a gostar das pausas e das entonações, porque a acentuação é o terceiro elemento importante da linguagem falada.

"Tanto em sua conversação comum como quando fala em cena, você deixa as suas ênfases se esparramarem por todo lado, como um rebanho de ovelhas num prado. É preciso pôr um pouco de ordem na sua acentuação. Diga a palavra: *indivíduo*."

— *Indi-víduo* — veio a incisiva resposta.
— Cada vez melhor! — A surpresa de Tórtsov foi muito bem simulada. — Agora você tem dois acentos e a palavra foi partida ao meio. Será que não pode dizer a palavra *indivíduo* como uma só palavra e não duas, e colocando o acento na penúltima sílaba?
— Indivíduo — disse Sônia, com muito esforço.
— Isso não é uma acentuação vocal, é uma martelada na cabeça — foi o comentário caçoísta de Tórtsov. — Mas por que é que acha necessário sair esmurrando suas palavras? Você não somente faz com que sua voz dê uma boa pancada, mas ainda a acentua com o queixo e joga a cabeça para frente. Isso é um mau hábito e, infelizmente, você não é a única pessoa que o tem, entre os atores. Como se o pensamento encerrado numa palavra pudesse ser exprimido com um empurrão de cabeça ou esticando o nariz! Que simplicidade!

Mas de fato a coisa é muito mais complexa. Um acento pode indicar afeição ou maldade, respeito ou desprezo, franqueza ou esperteza; pode ser ambíguo, sarcástico. Ele serve a palavra numa salva de prata.

"Além disso — prosseguiu Tórtsov —, quando você partiu sua palavra, *indivíduo*, em duas, você tratou a primeira parte com desdém, quase a engoliu e depois nos atirou a segunda metade para que ela explodisse como uma granada de mão. Deixe que seja uma palavra, uma ideia, um sentido. Que a sua composição de sons, letras, sílabas, seja uma única linha melódica. E então poderá elevá-la, baixá-la ou torcê-la.

"Pegue um fio de arame, dobre aqui, torça ali, e terá alguma coisa de feitio mais ou menos atraente. Haverá um ponto alto que, tal como um para-raios, captará o acento e o resto formará algum tipo de desenho. Essa linha terá forma, definição, inteireza e integração. Será melhor do que um pedaço de arame partido em pedacinhos espalhados por toda parte, separados uns dos outros. Agora tentem dobrar o fio fonético da palavra *indivíduo* numa variedade de tons.

Toda a classe começou a zumbir numa confusão de sons.

— Vocês o fazem mecanicamente — interrompeu Tórtsov. — Estão produzindo sons secos, formais, inanimados, relacionados uns com os outros apenas exteriormente. Instilem neles um pouco de vida.

— Mas como? — perguntamos, perplexos.

— Em primeiro lugar, dando à palavra o sentido com que a natureza a dotou; o pensamento, sentimento, ideia, imagem, em vez de reduzi-la a uma simples série de ondas sonoras alvejando o tímpano.

"Façam uma pintura com a palavra, de modo que o indivíduo que vocês estão desenhando, que vocês têm na visão mental, e estão descrevendo para a personagem com quem contracenam, se torne claro para ela. Ela poderá sentir se a pessoa por trás da palavra é bela ou disforme, alta ou baixa, agradável ou repelente, bondosa ou cruel.

"Procurem transmitir o que vocês veem e sentem, com o auxílio do som, da entonação e de todos os outros meios de expressão."

Sônia fez nova tentativa mas ainda assim não conseguiu vencer a prova.

— Seu erro é que você primeiro diz a palavra e só depois tenta entender o que ela significa. Você não está utilizando um modelo vivo para o seu desenho. Experimente fazer o contrário do que está fazendo: primeiro recorde algum conhecido, coloque-o na sua frente, como o faria um pintor, e depois nos conte o que vê na retina da sua vista interior.

Sônia fez uma consciensiosa tentativa de atender a esse pedido. Tórtsov a estimulou, dizendo:

— Embora eu ainda não sinta que tipo de indivíduo você está pintando, já é bastante para mim que esteja tentando me fazer conhecê-lo, que a sua atenção esteja atuando no sentido certo, que a palavra lhe tenha sugerido a necessidade da ação, da verdadeira comunicação e já não seja apenas uma coisa a dizer. Agora repita a frase para mim.

— Maravilhoso... indivíduo... — pronunciou Sônia meticulosamente.

— Você já está outra vez me falando de duas ideias ou pessoas: uma se chama simplesmente *indivíduo* e a outra, *maravilhoso*. No entanto, ambas, combinadas, somam uma só pessoa.

"Afinal de contas, há uma diferença entre *maravilhoso... indivíduo* e as duas palavras entrelaçadas: *maravilhosoindivíduo*.

"Vou mesclar num só molde, num todo inseparável, o adjetivo e o substantivo e você verá que o resultado é uma ideia integrada, não de um *indivíduo* em geral mas sim de um *maravilhosoindivíduo*.

"O adjetivo caracteriza, dá cor ao substantivo e dá a esse particular indivíduo um lugar de destaque entre todos os outros.

"Mas, antes de mais nada, simplifique as coisas tirando os acentos das duas palavras e depois nós os restituiremos."

Isso foi muito mais difícil do que poderíamos ter pensado.

— Assim é que deve ser! — disse Tórtsov, finalmente satisfeito com os nossos prolongados esforços.

"Agora ponham um único acento, o último, nas duas palavras, *maravilhosoindivíduo*. Mas por favor não lhes deem uma martelada, atuem com carinho, com um gosto bom na boca, sirvam cuidadosamente essa palavra, destacada com seu acento. De leve, de leve, sem martelar forte — implorava Tórtsov.

"Ouçam: aqui estão as duas palavras, despojadas de todos os acentos: *maravilhoso indivíduo*. Ouvem como são desinteressantes, um som reto como uma vara? E agora vejamos as mesmas duas palavras, amalgamadas numa só, com uma levíssima virada de tom como acento: *maravilhosoindivíduo*. Sentem a pequena curva acariciante, quase imperceptível, naquela única sílaba?

"Há inúmeros outros modos que podem ajudá-los a dar a uma palavra feição singela, decisiva, suave, severa.

Depois que Sônia e todos os outros alunos tinham experimentado a sugestão feita por Tórtsov, ele nos interrompeu e disse:

— Não adianta ficar ouvindo tão atentamente as suas próprias vozes. Esse tipo de coisa não é muito diferente da autoadmiração, do exibicionismo. O que vale não é tanto *como a gente diz* uma palavra mas sim *como os outros a ouvirão e a absorverão*. Escutar a si mesmo não é um objetivo conveniente para o ator. É muito mais importante que ele afete os outros, transmitindo-lhes as coisas que traz no espírito e no coração. Portanto, não falem para o ouvido, mas sim para os olhos do seu comparsa em cena. É esta a melhor forma de deixar de se ouvir a si mesmo, um hábito prejudicial, que desvia o ator do seu caminho verdadeiro.

II

Quando Tórtsov entrou hoje na aula, disse para Sônia, com uma risada:

— Bem, como vai hoje o nosso *maravilhoso indivíduo*?

Sônia respondeu que o maravilhoso indivíduo ia muito bem e quando o disse acentuou perfeitamente a resposta.

— Agora repita as mesmas palavras com o acento na primeira delas — propôs Tórtsov. — Aliás, antes que você faça esta prova, devo torná-la ciente de duas regras — disse ele, interrompendo-se.

"A primeira, é que o adjetivo que modifica um substantivo não recebe *nenhum* acento. Define, suplementa o substantivo e combina-se com ele. Esta regra está implícita no significado da palavra adjetivo.

"De acordo com esta regra, parece que seria impossível você fazer o que lhe sugeri, acentuando a primeira palavra, isto é, o adjetivo.

"Mas existe uma outra lei, mais poderosa, que, tal como a pausa psicológica, transcende todas as outras regras e regulamentos. É a lei da justaposição. De acordo com ela somos forçados, custe o que custar, a dar ênfase a palavras justapostas que exprimem pensamentos, sentimentos, noções, conceitos, ações, imagens etc.

"Isto se aplica muito especialmente à linguagem falada em cena. A princípio faça isto da maneira e do jeito que quiser. Exprima uma das partes contrastantes em tom alto e a outra em tons suaves; uma num registro de voz agudo e a outra em voz grave; uma neste ou naquele colorido ou andamento e a outra contrastando. Só se pede que a diferença entre as duas seja tão nítida e clara quanto for possível. De acordo com esta lei, se você quiser acentuar a primeira das duas palavras, o adjetivo, então você terá de ter depois dele um substantivo que sugira um contraste.

"Para que as próprias palavras se digam natural e espontaneamente, você deve pensar consigo mesma, antes de as pronunciar, que você tem em mente não um horrível mas um..."

— Maravi*lho*so indivíduo — Sônia tirou-lhe a palavra da boca naturalissimamente.

— É isso! Exatamente! — foi a estimulante observação de Tórtsov.

Em seguida ele deu uma, duas, três palavras mais e depois quatro, cinco, seis e mais, até formar uma história completa. "Um maravilhoso indivíduo esteve aqui mas não achou você em casa e assim, desorientado, foi-se embora, dizendo que nunca mais voltaria."

Mas à medida que a frase se expandia, Sônia redobrava seus acentos, até ver-se, logo, tão envolvida neles que não conseguia mais separar as frases.

A princípio Tórtsov achou muita graça na aflição do seu rosto. Depois ficou sério.

— O seu pânico — disse-lhe — decorreu do sentimento de que precisava amontoar os acentos, em vez de removê-los. Quanto menor for o número deles numa frase, mais clara será ela, isto é, se os acentos estiverem nas palavras básicas. Diminuir as acentuações é uma arte tão difícil quanto a de colocá-las. Mas vocês têm de aprender as duas.

Tórtsov devia atuar no espetáculo daquela noite e, por isso, interrompeu a aula nesse ponto, entregando-nos a Rakhmánov para um período de exercícios.

III

— Cheguei à conclusão de que antes de aprenderem a acrescentar os acentos vocês precisam descobrir como diminuí-los — começou Tórtsov.

"Os principiantes são aplicados demais nas suas tentativas de falar bem. Aplicam errado a acentuação. Para contrabalançar, deviam aprender como tirar as acentuações onde elas não forem necessárias. Já lhes disse que isso é uma arte completa e muito difícil. O que ela faz, antes de mais nada, é livrar nossa fala da acentuação incorreta que os maus hábitos deixaram agarrar-se a ela. Feita esta limpeza, fica mais fácil determinar qual é a acentuação adequada. Em segundo lugar, esta arte de extirpação terá grande utilidade prática em certos casos, como, por exemplo, quando vocês estiverem relatando pensamentos emaranhados ou fatos complicados. Por questão de clareza, os atores frequentemente são forçados a narrar episódios à parte, detalhes intrincados referentes à sua peça, mas têm de o fazer de tal forma que a atenção dos ouvintes não se extravie do fio central da história. Todo comentário deve ser apresentado de um modo claro, bem delineado, mas sem muita expansão. Neste caso, convém economizar tanto as inflexões quanto as acentuações. Noutras oportunidades, quando tiverem de manejar frases longas e pesadas, vocês só devem dar ênfase a umas poucas palavras isoladas, deixando que as outras venham com clareza mas sem se fazerem notar. Deste modo, um texto difícil torna-se mais leve, graças à sua maneira de falar. Essa é uma tarefa que os atores frequentemente têm de executar.

"Em todos estes casos, a arte de eliminar os acentos será muito útil para vocês."

Paulo foi designado, em seguida, para dizer a mesma história, construída em torno das palavras *maravilhoso indivíduo*, com o problema de acentuar nela somente uma palavra e de encontrar uma base imaginária para a falta de ênfase em todas as outras palavras. Era praticamente a mesma tarefa em que Sônia fracassara antes. Tampouco Paulo foi bem-sucedido, a princípio. Depois de várias tentativas fracassadas Tórtsov lhe disse:

— Sônia tinha-se concentrado apenas em colocar acentuações e você só se concentrou em eliminá-las. Mas não devemos exagerar em nenhum destes dois sentidos. Todo o pensamento que se encerra nas palavras é igualmente sacrificado quer quando as acentuamos demais, quer quando as acentuamos insuficientemente.

"O motivo pelo qual Sônia esparramou os acentos com liberalidade excessiva e você os economizou com avareza é o mesmo: nenhum de vocês dois fazia uma ideia bem clara daquilo que estava por trás das suas palavras, o subtexto. Esta é a preocupação primordial. Temos de criar esse subtexto, para termos alguma coisa que transmitir aos outros, alguma base para nos comunicarmos com eles. Agora use a imaginação para justificar sua falta de ênfase na narrativa."

Isso não vai ser muito fácil, pensei comigo mesmo.

Mas tive a impressão de que Paulo se saiu do dilema com bastante crédito. Não só achou uma base para a escassez da acentuação, como ainda foi capaz de jogar de uma palavra para outra a única ênfase permitida, conforme pedia Tórtsov. Sua ideia consistia nisto: nós, que estávamos sentados na plateia, o interrogávamos sobre a visita de um *maravilhoso indivíduo*. Suponha-se que o nosso inquérito se baseava em nossa desconfiança da realidade dos fatos que nos eram apresentados, da veracidade de sua afirmação sobre a visita. Para se defender, Paulo era forçado a insistir na exatidão, na veracidade, de cada palavra da sua narrativa. Por isso é que dava relevo a uma palavra diferente, cada vez que repetia a história, como se quisesse imprimir em nosso espírito as palavras acentuadas.

"Um maravi*lho*so indivíduo veio etc.", "um maravilhoso indi*ví*duo veio etc." Com uma ênfase meticulosamente colocada, em rodízio, numa palavra depois da outra, Paulo repetia diligentemente cada frase por inteiro, removendo com regularidade todos os outros acentos. Isto se fazia para realçar o significado e o efeito da palavra acentuada. Porque as palavras, isoladamente, fora do contexto, perderiam, é claro, qualquer sentido interior.

Quando Paulo concluiu sua tarefa, o comentário de Tórtsov foi:

— Você atuou bem quanto à colocação e à remoção dos acentos. Mas por que tanta pressa? Por que comprimiu a parte da frase que você apenas tinha de atenuar?

"A pressa, o nervosismo, balbuciar as palavras, cuspir fora frases inteiras, não é atenuá-las, é destruí-las totalmente. E isso foge à nossa intenção. O nervosismo de um orador só serve para incomodar seus ouvintes; a pronúncia indistinta os irrita, pois obriga-os a se esforçarem para adivinhar as coisas que não estão entendendo. Tudo isso atrai a atenção dos ouvintes e sublinha justamente a parte do texto que queríamos atenuar. A agitação faz a fala ficar pesada. O controle e a calma lhe dão leveza. Para suavizar uma frase temos de usar uma inflexão deliberada, sem lustro, uma ausência quase total de acentuação, um controle e uma segurança excepcionais.

"Isso dá calma aos nossos ouvintes.

"Realce com clareza a sua palavra-chave e depois acrescente com leveza, precisão, deliberação, tudo o que, sendo necessário para a inteligibilidade geral da frase, não deve ser, entretanto, realçado. É nisto que se baseia a arte da não acentuação. Vocês praticarão esse controle da linguagem falada em suas aulas de exercício."

O exercício seguinte consistiu em tomar o mesmo incidente e dividi-lo em episódios separados, que deviam ser nitidamente traçados.

Primeiro episódio: O maravilhoso indivíduo chega.

Segundo episódio: Ele ouve os motivos pelos quais não poderá ver a pessoa que veio visitar.

Terceiro episódio: Sente-se ofendido, decide partir para nunca mais voltar e se retira.

Isto resultou em quatro declarações independentes, com quatro acentuações, uma em cada uma delas.

Para começar, Tórtsov só nos pediu que fizéssemos uma exposição clara de cada um dos fatos. Para isto precisávamos ter uma nítida visão interior da coisa sobre a qual falávamos e de espaçar apropriadamente as acentuações em cada sentença. Tínhamos de enxergar no íntimo a imagem que estávamos tentando transmitir ao nosso interlocutor. Além disso, Tórtsov pediu a Paulo que não só descrevesse mas também nos fizesse sentir o modo como o indivíduo do episódio chegava e depois partia. Não apenas o que ele fez, mas de que modo o fez.

Tórtsov sondou o ânimo do indivíduo. Estaria ele alegre, animado, ou, pelo contrário, triste ou preocupado?

Para projetar este efeito Paulo teve de acrescentar à sua acentuação o colorido da entonação. Mais ainda: Tórtsov insistia em ficar sabendo o grau do estado de espírito do indivíduo. A sua decepção era forte, profunda, violenta, branda?

E, ainda, qual era a sua disposição quando se decidiu a partir para não voltar? Era de resignação ou de ameaçadora violência? Era preciso dar cor não só aos pontos capitais como também a todo o episódio.

Em seguida os demais estudantes fizeram experiências análogas, acrescentando e eliminando acentuações.

IV

A fim de me assegurar de que havia compreendido corretamente os assuntos de que vínhamos tratando nas recentes aulas, pedi a Tórtsov que me ouvisse dizer novamente a fala do *Otelo*. Depois de ouvi-la, ele assinalou vários erros em meu espaçamento e nas minhas formas de acentuar.

— A acentuação correta facilita o seu trabalho, ao passo que uma ênfase errada o prejudica — observou de passagem.

Para corrigir meus erros, mandou-me fazer uma transposição das acentuações da fala e dizê-la outra vez.

Recitei-a, período após período, e em cada medida acentuava a única palavra que merecia ser realçada sobre as outras.

Tal como o mar do Ponto
cujas frias correntes...

Depois expliquei:

— Normalmente a acentuação recairia na palavra *mar*; mas agora, pensando bem, vou transpor o acento para *correntes*, que é o tema principal deste período.

— Vocês resolvam — disse Tórtsov, voltando-se para os outros alunos. — Isso está certo?

Começaram todos a gritar ao mesmo tempo. Uns diziam *mar*; outros, *frias*; outros, ainda, *Ponto*. Vânia superou todo mundo, insistindo em *tal*.

Ficamos atolados num pantanal de palavras acentuadas e não acentuadas à medida que eu prosseguia com a fala. Acabávamos sempre por acentuar todas as palavras de todos os períodos dados e Tórtsov nos recordou que as frases cujas palavras são todas elas acentuadas perdem a sua razão, o seu sentido.

E assim repassamos toda a minha fala, sem chegarmos a nenhuma decisão precisa. De fato fiquei mais atrapalhado que nunca, pois descobri que podia acentuar e desacentuar cada palavra e ainda assim conservar uma significação ou outra. Qual delas seria a mais correta? Sobre isso eu ainda estava confuso.

Talvez estivesse acontecendo comigo o mesmo que acontece quando meus olhos olham para muitas coisas ao mesmo tempo. Numa loja, numa confeitaria, diante de uma quantidade de *hors-d'oeuvres*, acho difícil escolher. Na fala de *Otelo* havia tantas acentuações possíveis que eu perdi a cabeça.

Afinal não conseguimos decidir, mas Tórtsov recusava-se a falar. Ficou-nos observando, apenas, com um sorriso malicioso. Depois de uma pausa enorme e bastante incômoda, controlou finalmente seu divertimento à nossa custa.

— Nada disso lhes teria acontecido se vocês conhecessem as leis da nossa língua. Elas imediatamente viriam em auxílio de vocês, para orientá-los, fixando automaticamente a maior parte dos acentos necessários e, portanto, próprios.

— O que devíamos ter feito? — perguntamos.

— Antes de mais nada, é claro, vocês teriam de saber as regras de acentuação em russo e depois... Bem, suponhamos que vocês se mudaram para um apartamento novo e as diversas peças de seu mobiliário estão espalhadas pelos cômodos — disse Tórtsov, ilustrando logo suas observações com um exemplo concreto.

"E agora, como é que vocês fariam para pôr tudo em ordem?

"Primeiro vocês juntam todos os pratos num lugar, reúnem as xícaras de chá, recolhem os diversos objetos esparsos de todos os gêneros, depois arranjam os móveis maiores de acordo com as suas respectivas funções e assim por diante.

"Depois que fizerem tudo isso, poderão movimentar-se pela casa com mais facilidade.

"Terão de fazer um trabalho semelhante, em relação a um texto, antes de poderem distribuir os acentos*, ** em seus devidos lugares. Para explicar-lhes este processo mencionarei a esmo certas regras citadas por S. M. Volkonski em seu livro *A palavra expressiva*. Lembrem-se de que não o estou fazendo para lhes ensinar essas regras. Faço-o somente para lhes demonstrar como é necessário que vocês as conheçam e como, com o tempo, vocês aprenderão a usá-las. Assim que compreenderem o valor do seu objetivo final, acharão mais fácil a tarefa de estudar essa matéria consciente e cuidadosamente.

---

*Neste ponto, o fictício diretor-professor Tórtsov cita certas regras de acentuação que em inglês não se aplicam com o mesmo rigor. Como Stanislavski não tinha aqui a intenção de ensinar os detalhes da acentuação, achamos melhor omiti-las na tradução inglesa. Deve-se, entretanto, notar que, embora o inglês bem falado obedeça a um número menor de regras gerais de acentuação, o seu uso idiomático determina vários lugares onde o acento deve incidir em dadas circunstâncias. O ator deve estudar e aplicar esse costume. (N. do Ed. *norte-americano*)

**Já no português correto, as regras de acentuação são numerosas e precisas. Mas há que se levar em conta e estudar os regionalismos, nas devidas circunstâncias. (N. do T.).

"Vejam quantas palavras e acentos caem no devido lugar com a simples aplicação das regras da língua — prosseguiu Tórtsov. — Vocês agora não deverão ter dificuldade para escolher entre as várias palavras que ainda não estão classificadas e acentuadas. O subtexto, com a sua trama de incontáveis fios, a linha direta de ação e o superobjetivo também podem contribuir para orientá-los.

"Depois disto, falta apenas a coordenação dos acentos que vocês escolherem: alguns receberão uma ênfase forte, outros, mais leve.

"Este é um aspecto difícil e importante do nosso trabalho e nós o discutiremos detalhadamente na próxima aula."

V

Como havia prometido, Tórtsov abordou hoje a questão de como coordenar muitos acentos em frases independentes e numa série de frases.

— Uma oração com uma palavra acentuada é a mais simples e a mais compreensível de todas — explicou. — Por exemplo: "uma pessoa conhecida de vocês veio aqui." Acentuem a palavra que quiserem e o sentido mudará a cada mudança de palavra acentuada.

"Experimentem pôr dois acentos nessa mesma oração, por exemplo, em *conhecida* e *aqui*. Logo se tornará mais difícil, tanto elaborar uma base para isso, como pronunciar a frase. Por quê? Porque vocês estão injetando nela uma nova significação. Primeiro, já não é apenas uma pessoa qualquer que vem, mas alguém que vocês conhecem e, segundo, essa pessoa não veio a qualquer lugar em geral, mas sim aqui.

"Ponham um terceiro acento, na palavra *veio*, e a frase fica mais complexa em sua significação latente e também quanto à transmissão desse sentido, pois além dos outros fatores um novo sugere que a pessoa não veio de carro ou a cavalo, mas veio a pé.

"Imaginem uma sentença muito longa e toda ela acentuada, sem uma base subjacente para as acentuações. A única forma de descrevê-la seria: uma sentença cheia de palavras acentuadas sem nenhuma significação. Há, entretanto, ocasiões em que temos de fornecer razões subtextuais para acentuar todas as palavras e as novas conotações que elas trazem. É mais fácil dividi-las em partes do que exprimi-las como uma só unidade."

A essa altura Tórtsov tirou do bolso uma folha de papel e disse:

— Aqui está uma fala do *Antônio e Cleópatra*, de Shakespeare:

"Corações, línguas, números, escribas,
bardos, poetas, não podem
Pensar, dizer, moldar, escrever, cantar,
enumerar. — oh!
Seu amor por Antônio...

"O célebre erudito W. S. Jevons — prosseguiu Tórtsov — disse que Shakespeare reuniu, numa só frase, seis sujeitos e seis predicados, de forma que temos, para ser exato, seis vezes seis, isto é, trinta e seis proposições.

"Qual de vocês seria capaz de tentar ler esses versos de modo que cada uma das trinta e seis proposições se realce?

Todos nós ficamos em silêncio.

— Têm toda razão. Também eu nem por sonho enfrentaria essa tarefa. Não teria a técnica oratória necessária para cumpri-la. Mas agora não é isto o que nos preocupa. O que nos interessa é o método técnico de selecionar, de coordenar muitas acentuações numa proposição.

"Como selecionaremos, numa fala extensa, a palavra-chave e uma série de palavras de importância secundária porém necessárias para a compreensão do todo? Elas não podem ter, todas, a mesma importância. Naturalmente umas pedirão mais ênfase, outras menos, um terceiro grupo será ainda menos essencial, as palavras desse grupo deverão ser deliberadamente atenuadas e relegadas ao segundo plano.

"Quanto às palavras secundárias, sem importância, não acentuadas, que são necessárias ao sentido geral da sentença, essas também devem ser relegadas ao segundo plano e atenuadas.

"Isto requer uma complexa escala de acentuação: pesada, média, leve.

"Como na pintura, em que há tons fortes e fracos, meios tons, quartos de tons, em cores ou em claro-escuro, assim também na linguagem falada há uma gama correspondente, de diversos graus de força e acentuação.

"Estes devem ser computados, combinados, coordenados e isto de tal modo que se utilizem os acentos mais fracos para realçar a palavra-chave, fortemente acentuada. Os graus de acentuação não devem competir uns com os outros, mas, antes, devem fundir-se numa linha contínua que facilite a transmissão de uma frase difícil. Deve haver perspectiva, tanto nas partes isoladas quanto na estrutura total de uma fala.

"Vocês conhecem o uso da terceira dimensão para dar profundidade a um quadro. Na realidade, ela não existe. A tela é uma superfície plana, estendida numa armação, e nessa tela o artista pinta sua obra. Entretanto a pintura dá a ilusão de muitos planos. Estes parecem aprofundar-se cada vez mais na própria tela e o primeiro plano salta da moldura ao encontro do observador.

"Nós também temos o mesmo número de planos de linguagem falada, que criam a perspectiva na frase. A palavra mais importante ressalta com vívida nitidez, bem na frente do plano sonoro. As palavras menos importantes criam uma série de planos mais fundos.

"Em nosso trabalho, o essencial não é tanto o volume quanto a qualidade da acentuação.

"Isto é que é importante: a acentuação está vindo de cima para baixo ou, ao contrário, subindo, de baixo para cima? Despencando pesadamente ou deslizando para cima ligeiramente, com um forte impulso? O golpe é pesado ou suave, áspero ou quase impalpável, cai de repente e logo desaparece ou permanece por um tempo relativamente longo? Além disso, há o que se pode chamar de acentuações masculinas e acentuações femininas.

"A primeira (a acentuação masculina) é decidida e áspera, como o golpe de um martelo na bigorna. É um acento breve, logo interrompido. A outra (a acentuação feminina) não tem caráter menos decidido, mas não termina de chofre, prolonga-se um pouco. Suponhamos que, por um motivo qualquer, vocês, depois de desferir uma rápida martelada na bigorna, arrastem imediatamente o martelo por ela, aproximando-o outra vez do corpo, talvez para reerguê-lo mais facilmente. Esta ação, assim prolongada, seria uma acentuação feminina.

"E eis aqui outro exemplo tirado da palavra e da ação: se um anfitrião irado estiver expulsando de sua casa um hóspede indesejável, usará uma linguagem forte, acompanhada dos devidos gestos para designar com energia a porta da rua. Em suas palavras e gestos ele estará usando acentuação masculina.

"Se uma pessoa mais fina fizer a mesma coisa, suas palavras de repúdio serão as mesmas, decisivas e firmes; sua voz, porém, logo baixará, suas ações tornar-se-ão mais lentas, modificando assim a aspereza do primeiro instante. Esse tipo de golpe forte com uma sequência retardada corresponde a uma acentuação feminina.

"Outro fator na seleção das acentuações e na coordenação das palavras é a entonação. As delineações e os padrões que ela dá à palavra acrescentam-lhe muita expressividade e efeito.

A acentuação pode ser combinada com a entonação. Neste caso a entonação dará à palavra o colorido de várias tonalidades de sentimento: acariciante, maldoso, irônico, um toque de desdém, respeito e assim por diante.

"Além da entonação, temos ainda vários outros meios para realçar uma palavra. Podemos, por exemplo, colocá-la entre duas pausas. Para maior reforço, uma delas, ou ambas, pode ser uma pausa psicológica. Podemos também marcar a palavra-chave, eliminando a acentuação de todas as palavras secundárias. Em contrapartida, a única palavra isolada ficará mais forte.

"*Entre todas essas palavras acentuadas e não acentuadas é necessário estabelecer a correlação, o grau de ênfase, a qualidade da acentuação; devemos criar um plano tonal com perspectiva necessária para dar vida e movimento à frase.*

"*Falando em coordenação, o que temos em mente é essa harmoniosa integração, correlação dos graus de volume de acentuação, com o objetivo de realçar certas palavras.*

"É assim que produzimos uma forma harmoniosa, uma frase dotada de beleza arquitetônica."

VI

— Tudo o que dissemos sobre a acentuação e a coordenação das palavras acentuadas numa oração pode-se igualmente aplicar no processo de sublinhar orações isoladas numa narração ou num monólogo inteiro.

"A oração importante pode ser mais fortemente acentuada em relação a outras de menos importância, enquanto que a palavra-chave da oração-chave também terá uma acentuação mais forte do que a das palavras-chaves das orações não acentuadas.

"Pode-se realçar a oração-chave situando-a entre duas pausas. Isto se obtém reforçando ou atenuando a tonalidade fonética da frase acentuada ou então introduzindo um tipo de inflexão mais vivo, dando-lhe novo colorido.

"Outro método de realçar uma frase-chave é mudar o andamento e o ritmo em relação aos de todas as outras partes subordinadas de um monólogo ou narrativa. Finalmente, pode-se deixar a oração acentuada com sua força e colorido habituais, atenuando, porém, todas as outras frases e diminuindo nelas a intensidade de todos os pontos acentuados.

"Não me compete examinar todas as possibilidades existentes para obter sutis matizes de acentuação em palavras e frases. Só lhes posso garantir que essas possibilidades, bem como os meios de explorá-las, são numerosas. Com seu auxílio vocês poderão elaborar os mais complexos planos de coordenação de diversos acentos para palavras isoladas e sentenças completas.

"Se forem interligados com o superobjetivo da peça, seguindo a linha do subtexto e a linha direta de ação, esses acentos darão uma excepcional importância às palavras que vocês disserem, pois os ajudarão a atingir a grande meta de nossa arte: *criar a vida de um espírito humano num papel ou numa peça.*

"Sua capacidade de obter o máximo rendimento das possibilidades de sua linguagem falada dependerá de sua experiência, conhecimentos, bom gosto, sensibilidade e talento. Os atores que possuem um verdadeiro senso das palavras, de sua língua natal, conseguirão elevar os seus métodos de coordenação, de criação de planos e perspectivas em suas falas, ao nível da virtuosidade.

"Os que tiverem menos talento terão de ser mais conscienciosos na aquisição de grandes conhecimentos, estudando sua língua. Terão de trabalhar mais, para adquirir experiência, prática e arte.

"Quanto maiores forem os recursos e as possibilidades ao alcance do ator, mais viva, poderosa, expressiva e irresistível será sua dicção."

VII

Hoje eu disse mais uma vez a fala do *Otelo*.
— Seu trabalho não foi em vão — comentou Tórtsov, encorajadoramente. — Em detalhe, o que você faz é tudo bom. Em certos pontos, chega a ser poderoso. Mas, em conjunto, a fala tem pontos em que marca passo, não avança. Você se adianta uns dois períodos; depois, em outros dois, retrocede e isso você faz durante toda a fala.

"A repetição dos mesmos efeitos fonéticos torna-os insistentes, mais ou menos como acontece com a monotonia dos padrões vistosos no papel de parede.

"Você, no palco, precisa manejar seus meios de expressão de um modo diferente, não de modo simples, mas com um certo desígnio calculado.

"Em vez de prosseguir com a explicação, acho melhor dizer eu mesmo essa fala, não para exibir minha destreza, mas para mostrar claramente a você, passo a passo, os segredos da técnica de falar e também os vários cálculos e considerações na mente do ator com referência ao efeito dramático sobre ele mesmo e sobre o seu comparsa na cena.

"Começarei por esclarecer o problema com que defronto. — Nesta altura, Tórtsov se voltou para Paulo:

"É fazer com que você, que representa o papel de Iago, sinta e acredite no impulso elementar do Mouro para a vingança terrível. Para isto, e de acordo com os requisitos de Shakespeare, farei a justaposição da vívida imagem das ondas do Ponto, crescendo impetuosas, com a imagem da tormenta espiritual dentro de um homem consumido pelo ciúme. Para atingir meu objetivo, o melhor seria despertar os seus sentimentos tornando-o cônscio daquilo que vejo dentro de mim. É uma tarefa difícil, mas possível, principalmente porque disponho de material já preparado e suficientemente vívido e emocionante, tanto visual como de outras espécies."

Depois de um breve momento preparatório, Tórtsov fixou Paulo com um olhar que poderia ter lançado à própria Desdêmona infiel.

— Tal como o mar do Ponto... — ele disse os versos brandamente, com relativa calma e depois acrescentou, lacônico:

"Não mostrarei tudo o que está dentro de mim! Estou dando menos do que poderia dar.

"Tenho de poupar, de acumular minha emoção.

"A frase por si só não é inteligível.

"De modo que a concluo para mim mesmo:

"*Tal como o mar do Ponto* (cujas frias correntes impetuosas jamais refluem e antes vão direto ao Propôntido mar e ao Helesponto...)

"Preciso ter cuidado para não correr. Depois de Ponto farei um descanso tonal.

"Durará duas, no máximo três notas.

"Quando chegar aos descansos seguintes (haverá muitos) começarei a alçar mais a voz.

"Ainda não atacarei a nota mais alta.

"Devo ir em vertical.

"De agora em diante, nada de linha horizontal!

"Nada de alta tensão!

"Não muito plano, ponha desenho nisso!

"Devo subir, mas não de uma vez. Gradualmente.

"Façamos o segundo compasso mais forte que o primeiro, o terceiro mais forte que o segundo, o quarto mais que o terceiro. Mas sem gritos!

"Barulho não é poder.
"O poder está no realce.
"*Cujas frias correntes impetuosas...* (jamais refluem e antes vão direto ao Propôntido mar e ao Helesponto).
"Se eu elevar de um terço cada compasso, as cinquenta e duas palavras da sentença exigirão uma extensão de mais de três oitavas. Eu nunca tive esse alcance!
"Portanto, depois de uma subida, faço um leve mergulho para baixo.
"Cinco notas para cima, duas outra vez para baixo.
"Subida total: três tons.
"Mas o efeito será de cinco!
"Depois, também, quatro notas para cima e desço duas.
"Total: apenas dois tons mais alto. Mas a impressão é de quatro. E assim irei fazendo...
"Com estas economias na minha extensão vocal, ela me bastará para as cinquenta e duas palavras.
"Não só nas emoções mas também no meu registro vocal!
"Depois, se não me restarem no registro notas suficientes para elevar ainda mais a voz, terei de aumentar a ênfase e elaborar os descansos.
"Terei de fazê-los rolar sob minha língua!
"Isso, também, dá a impressão de maior poder.
"Mas agora esta pausa acabou.
"Você está esperando. Não se apresse!
"Nada me impede de pôr aí uma pausa psicológica. Acrescentando-a à pausa lógica.
"Um repouso aguça a curiosidade.
"Uma pausa psicológica faz a mesma coisa com as nossas reações naturais, intuição... imaginação... e subconsciente...
"Um descanso me dá tempo de conferir minhas imagens mentais... de interpretá-las por meio de movimentos, mímica facial, emissão de raios...

"Isso não afrouxará a tensão dramática.

"Pelo contrário, uma pausa dinâmica me estimulará e a você também!

"Mas não devo me lançar na pura técnica.

"Devo ter em mente a minha tarefa imediata: custe o que custar, tenho de fazer com que você *veja* as imagens do meu cérebro.

"Serei ativo! Atuarei com um propósito.

"Mas... não devo deixar a pausa se arrastar.

"Continuarei...

"Jamais refluem... (e antes vão direto ao Propôntido mar e ao Helesponto).

"Por que é que meus olhos estão-se arregalando?

"Estarão emitindo raios com mais energia?

"E por que é que os meus braços estão-se estendendo lenta, majestosamente, para o alto?

"E todo o meu corpo e também todo o meu eu?

"Será o ritmo das ondas que se erguem densamente?

"Acha que isto é calculado?

"Um efeito teatral?

"Não! Eu lhe asseguro...

"Acontece por si mesmo!

"Só o entendi depois que me aconteceu enquanto eu atuava!

"Depois de tudo acabado!

"O que é que o faz?

"A intuição?

"Meu subconsciente?

"A natureza criadora?

"Talvez.

"Eu só sei que a pausa psicológica o precipitou!

"Induziu o estado de alma!

"Ela instiga a emoção!

"Ela a atrai e faz trabalhar!

"Também auxilia o subconsciente!
"Se eu tivesse feito isso conscientemente, calculando o efeito teatral, você pensaria que eu assumi uma atitude!
"Mas foi a própria natureza que agiu... e então você tem de crer em tudo!
"Porque é natural!
"Porque é verdade!
"e antes vão direto
"ao Propôntido mar e ao Helesponto...
"Novamente percebi, *post factum*, que alguma coisa maligna tomara pé dentro de mim!
"Eu mesmo não sei por que nem como!
"Mas estou satisfeito! Gosto!
"Sustentarei a pausa psicológica!
"Não expressei tudo, ainda!
"Como a demora me provoca e incendeia!
"E se tornou mais ativa, também!
"Vou aguilhoar mais uma vez a natureza!
"Porei meu subconsciente em atuação!
"Tenho toda a espécie de meios para atingi-lo!
"Chego à nota alta: Helesponto!
"Direi a palavra e logo deixarei o som baixar! Antes de atacar a próxima etapa, a arrancada final,

"assim meus pensamentos sanguinários,
no seu curso veloz, sem olhar para trás
sem refluir jamais para um amor humilde...

"Sublinho esta volta, aqui. Este é o ponto supremo da fala.
"Sem refluir jamais para um amor humilde.
"Receio cair num patético falso neste ponto.
"Tenho de me agarrar com mais força aos meus objetivos!
"Minhas imagens interiores precisam ter raízes mais firmes!

"Intuição, subconsciente, natureza!
"Façam o que quiserem!
"Dou-lhes rédea solta! Mas me contenho, provoco vocês com as minhas esperas.
"Quanto mais a gente se refreia, maior é a provocação que isso produz.
"Chegou o momento de romper todas as amarras!
"De mobilizar todos os meios de expressividade!
"De jogar com tudo!
"Andamento e ritmo!
"E... receio dizê-lo...
"Até mesmo a alta voz!
"Não um grito!
"Só nas duas últimas palavras da frase seguinte.
...*"sem refluir jamais para um amor humilde...*
"E no final culminante!
*"até que possam desaguar
no vasto sorvedouro da vingança*
"Refreio o andamento!
"Para martelar o sentido!
"E depois acrescento o ponto final!
"Sabe o que isto significa?
"O ponto final de uma fala trágica?
"É o fim!
"É a morte!
"Quer experimentar a sensação do que estou falando?
"Suba ao cume da montanha mais alta!
"Pendendo sobre um abismo insondável.
"Pegue uma pedra pesada e...
"Atire-a...
"Para o fundo insondável.
"Sentirá então que ouve a pedra se estilhaçando, isto se a puder ouvir...

"Pedacinhos...
"Tem de haver uma queda exatamente assim!
"Em nossa voz!
"Da nota mais alta ao limite mais baixo do nosso registro!
"A natureza do ponto final o exige."

A essa altura uma revolta íntima se elevou em mim. Será que em momentos assim os atores podem ser movidos por considerações tão técnicas e profissionais? Neste caso, onde está a inspiração? Senti-me ofendido e esmagado.

VIII

Juntando coragem, comecei a dizer a Tórtsov o que vinha atravessando nos dias que se seguiram à última aula.

— Agora é tarde para isso — interrompeu-me ele e, voltando-se para os outros alunos, anunciou:

"Minha missão no que se refere à dicção de vocês está encerrada. Não lhes ensinei nada, porque, em primeiro lugar, não era essa a minha intenção. Mas dei-lhes a conhecer o estudo consciente de uma nova matéria, importantíssima.

"Por meio das nossas pequenas experiências, vocês chegaram a entender quantos recursos vocais técnicos — colorido tonal, inflexões, delineações fonéticas de toda espécie, todos os tipos e espécies de acentuação, pausas lógicas e psicológicas etc. etc. — o ator precisa ter à sua disposição, para atender às exigências que a nossa arte nos faz no que se refere às palavras e à linguagem falada.

"Eu disse tudo o que podia. O resto vocês ouvirão do Sr. Sechenov, seu novo professor de acentuação."

Este se adiantou e Tórtsov fez algumas observações agradáveis, para apresentá-lo. Já estava a ponto de entregar-nos a ele para nossa primeira aula, mas antes que pudesse sair do auditório eu o detive:

— Não saia! Peço-lhe que não se retire sem nos ter dito a coisa mais importante de todas!

Paulo me apoiou nisso.

Tórtsov ficou embaraçado, corou e depois nos conduziu a um canto para nos repreender por nossa falta de tato em relação ao novo professor. Finalmente indagou:

— O que foi? Que aconteceu?

— É horrível! Eu não consigo mais falar! — engasguei com as palavras, tentando desabafar meus sentimentos para ele. — Procurei tanto utilizar o que aprendi com o senhor, falando ou declamando, mas afinal fico todo embaralhado e não sei ligar duas palavras. Coloco um acento e aí, como se fosse de pirraça, ele não fica onde as regras mandam, pula fora. Luto por conseguir a entonação necessária para combinar com certos sinais de pontuação e a minha voz dá tais cambalhotas fonéticas que eu fico absolutamente perplexo. Tento exprimir um pensamento mas perco-o, porque me vejo naufragar entre as regras da dicção e o meu cérebro vai de um lado para o outro pela frase afora, tentando decidir como aplicá-las. Finalmente esse esforço me põe num estado de concussão cerebral e vertigem.

— Tudo isso decorre da impaciência — disse Tórtsov. — Você precisa não ter tanta pressa! Temos de respeitar o currículo. Para apaziguá-los eu teria de alterar o nosso programa consecutivo e adiantar-me a ele. Isto traria confusão para todos os outros alunos, que não estão reclamando e não têm tanta pressa como vocês dois.

Depois de meditar um momento sobre o assunto, Tórtsov pediu-nos que o fôssemos visitar àquela noite, às 9 horas. Saiu e voltamos à nossa aula com o novo professor de linguagem falada.

CAPÍTULO X — A perspectiva na construção da personagem

I

Era exatamente 9 horas quando Paulo e eu chegamos à casa de Tórtsov.

Eu lhe disse como fiquei arrasado quando descobri que a inspiração fora substituída pelo cálculo teatral.

— Sim... por isso também — reconheceu Tórtsov. — Metade da alma do ator é absorvida por seu superobjetivo, pela linha direta de ação, pelo subtexto, por suas imagens interiores, os elementos que entram na composição do seu estado criativo interior. Mas a outra metade continua a atuar com uma psicotécnica mais ou menos como eu lhes demonstrei.

"O ator é rachado em dois pedaços quando está atuando. Vocês se lembram do que disse Tommaso Salvini sobre isso: 'o ator vive, chora, ri, em cena, mas enquanto chora e ri ele observa suas próprias lágrimas e alegria. Essa dupla existência, esse equilíbrio entre a vida e a atuação, é que faz a arte.'

"Como veem, essa divisão não prejudica a inspiração. Pelo contrário, uma coisa estimula a outra. Além disso, em nossa vida real, nós levamos uma existência dupla. Isso entretanto não nos impede de viver e sentir emoções fortes.

"Vocês se lembram do que eu lhes disse, logo no início, quando estávamos trabalhando com os objetivos e a linha direta de ação, a respeito das duas linhas paralelas da perspectiva?

"Uma é a perspectiva do papel.

"A outra é a perspectiva do ator, sua vida no palco, sua psicotécnica enquanto está representando.

"A corrente de *psicotécnica* que ilustrei para vocês com a fala de *Otelo* é a linha da *perspectiva do ator*. Está próxima da perspectiva do papel porque corre paralela a ela, assim como uma picada pode se estender ao longo de uma estrada. Mas em determinados pontos as duas podem se apartar mais, quando, por um motivo ou outro, o ator é arrastado para longe do rumo central de seu papel por alguma coisa que em relação a esse papel é estranha e irrelevante. Ele, então, perde a perspectiva do papel. Por sorte, a nossa psicotécnica existe justamente com o propósito de fornecer meios que sempre nos atraiam de volta ao caminho verdadeiro, assim como a picada sempre acaba por levar o pedestre de volta à grande estrada."

Paulo e eu pedimos a Tórtsov que falasse mais detalhadamente sobre o tema dos dois tipos de perspectiva. Ele relutou muito em perturbar todo nosso plano de estudos e repetiu que isto fazia parte dos nossos estudos futuros. Mas finalmente conseguimos persuadi-lo a falar e logo o assunto o empolgou de tal modo que ele nem notou como foram longe suas explicações.

— Recentemente fui ao teatro ver uma peça em cinco atos — começou. — Depois do primeiro ato estava encantado, tanto com a produção como com as interpretações. Os atores nos davam caracterizações vivas, revelavam muita chama e temperamento, atuavam de um modo especial que me interessava muitíssimo. Fiquei curioso de saber como a peça e a interpretação se desenvolveriam.

"Mas depois do segundo ato verifiquei que eles tinham mostrado a mesma coisa que no primeiro. Por causa disso o interesse da plateia, tanto quanto o meu, declinou nitidamente.

Depois do terceiro ato o mesmo se repetiu, em mais forte grau, porque os atores não sondaram novas profundidades, suas personagens estavam imobilizadas, havia ainda aquela mesma vivacidade ardente à qual o público a essa altura já se acostumara. O mesmo modo de atuar tornara-se agora tão rotineiro que ficava cacete, monótono e às vezes irritante. No meio do quinto ato eu já não podia mais. Meus olhos já não fitavam o palco, meus ouvidos estavam surdos para os diálogos, meu cérebro se ocupava com este pensamento: como é que eu posso sair daqui sem que me percebam?

"Qual será a explicação para esta escala descendente de impressões colhidas numa boa peça, bem representada e produzida?"

— A monotonia — arrisquei.

— Há uma semana fui a um concerto — prosseguiu Tórtsov. — A mesma "monotonia" se evidenciou na música. Uma boa orquestra executou uma boa sinfonia. Acabaram como começaram. Pouco mudaram o andamento ou o volume do som, não houve nuanças. Foi chatíssimo para os ouvintes.

"Por que é que não tiveram sucesso, essa peça bem representada e essa boa sinfonia tocada por uma boa orquestra? Não seria, acaso, porque em ambos os exemplos eles atuavam sem perspectiva?

"Vamos concordar que a palavra perspectiva significa: a correlação e distribuição harmoniosa e calculada das partes de uma peça ou de um papel inteiro.

"Isto significa, ainda, que não pode haver atuação, movimento, gesto, pensamento, fala, palavra, sentimento etc. etc., sem a sua devida perspectiva. A mais simples entrada ou saída, no palco, qualquer ação que se faça para levar a cabo uma cena, pronunciar uma frase, palavras, monólogo etc., tem de ter uma perspectiva e um propósito final (o superobjetivo). Sem eles o ator não pode sequer dizer *sim* ou *não*. Até mesmo uma frase minúscula, isoladamente, tem a sua própria e breve perspectiva.

Um pensamento completo, exprimido num certo número de orações, é ainda menos capaz de dispensá-la. Uma simples fala, uma cena, um ato, uma peça, todos eles precisam de perspectiva.

"Referindo-se à linguagem falada, é costume pensar-se na chamada perspectiva lógica. Mas a nossa prática no teatro leva-nos a usar uma terminologia mais ampla. Usamos as descrições:

1. A perspectiva do pensamento transmitido. Isto é, essa mesma perspectiva lógica.
2. A perspectiva para transmitir sentimentos complexos.
3. A perspectiva artística, usada para dar colorido, vívida ilustração de uma história ou uma fala.

"Na primeira, a perspectiva usada para transmitir um pensamento, a lógica e a coerência representam um papel importante no desdobramento do pensamento e para estabelecer a relação das várias partes com a expressão total.

"Esta perspectiva se obtém com o auxílio de uma longa série de palavras-chave e suas acentuações, que dão sentido à frase.

"Assim como sublinhamos esta sílaba ou outra numa palavra, esta palavra ou outra numa frase, temos de dar relevo à frase mais importante, que encerra um pensamento completo, e de fazer o mesmo numa narrativa longa, um diálogo, um monólogo. Obedecemos ao mesmo princípio de selecionar as partes componentes significativas numa grande cena, um ato completo e assim por diante, os episódios importantes. Disso tudo fazemos uma corrente de pontos em destaque e estes variam, em relação uns aos outros, quanto ao volume e à plenitude.

"As linhas de perspectiva usadas para transmitir sentimentos complexos desenvolvem-se no plano subtextual, interior, do papel. São as linhas dos objetivos interiores, desejos, ambições, esforços, ações, que são agrupados, inseridos, separados, combinados, acentuados, atenuados. Alguns representam objetivos fundamentais importantes e aparecem no primeiro plano. Outros, de valor mediano ou mínimo, são agrupados num plano secundário ou mergulham bem para o fundo, conforme os fatores peculiares que provocam o desenvolvimento das emoções ao longo de toda a peça.

"Estes objetivos, que entram na composição das linhas de uma perspectiva interior, se exprimem, em grande e importante grau, por meio de palavras.

"Quando chegamos à aplicação da cor ao longo das linhas das perspectivas artísticas, somos outra vez forçados a respeitar as qualidades de consecutividade, tom e harmonia. Assim como na pintura, o colorido artístico muito contribui para possibilitar a diferenciação dos planos falados.

"As partes importantes, que devem ser mais preenchidas, recebem o maior colorido ao passo que as que forem relegadas ao fundo têm matizes tonais menos vivos.

"Somente estudando uma peça em seu todo e avaliando sua perspectiva geral é que podemos entrosar corretamente os diferentes planos, dispor num arranjo cheio de beleza as partes componentes, amoldá-las em formas harmoniosas e bem-acabadas em termos de palavras.

"Só depois que o ator meditou cabalmente, analisou e sentiu que é uma pessoa viva dentro de todo o seu papel, só então é que se abre para ele a perspectiva extensa, formosa, convidativa. Sua linguagem torna-se, por assim dizer, de longo alcance, já não é mais a visão míope que era no início. Contra esse horizonte profundo ele pode interpretar ações completas, dizer pensamentos completos, em vez de ficar preso a objetivos limitados, frases e palavras isoladas.

"Quando lemos em voz alta, pela primeira vez, um livro desconhecido, não temos perspectiva. De instante a instante temos apenas em mente a ação, as palavras e as frases imediatas.

Será que uma leitura dessas pode ser artística e verdadeira? Claro que não.

"As amplas ações físicas, a transmissão de grandes pensamentos, a experiência de vastas emoções e paixões, são compostas de uma multiplicidade de partes componentes e, finalmente, uma cena, um ato, uma peça, não podem fugir à necessidade de terem uma perspectiva, um objetivo final.

"Os atores que representam um papel que não estudaram bem e não analisaram minuciosamente são como os leitores de um texto complicado e não familiar.

"Esses atores só têm da peça uma perspectiva obscura. Não compreendem para onde devem conduzir as personagens que interpretam. Muitas vezes, quando representam uma cena com a qual estão familiarizados, eles deixam de perceber ou então ignoram aquilo que ainda está à espera de ser revelado nas obscuras profundezas do resto da peça. Isto os obriga a manter o espírito constantemente fixado só na ação mais próxima, no pensamento imediatamente expressado, sem a mais ínfima consideração para com a perspectiva total da peça.

"Como exemplo do que digo vejamos o fato de que certos atores que interpretam o papel de Luka na peça de Gorki, *Ralé*, nem ao menos leem o último ato, pois não aparecem nele. O resultado é que não podem de modo algum ter uma perspectiva verdadeira e são incapazes de representar corretamente o seu papel. O fim gira em torno do começo. O último ato é a consequência da pregação do velho. Por isso temos de voltar nossos olhos constantemente para o clímax e de guiar para esse fim todos os personagens que Luka influencia.

"Diferentemente, o trágico que interpreta o papel-título em *Otelo*, conhecendo o final, mas sem ter estudado cuidadosamente a peça inteira, começa a rolar os olhos e ranger os dentes logo no primeiro ato, regalando-se com a antecipação do assassinato.

"Mas Tommaso Salvini era muito mais calculista do que isso ao preparar o planejamento dos seus papéis. Vejamos, ainda uma vez, *Otelo*. Ele estava sempre cônscio de toda a perspectiva da peça, desde o momento da ardente explosão de amor juvenil e apaixonado em sua primeira entrada em cena até o seu ódio supremo, de assassino ciumento, no final da tragédia. Com uma precisão matemática e uma coerência implacável, ponto a ponto ele projetou a evolução das emoções enquanto elas amadureciam em sua alma.

"Para dizer isto em termos mais compreensíveis, deixem-me dar outro exemplo:

"Suponhamos que você esteja interpretando *Hamlet*, o mais complexo de todos os papéis em seu colorido espiritual. Ele contém a perplexidade de um filho ante a súbita transferência do amor de sua mãe 'ou antes que aqueles sapatos envelhecessem', ela já tinha esquecido o esposo bem-amado. Nele também está a experiência mística de um homem ao qual foi dado ver, num breve relance, aquela região do além, onde seu pai enlanguesce. Depois que Hamlet conhece o segredo daquela outra vida, esta, daqui, perde para ele o sentido de antes. O papel abarca o reconhecimento agônico da existência do homem e a revelação de uma incumbência superior às suas forças, incumbência da qual depende a libertação de seu pai dos sofrimentos que o atormentam além-túmulo. Para o papel você precisa ter os sentimentos resultantes da dedicação filial à sua mãe, do amor por uma jovem, da renúncia a esse amor, da morte da jovem; as emoções da vingança, o horror diante da morte de sua mãe, as emoções do assassinato e a expectativa de morrer depois que cumpriu seu dever. Tente amontoar todas estas emoções num prato só e já pode imaginar o 'virado' que dá.

"Mas se você repartir todas essas experiências ao longo da perspectiva do papel, em ordem lógica, sistemática e consecutiva, conforme requerem a psicologia de uma personagem tão complexa e a vida do seu espírito, que se desdobra e se desenvolve por toda a extensão da peça, você, então, terá uma estrutura bem construída, uma linha harmoniosa, na qual a inter-relação dos elementos componentes é fator importante na tragédia, cada vez maior e mais profunda, de uma grande alma.

"Será que se pode projetar qualquer parte isolada de um papel destes sem levar em conta a perspectiva do todo? Se, por exemplo, no início da peça, você não transmitir o profundo sofrimento e consternação de Hamlet por causa da frivolidade de sua mãe, a célebre cena, que vem mais tarde, entre ele e ela, não estará devidamente preparada.

"Se você não sentir todo o impacto do choque de Hamlet diante do que o espectro lhe diz sobre a vida além-túmulo, não será possível compreender suas dúvidas, seus dolorosos esforços para desvendar o sentido da vida, sua ruptura com a mulher amada, e toda a estranha conduta que o faz parecer anormal aos olhos dos outros.

"Tudo isto não lhe sugere que o ator que interpreta Hamlet deve ter o maior cuidado com o modo de atuar em suas primeiras cenas, justamente porque, à medida que o seu papel se for desenvolvendo, ser-lhe-á exigido tanto em matéria de paixão crescente?

"O resultado desse tipo de preparação é o que chamamos de 'atuar com perspectiva'.

"À medida que o papel vai avançando temos em mente, por assim dizer, duas perspectivas. A primeira se relaciona com a personagem interpretada, a outra com o ator. Realmente, Hamlet, como figura de uma peça, não tem nenhuma ideia de perspectiva, não sabe nada do que o futuro lhe reserva, ao passo que o ator que interpreta o papel tem de ter isto constantemente no espírito, tem de se manter sempre em perspectiva."

— Como é possível esquecer o que está para acontecer quando a gente representa um papel pela centésima vez? — perguntei.
— Não é possível, nem necessário — explicou Tórtsov. — Embora a personagem que está sendo interpretada não deva saber o que faz no futuro, ainda assim a perspectiva é necessária para o papel, para que ela possa apreciar mais plenamente cada instante atual e se entregar mais totalmente a ele.

"O futuro, num papel, é o seu superobjetivo. A personagem deve-se ir encaminhando para ele. Não é nada prejudicial que o ator, enquanto isto, se lembre, por um instante, da linha total de seu papel. Isso apenas reforçará o significado de cada segmento enquanto ele o vive e atrairá sua atenção com maior poder.

"Suponhamos que você e Paulo estão interpretando uma cena entre Otelo e Iago. Não será acaso importante você se lembrar de que você, o Mouro, que ainda ontem chegava a Chipre, se uniu para sempre a Desdêmona, que você está passando os melhores dias da sua vida, sua lua de mel?

"Em que outra fonte você poderia encontrar a esfuziante alegria necessária para o início da cena? Essa alegria torna-se ainda mais importante pelo fato de que a peça contém tão poucas cores alegres. Além disto, será acaso menos importante que você se recorde por um breve momento que, dessa cena em diante, o astro feliz da sua vida começará a declinar e que esse declínio só gradualmente deve tornar-se visível e nítido? É preciso que haja um contraste poderoso entre o presente e o futuro. Quanto mais alegre o primeiro, mais sombrio o segundo.

"Você precisa dessa rápida olhadela no passado e no futuro a fim de avaliar devidamente a ação presente, e quanto mais você sentir a relação desta com o total da peça maior será a sua facilidade em focalizar sobre ela toda sua atenção.

"Agora vocês já têm a base necessária para a perspectiva de um papel" — concluiu Tórtsov.

• Mas eu não me dei por satisfeito e insisti, com a pergunta.

— Por que é que o próprio ator tem de ter aquela outra perspectiva?

— A sua própria perspectiva, como pessoa que interpreta o papel, é necessária a ele para que possa, a qualquer momento em que estiver em cena, avaliar seus poderes interiores de criação e sua capacidade de exprimi-los em termos exteriores; para reparti-los e utilizar judiciosamente o material que acumulou para o papel. Vejamos aquela mesma cena entre Otelo e Iago. A dúvida se insinua na alma ciumenta do primeiro e vai crescendo gradualmente. O ator que interpreta Otelo deve lembrar que terá de representar muitas outras cenas de paixão crescente entre aquele ponto e o final da peça. Ser-lhe-ia perigoso desenfrear-se nessa primeira cena, mostrar todo o seu temperamento sem mantê-lo de reserva para os reforços graduais do seu ciúme em expansão. Esbanjar aqui os seus poderes interiores seria destruir todas as proporções do papel. Ele deve calcular, ser prudente e nunca perder de vista o ponto final, culminante, da peça. 'A emoção artística não se pesa por quilos e sim por gramas.'

"Não devemos esquecer uma qualidade importantíssima, inerente à perspectiva. Ela dá amplitude, ímpeto, embalo, às nossas experiências interiores e às nossas ações exteriores, coisas de extremo valor para a nossa realização criadora.

"Imagine que está apostando uma corrida, para conquistar um prêmio, mas em vez de correr uma longa distância, você para de vinte em vinte passos. Fazendo assim, você nunca pegará aceleração ou embalo e isto é importantíssimo numa corrida.

"Nós, atores, enfrentamos o mesmo problema. Se damos uma parada no fim de cada pedacinho de uma interpretação e depois recomeçamos no pedacinho seguinte, jamais conseguimos ganhar impulso em nossos esforços, desejos, ações. Mas ele é indispensável, pois espicaça, agita, incendeia nossos sentimentos, nossa vontade, nossos pensamentos, imaginação etc. Você nunca deve se gastar numa arrancada curta. Deve ter sempre em mente a profundidade, a perspectiva, a meta distante acenando.

"O que eu disse agora é igualmente aplicável ao som da voz, à fala, aos gestos, movimentos, ações, expressão facial, temperamento e ritmo — andamento. Em todos estes terrenos é perigoso soltar as rédeas, esbanjar tudo. É preciso ser econômico e fazer uma estimativa justa dos nossos poderes físicos e dos meios de que dispomos para traduzir em termos de carne e osso a personagem que interpretamos.

"Para regular esses meios, precisará não só das suas forças interiores como, também, de ter a perspectiva de um artista dramático.

"Agora que ficaram conhecendo a perspectiva na peça e no papel, reflitam e me digam se ela não tem uma forte semelhança com aquela velha amiga de vocês, a linha direta de ação?

"Está claro que não são idênticas, mas têm parentesco. Uma é a auxiliar mais próxima da outra. A perspectiva é, em toda a extensão da peça, o caminho pelo qual a linha direta de ação vai constantemente avançando.

"*Tudo acontece em função destes dois elementos: a perspectiva e a linha direta de ação. Elas encerram o principal significado da criatividade, da arte, da nossa atitude para com a atuação.*"

CAPÍTULO XI   Tempo-ritmo no movimento

I

Hoje encontramos um cartaz pendurado na parede do auditório da escola. Nele, as palavras: "Tempo-Ritmo."
Isto significa que chegamos a uma nova fase em nosso trabalho.
— Eu devia ter-lhes falado muito antes sobre o tempo-ritmo interior, quando vocês estavam estudando o processo para estabelecer, em cena, um estado criativo interior (*A preparação do ator*, Capítulo XIV), porque o tempo-ritmo interior é um dos elementos importantes nesse processo — explicou o diretor.
"O motivo que me fez protelar a exposição deste assunto foi o meu desejo de facilitar o trabalho de vocês.
"É muito mais conveniente e sobretudo mais demonstrável falar sobre tempo-ritmo interior ao mesmo tempo que sobre tempo-ritmo exterior: quando ele se manifesta nas ações físicas. A esta altura, ele se torna visível, deixa de ser uma simples percepção sensorial, como o é em nossas experiências interiores, fora do alcance da vista. Enquanto era algo inacessível aos seus olhos, eu não disse nada e só o menciono agora, muito depois, quando chegamos ao tempo-ritmo externo, visível aos olhos.

"Tempo é a rapidez ou a lentidão do andamento de qualquer das unidades previamente estabelecidas, de igual valor, em qualquer compasso determinado.

"Ritmo é a relação quantitativa das unidades — de movimento, de som — com o compasso determinado como unidade de extensão para certo tempo e compasso.

"Compasso é um grupo recorrente (ou supostamente recorrente) de valores de duração igual, aceito como unidade e marcado pela acentuação de um dos valores. — Isso, Tórtsov leu de um papel previamente preparado, que lhe foi entregue por Rakhmánov.

"Entenderam isso?" — perguntou, quando acabou de ler.

Confessamos, embaraçados, que não tínhamos entendido nada do que ele leu.

— Sem criticar com muito antagonismo qualquer fórmula científica — prosseguiu Tórtsov —, creio que, no momento, enquanto vocês ainda não experimentaram em vocês mesmos os efeitos do tempo-ritmo, essas fórmulas terão pouca utilidade prática.

"E, até pelo contrário, uma atitude intelectual é bem capaz de impedi-los de apreciar com a devida facilidade e despreocupação o tempo-ritmo em cena, de jogar com ele como com um brinquedo. E no entanto é justamente isto o que devem fazer com ele, sobretudo nas primeiras fases. Será mau se começarem a espremer ritmo de vocês ou se franzirem as sobrancelhas tentando resolver o emaranhado de suas complexas variações, como se se tratasse de um problema aritmético, desses que provocam os miolos.

"Portanto, vamos deixar de lado as fórmulas científicas e, por enquanto, vamos brincar com o ritmo.

"Vejam, aí vêm os brinquedos com os quais vocês vão se divertir. Cedo meu lugar a Rakhmánov. É o seu terreno!"

Tórtsov e seu secretário se retiraram para o outro lado do auditório, enquanto Rakhmánov dispunha no palco uma série de metrônomos como sentinelas. Colocou o maior de todos numa mesa redonda, no centro do palco e, ao redor dele, sobre pequenas mesas, três outros, de menores dimensões. O maior foi posto em movimento e começou a bater, com um tique-taque alto e sonoro, na velocidade número dez.

— Ouçam, meus amigos! — disse Rakhmánov. — Este grande metrônomo vai bater agora com batidas lentas. Vejam como anda devagar: Um... um... andante... um (e) — andantíssimo!

"O número dez é mesmo notável.

"Agora, se eu baixar o peso no mostrador, teremos um simples andante. Este é um pouquinho mais rápido do que o um... e... andantíssimo. Ouçam: Um... um... um...

"Vamos baixar ainda mais o peso. Como anda agora: um... um... um. Mais depressa; um verdadeiro *allegro*!

"E isto agora é *presto*!

"E isto, é *presto prestíssimo*!

"Todos estes são índices de velocidade. Há, deles, tantos quantos são os entalhes no pêndulo do metrônomo. Eta, objeto inteligente!"

Em seguida Rakhmánov começou a bater numa sineta de mão, assinalando cada dois, depois cada três, depois cada quatro, cinco, seis tique-taques do metrônomo, outra vez regulado na velocidade dez.

— Um... dois. Toca a sineta. Um... dois. Toca a sineta. — Rakhmánov demonstrou o compasso de dois tempos.

"Agora: Um... dois... três. Toca a sineta. Um... dois... três. Toca a sineta. Este é o compasso de três tempos.

"E agora: Um... dois... três... quatro. Toca a sineta. Assim vai o compasso de quatro tempos" — Rakhmánov falava com vivo interesse.

Depois disso, regulou um dos pequenos metrônomos e o pôs em marcha com o dobro da velocidade do grande. Enquanto o primeiro batia as notas inteiras, este batia as meias notas.

O segundo metrônomo pequeno batia as notas de um quarto de valor e o terceiro batia oito vezes mais depressa que o primeiro. Batiam, respectivamente, quatro e oito vezes para cada batida do metrônomo grande.

— Que pena não termos um quarto e um quinto pequenos metrônomos! Eu os acertaria para as notas de 1/16 e de 1/32. Isso é que ia ser divertido! — suspirou Rakhmánov.

Mas logo se consolou, pois Tórtsov acorreu em seu auxílio e ele e Paulo marcaram o ritmo das semicolcheias (1/16) e das fusas (1/32), batendo com suas chaves numa das mesas.

As batidas de todos os pequenos metrônomos só coincidiam com a do grande quando este marcava o início de cada compasso. O resto do tempo todas as batidas iam cada qual para o seu lado e pareciam se esparramar desordenadamente para só se juntarem, ordeiras, naquele único instante.

O efeito era o de uma orquestra completa — cheio de sons. Era difícil distinguir as diversas batidas no estardalhaço dos sons vertiginosos. Entretanto havia sempre aquele único instante de ordem perfeita em que eles se combinavam na batida única.

A confusão era reforçada pela mistura de batidas desiguais — o compasso de dois, quatro e oito com o de três, seis e nove. Era um inimaginável caos de sons, que deixava Tórtsov encantado.

— Escutem só! Um labirinto de sons e no entanto que ordem, que harmonia existem nesse caos organizado! — exclamou. — É criado para nós por um miraculoso tempo-ritmo. Vamos analisar este fenômeno espantoso, individualmente e em suas partes componentes.

"Vejamos o *tempo*. — Aqui Tórtsov apontou para o grande metrônomo. — É uma questão de medida, pedante, mecânica.

"O tempo é a rapidez ou a lentidão. Acelera ou arrasta a ação, apressa ou retarda a fala.

"A execução da ação, a enunciação de palavras tomam tempo.

"Se o *tempo* é acelerado, fica menor o período disponível para a ação, para a fala, de modo que a gente tem de agir e falar mais depressa.

"Se o *tempo* é retardado, isso libera um período maior para a ação e a palavra, há mais oportunidade para executar a ação, para dizer plenamente tudo o que for de importância.

"Agora, aqui está o compasso, a batida." — Dizendo isto, Tórtsov apontou para a sineta na qual Rakhmánov estivera batendo. — "Ela cumpre sua tarefa em perfeito acordo com o metrônomo grande e também trabalha com precisão mecânica.

"A batida é uma medida de tempo. Mas há várias batidas. Sua extensão depende do *tempo*, da velocidade. Assim sendo, vemos que as nossas medidas de tempo variam.

"A batida é um conceito convencional, relativo. Não é o mesmo que o compasso que determina o tamanho de uma superfície material.

"Esse compasso ou trecho é sempre o mesmo. Não podemos alterá-lo. Mas a batida, como medida de tempo, muda constantemente.

"O que representam todos os outros metrônomos, os pequenos, e as batidas que Paulo e eu acrescentamos 'à mão' para suplementá-los? Isso é que faz o *ritmo*.

"Com o auxílio do pequeno metrônomo, despedaçamos os intervalos de tempo que preenchem um compasso e produzimos partes fracionais de vários tamanhos.

"Com elas fazemos inúmeras combinações, formando uma infinidade de todos os tipos de ritmo, dentro da estrutura do único fator constante, que é um determinado compasso.

"A mesma coisa acontece com a representação. Nossas ações, nossa fala prosseguem em função do tempo. No processo da ação, temos de preencher a passagem do tempo com uma grande variedade de movimentos, alternados com pausas de inatividade e, no processo da fala, o tempo que passa é preenchido com momentos de pronunciação de sons de diferentes extensões, com pausas entre eles.

"Aqui está uma das fórmulas ou combinações mais simples que compõem um compasso: 1/4 mais 2/8 mais 4/16 mais 8/32, igual a um compasso em tempo de 4/4. Outro jogo de combinações seria: 4/16 mais 1/4 mais 2/8 igual a um compasso em tempo de 3/4.

"Esse ritmo é composto de momentos individuais de todas as extensões concebíveis, dividindo o tempo de um compasso em partes variadas. São possíveis incontáveis permutações, combinações, agrupamentos. Se vocês escutarem com cuidado a confusão desses ritmos, batidos pelos metrônomos, poderão por certo procurar e selecionar dentre eles tudo de que precisam para fazerem suas próprias combinações e agrupamentos rítmicos a fim de exprimir as fórmulas mais complexas e variadas.

"Atuando e falando coletivamente em cena, vocês terão de descobrir e extrair da confusão geral de tempos-ritmos aqueles de que precisarem e depois terão de reagrupá-los de modo que vocês possam formar suas próprias linhas de velocidade ou compassos de fala, de movimentos, de experiência emocional, independentes e individuais, nos papéis que estiverem representando.

"Vocês têm de ir se acostumando a desemaranhar e procurar o seu próprio ritmo dentro do caos, geral e organizado, de velocidade e lentidão que se desenvolve no palco em volta de vocês."

II

— Hoje nós vamos brincar de tempo-ritmo — anunciou Tórtsov, entrando na aula. — Vamos bater palmas como fazem as criancinhas. Vocês vão ver que é divertido também para gente grande.

Com isto, passou a bater palmas de acordo com o tique-taque muito lento de um metrônomo.

— *Um... dois... três...* quatro, e repetir:
"*Um... dois... três...* quatro, e outra vez:
"*Um... dois... três...* quatro, e assim por diante, *ad infinitum*."

Por um ou dois minutos ficamos batendo palmas nessa primeira batida. Em uníssono, marcávamos cada *um* com forte bater da palma de uma das mãos na da outra.

Mas não era muito divertido. De fato, levava, antes, à sonolência. Criava um clima de tédio, monotonia, preguiça. A princípio nossas palmas eram enérgicas e altas, mas, à medida que sentíamos a chatura geral do ambiente, foram ficando cada vez mais fracas e nossos rostos mais entediados.

— *Um... dois... três...* quatro, e repetir:
"*Um... dois... três...* quatro, e outra vez:
"*Um... dois... três...* quatro."

Que sono que dava na gente!

— Não vejo vocês se divertirem nada com isto! Vai ver que daqui a pouco estão todos roncando! — observou Tórtsov, e apressou-se em introduzir uma modificação em nosso jogo. — Para despertá-los, vou acrescentar duas acentuações em cada compasso, porém conservando o mesmo *tempo* vagaroso — declarou. — Batam palmas todos juntos, não só no *um* mas também no *três*. Assim:

"*Um... dois... três...* quatro, e repetir;
"*Um... dois... três...* quatro, e outra vez:
"*Um... dois... três...* quatro, e assim por diante, *ad infinitum*."

Isso avivou um pouco as coisas, mas ainda não era nada divertido.

— Se isto não adianta, vamos então acentuar todas as quatro batidas, ainda com o mesmo *tempo* lento — sugeriu Tórtsov.

Isso nos despertou um pouco e, embora não nos sentíssemos muito estimulados, pusemos mais vida em nossas palmas.

— Agora — disse Tórtsov —, me deem duas notas de 1/8 em vez de cada nota de 1/4, com a acentuação na primeira de cada nota de oitavo, assim:
"*Um* e... *dois*, e... *três*, e... *quatro*, e."
Isso deixou todo mundo alerta, nossas batidas eram mais nítidas, mais altas.
Continuamos assim durante vários minutos.
Quando Tórtsov nos instigou para batermos notas 1/16 e 1/32, com o mesmo acento na primeira nota de cada quarta parte do compasso, nossa energia estava a toda.
Mas Tórtsov não ficou por aí. Gradualmente, aumentou a velocidade do metrônomo. Por fim não conseguíamos emparelhar com ele e fomos ficando muito para trás. Isso nos perturbou. Queríamos realmente acompanhar o tempo e o ritmo da contagem. Alguns começaram a transpirar, com o rosto afogueado, batíamos palmas até magoar as mãos, usávamos os pés, o corpo, a boca. Gemíamos.
— Bem. Aprenderam a brincar? Estão se divertindo agora? — perguntou Tórtsov, rindo.
"Viram como sou mágico? Controlo não só os seus músculos mas também as suas emoções, as suas disposições de espírito. Se eu quiser, posso adormecê-los ou levá-los ao auge da excitação, fazê-los suar.
"Não sou nenhum mágico, mas o tempo-ritmo de fato possui o condão de afetar nossa disposição interior.
— Penso que a conclusão tirada desta experiência é resultado de um mal-entendido — objetou Gricha. — Se não se importa que eu diga, nós todos nos animamos, não tanto por causa do tempo-ritmo como por causa dos movimentos mais rápidos, que exigiam dez vezes mais energia. Um vigia noturno, que no tempo de frio bate com os pés no chão e com os braços no corpo, não está se aquecendo com tempo-ritmo, o senhor bem sabe, mas apenas com movimentos extras.

Em vez de discutir, Tórtsov sugeriu que fizéssemos outra experiência. Disse:

— Dou-lhes um compasso de 4/4, no qual há uma meia nota, igual a duas notas de um quarto, depois uma pausa de um quarto e finalmente uma nota de um quarto para preencher o compasso. Batam palmas assim, com o acento na primeira meia nota:

"*Um*... dois, hmm, *quatro*.
"*Um*... dois, hmm, *quatro*.
"*Um*... dois, hmm, *quatro*.

"Com o som *hmm*, estou indicando a pausa de um quarto. A nota final de um quarto é acentuada lentamente, sustentando."

Batemos palmas assim por algum tempo e reconhecemos que isso nos fazia o efeito de um estado de espírito imponente, assaz tranquilo, que era uma reação interior.

Então Tórtsov repetiu a experiência. Só que desta vez mudou a nota final de um quarto para uma de um oitavo. Assim, o compasso era:

— *Um* — dois (meia nota), hmm (pausa de um quarto) hmm (pausa de um oitavo), e uma nota de um oitavo, ou:

"Um-dois, hmm, hmm, 1/8. Um, dois, hmm, hmm, 1/8.

"Vocês não sentem que a última nota parece chegar atrasada e quase cai no compasso seguinte? A sua atuação convulsiva chega quase a desconcertar a respeitável e sólida meia nota seguinte, que, cada vez, se encolhe, como uma senhora nervosa."

Nem mesmo Gricha discutiu. Desta vez, reconheceu que o clima bastante solene da experiência anterior fora substituído não tanto por uma sensação de distúrbio, como por uma simples insinuação disto. Este fato calou fundo em nós. Depois, a meia nota foi substituída por duas do valor de um quarto e depois essas duas notas de um quarto foram substituídas por notas de um oitavo, com pausas, e depois notas de um dezesseis avos e todas elas faziam com que a serenidade do clima precedente se dissipasse cada vez mais, sendo substituída por um sentimento de agitação.

Isso se repetiu com síncope, o que aumentou a perturbação. Depois, combinamos alguns tempos, com duplos, triplos, quádruplos. Estes ainda tornaram mais acentuadas a trepidação. As experiências foram repetidas com tempos cada vez mais rápidos. Isto, por sua vez, criava constantemente novos climas e as reações emocionais correspondentes.

Variamos as formas de fazer essas coisas, a força e o tipo de acentuação. Usamos a acentuação rica e espessa, depois a seca, em *staccato*, ou então a leve, a pesada, a alta, a suave.

Essas variações eram executadas em toda sorte de tempos e ritmos e produziam os mais contrastantes climas: *andante maestoso, andante largo, allegro vivo, allegretto, allegro vivace.*

Perdi a conta das numerosas experiências que fizemos e que, finalmente, nos forçaram a reconhecer que com o auxílio do ritmo a gente pode ser levada a um estado de verdadeira excitação, recebendo dele um impacto emocional.

Quando todas essas experiências terminaram, Tórtsov se voltou para Gricha e lhe disse:

— Espero que você, agora, não nos compare mais com o seu vigia noturno que se aquece na geada. E que reconheça que este efeito direto, imediato, não é produzido pelo que fazemos e sim pelo tempo-ritmo.

Gricha não achou nada para dizer, mas todos os outros estávamos totalmente de acordo com o diretor.

— Vocês estão de parabéns, pois fizeram a grande e importantíssima descoberta de uma verdade que nós todos conhecemos mas que os atores tendem a esquecer: a medida certa das sílabas, palavras, fala, movimentos nas ações, aliados ao seu ritmo nitidamente definido, tem significação profunda para o ator. Mas nunca devemos esquecer o fato de que o tempo-ritmo é uma faca de dois gumes. Pode ser, igualmente, prejudicial e benéfico. Bem utilizado, ajuda a induzir os sentimentos adequados, de modo natural, sem forçar. Mas existem também os ritmos incorretos, que despertam os sentimentos errados e deles a gente só se pode libertar com o uso dos ritmos apropriados.

III

Hoje Tórtsov inventou para nós um novo jogo com o tempo-ritmo.

— Você já prestou serviço militar? — perguntou repentinamente o diretor a Paulo.

— Sim, já — respondeu ele.

— E fez todos os treinos do manual?

— Naturalmente.

— E ainda tem dentro de você a sensação desses exercícios?

— É provável.

— Tente trazê-la de volta ao seu consciente.

— É preciso que haja algum método para isso.

Tórtsov estava sentado, por isso começou a marcar, com batidas dos pés, um compasso imitando marcha. Leão seguiu seu exemplo. Vânia, Maria e todos os alunos aderiram e logo a sala inteira palpitava com as batidas compassadas de uma marcha militar.

Era como se um regimento a atravessasse. Para acentuar essa ilusão, Tórtsov começou a sapatear um ritmo que evocava o rufar de tambores.

Acrescentamos outros toques, até ficarmos parecendo um batalhão inteiro de tambores. As batidas secas e precisas das mãos e dos pés fizeram-nos aprumar, dando-nos a sensação de que estávamos fazendo um exercício militar.

Desse modo, Tórtsov conseguiu obter instantaneamente o resultado que queria, com o auxílio do tempo-ritmo.

Depois de uma pequena pausa, prosseguiu:

— Agora vou bater com as mãos um motivo muito diferente. Ouçam!

"Rap-*rap*, rap-rap, rap-rap-rap, *rap*-rap-rap, *rap*-rap.

— Eu sei, eu sei, adivinhei! — gritou Vânia. — É um jogo. Uma pessoa bate o ritmo e a outra tem de adivinhar o que é. Se perder paga multa.

Nós calculávamos o que Tórtsov batera; não o motivo propriamente dito, mas apenas o seu clima geral. A primeira coisa que ele havia batido era uma marcha militar, o segundo motivo tinha um ar nobre, solene. Vimos depois que era o *Coro dos peregrinos*, do *Tannhäuser*. Depois disso, Tórtsov passou para outra experiência.

Dessa vez, não conseguimos definir o que ele estava batendo. Era uma coisa agitada, confusa, cheia de esforço. Na verdade batia o ritmo de um trem de passageiros. Cada um de nós, por sua vez, bateu um ritmo para os outros adivinharem. A meu lado, Vânia tocava um ritmo sentimental para Maria e depois outro, tempestuoso.

— O que é que eu estou tocando? — perguntou Vânia a ela.
— Ouça isto aqui:

"Tra-ta*ta*, trat*a*ta-*ta*-ta!

— Eu não sei. Não entendo nada. Você não está tocando nada, de verdade.

— Mas eu sei o que é, palavra que sei! — insistia Vânia. — Estou tocando o amor e o ciúme! Tra-ta-*taaa*. Pague sua multa!

Enquanto isso eu ia batendo um estado de espírito que me envolve quando chego em casa. Podia me ver entrando no meu quarto, lavando as mãos, tirando o paletó, deitando-me no sofá e começando a pensar no tempo-ritmo. E então o gato pulava para cima do sofá e se aninhava confortavelmente a meu lado. Tranquilidade! Repouso!

Tinha a impressão de que estava transmitindo essa idílica paisagem doméstica em termos de tempo e ritmo. Mas ninguém mais tinha qualquer noção do que eu estava fazendo. Leão achou que fosse o repouso eterno. Paulo percebeu tédio. Vânia teve a singular ideia de associá-lo a uma tola cantiga de ninar com um insistente estribilho.

Seria impossível registrar todas as diferentes coisas que tocamos. Entre outras, havia uma tempestade em alto-mar, outra nas montanhas, com vento, granizo, trovões e relâmpagos. Havia sinos noturnos, alarmas, patos grasnando, torneiras pingando, ratos roendo, dores de cabeça, dor de dente latejante, sofrimento, êxtase. Tocávamos e batíamos e esmurrávamos, como se estivéssemos fazendo picadinho para pastel. Se algum estranho por acaso deparasse com a cena, pensaria que nós todos estávamos bêbados ou loucos.

Muitos dos alunos tinham machucado a palma das mãos e os dedos a tal ponto que precisavam indicar suas emoções sacudindo as mãos como um maestro. Este último processo era o melhor e logo todos o adotamos.

Devo declarar, entretanto, que ninguém jamais conseguiu adivinhar com exatidão o que as batidas significavam. Era evidente que a nova experiência acabara em fracasso.

— Bem, estão convencidos, agora, do efeito poderoso que o tempo-ritmo pode ter? — perguntou Tórtsov, com ar triunfal.

A pergunta nos deixou atordoados, pois estávamos prontos para perguntar a ele justamente o contrário: — E onde é que foi parar, agora, o seu célebre tempo-ritmo? Aqui ficamos nós, batendo sem parar, e ninguém entendeu nada.

Na verdade fizemos essa declaração em termos mais suaves, mas, ainda assim, exprimindo nossa perplexidade e foi esta a sua resposta:

— Então querem me dizer que estavam batendo ritmos para os outros e não para vocês? Eu lhes dei estes exercícios, não para os que ouviam, mas para os que estavam tocando as batidas. Meu objetivo principal era contagiá-los com tempos-ritmos e facilitar, por meio das suas batidas, o despertar das suas memórias de emoção. Apesar de tudo, os seus ouvintes realmente obtiveram do ritmo uma impressão geral e isto por si só já é bastante significativo. Como veem, nem mesmo o Gricha tem objeções a fazer quanto ao efeito do tempo-ritmo sobre os sentimentos.

Aí, Gricha protestou:

— Mas não foi o tempo-ritmo, sabe, foram as circunstâncias propostas que nos afetaram hoje — argumentou.

— E o que foi que as sugeriu?

— O tempo-ritmo! — gritaram em coro todos os outros discípulos, em oposição a Gricha.

— Nisto o importante não é saber se os outros nos entenderam ou não — disse Tórtsov, acentuando seu objetivo. — Muito mais essencial é que os ritmos que vocês estavam regendo estimularam a ação de suas próprias imaginações, sugerindo a vocês certas circunstâncias de ambiente e as emoções correspondentes.

IV

São infinitos os expedientes de Tórtsov. Hoje ele imaginou um novo tipo de jogo.

— Depressa, sem refletir, pegue esta batuta e marque o tempo-ritmo de um viajante que está partindo para uma longa viagem, de trem.

Eu, por mim, via, com os olhos do espírito, um canto de estação, o guichê das passagens, a longa fileira de candidatos à viagem. O guichê ainda estava fechado. Depois o abriram. Os compradores de passagens iam avançando lentamente, aborrecidamente, passo a passo, até que a passagem fosse adquirida, o troco verificado. Depois passei pela afobação emocional de despachar minha bagagem de mão. Enquanto isso, me visualizei mentalmente passando os olhos pelos jornais e revistas das bancas. Finalmente entrei no restaurante da estação para comer alguma coisa antes de procurar meu trem, meu vagão, meu leito. Depois de me acomodar e dar uma olhadela nos meus companheiros de viagem, abri um jornal, comecei a ler e assim por diante. Como o trem, supostamente, ainda não partira, acrescentei a sugestão de mais um incidente: perdi uma das minhas malas. Isso exigiu uma visita ao chefe da estação.

Tórtsov permaneceu calado, enquanto eu me lembrava de introduzir a compra de cigarros, a remessa de um telegrama, a busca de amigos no mesmo trem etc. Assim criei uma linha ininterrupta de objetivos de toda espécie, que eu realizava de modo tranquilo e vagaroso, porque havia ainda muito tempo antes que chegasse a hora da partida do meu trem.

— Agora repita exatamente a mesma coisa, mas com a condição de que você só chegou à estação pouco antes do horário do trem — ordenou Tórtsov. — Antes, você dispunha de um quarto de hora, agora dispõe de muito menos tempo, mas tem de fazer o mesmo número de coisas que é necessário providenciar antes de partir para uma viagem prolongada, e todo o tempo que você tem para fazê-las é somente cinco minutos. No guichê de passagens, para seu azar, vê-se uma fila imensa. Agora marque para mim o tempo-ritmo da sua partida.

Foi o bastante para que meu coração ficasse aos pulos, sobretudo porque fico nervoso sempre que viajo.

Isso, naturalmente, se refletiu no tempo e ritmo, cujo compassado andamento anterior foi agora substituído por outro, cheio de agitação e pressa.

— E agora tenho outra variante para você — anunciou Tórtsov, depois de uma breve pausa. — Você chega à estação em cima da hora da partida!

Para nos excitar ainda mais, ele imitava o apito impaciente da máquina.

Era preciso eliminar qualquer ação supérflua. Só pensar nas coisas essenciais. Fantástica excitação! Difícil ficar sentado! A gente mal tinha mãos suficientemente ágeis para bater o tempo-ritmo da nossa agitação nervosa.

Terminado o teste, Tórtsov nos explicou que a significação desse exercício era provar que o tempo-ritmo só pode ser evocado e sentido com clareza se houver a presença de imagens interiores que lhe correspondam, se forem sugeridas certas circunstâncias para afetar as emoções referentes aos objetivos e ações a serem efetuados. Estes mantêm uma correlação tão sólida, cada qual dando origem ao outro — as circunstâncias dadas estimulando o tempo-ritmo e o tempo-ritmo provocando nossos pensamentos sobre as circunstâncias dadas.

— Sim — concordou Paulo, reconsiderando o exercício recém-terminado —, ele de fato me forçou a pensar e a ver o que acontece, e como acontece, quando a gente parte para uma longa viagem. Só depois disso é que cheguei a compreender o que é tempo-ritmo.

— Portanto o tempo-ritmo não só estimula a sua memória afetiva — disse Tórtsov —, como vocês sentiram tão convincentemente quando batíamos os tempos nas aulas precedentes, mas também dá vida à sua memória visual com suas imagens. Por isso é um erro pensar que o tempo-ritmo significa apenas um compasso e velocidade.

"Precisamos dele em combinação com as circunstâncias dadas que criam uma disposição de espírito, precisamos dele por causa de sua própria substância interior. Uma marcha militar, um passeio, uma procissão funerária podem ser marcados pelo mesmo tempo-ritmo e no entanto há um mundo de diferença entre eles quanto aos seus respectivos conteúdos interiores, climas, intangíveis peculiaridades características!

"Numa palavra, o tempo-ritmo transporta consigo não só qualidades exteriores que afetam diretamente a nossa natureza, mas também traz o nosso conteúdo interior, que nutre os nossos sentimentos. Sob essa forma, o tempo-ritmo permanece em nossa memória e pode ser utilizado para fins criadores."

V

— Em nossas aulas precedentes, eu os diverti com jogos, mas hoje vocês mesmos vão-se divertir. Agora já perceberam o que é tempo-ritmo e ele já não os preocupa. Não há nada que os impeça de brincar com ele.

"Agora subam ao palco e façam o que preferirem.

"A única coisa que tem de ser perfeitamente esclarecida de antemão é como pretendem marcar os pontos importantes das suas ações por meio de acentos rítmicos."

— Movendo nossos braços, pernas, dedos, o corpo inteiro, virando a cabeça, o pescoço, a cintura; por mímica facial, sons de letras, sílabas, palavras — gritaram os alunos, atropelando-se uns aos outros com a palavras.

— Sim. Todas estas são ações capazes de marcar qualquer tempo-ritmo — concordou Tórtsov. — Nós andamos, corremos, rodamos de bicicleta, falamos, executamos toda sorte de tarefas, de acordo com o tempo-ritmo ou outro. Mas, e as vezes em que não nos movemos, quando nos sentamos tranquila e silenciosamente, nos deitamos, descansamos, esperamos, não fazemos nada? Será que elas ficam sem nenhum ritmo ou tempo? — indagou Tórtsov, inquisitivamente.

— Não. Há tempo-ritmo também em tudo isso — declararam os alunos.
— Mas não é exterior e visível, é somente interior e sentido pelas emoções — acrescentei.
— De fato — concordou Tórtsov. — Nós também pensamos, sonhamos, nos queixamos a nós mesmos das coisas, num tempo-ritmo especial, porque cada momento se manifesta em nossa vida. Onde quer que haja vida haverá ação; onde quer que haja ação, movimento; onde houver movimento, *tempo*; e onde houver *tempo*, ritmo.

"E o que me dizem da emissão e recepção de mensagens sem palavras? Será que elas não têm movimento? Se o têm, isto quer dizer que quando alguém olha, transmite, aceita impressões, entra em comunhão com outra pessoa, convence-a de uma coisa ou outra, isto tudo se faz dentro de um certo tempo-ritmo.

"Sempre falamos de voos do pensamento e da imaginação. Isso significa que ambos estão sujeitos ao movimento e que, portanto, neles há que haver tempo e ritmo.

"Ouçam como as suas emoções tremem, palpitam, disparam, são movidas dentro de vocês. Nestes movimentos invisíveis se ocultam todos os tipos de toques, lentos e rápidos, e, por conseguinte, tempo e ritmos.

"Toda paixão humana, todo estado de ânimo, toda experiência têm os seus tempo-ritmos. Toda imagem característica, interior ou exterior, tem o seu próprio tempo-ritmo.

"Todo fato, todo acontecimento ocorrem, inevitavelmente, dentro de seu tempo-ritmo correspondente. Por exemplo, uma declaração de guerra, uma reunião solene, a acolhida a uma delegação — cada uma destas coisas exige o seu próprio tempo e ritmo.

"Se estes não corresponderem ao que está acontecendo, será facilmente criada uma impressão de absurdo. Imaginem se, em vez do habitual cortejo solene, víssemos o casal imperial dirigir-se para a sua coroação num galope furioso.

"Em suma, há alguma espécie de tempo-ritmo inerente a cada minuto da nossa existência interior e exterior.

"Agora vocês sabem como transmitir isto quando estão em cena — concluiu Tórtsvov. — Vamos apenas combinar ainda como vocês marcarão os momentos de coincidência rítmica.

"Vocês sabem que, em música, a melodia é conformada em compassos, esses compassos contêm notas de diferentes valores e força. São eles que produzem o ritmo.

"Quanto ao *tempo*, este é invisível, os músicos o contam consigo mesmos ou então o regente o marca para eles.

"O mesmo acontece conosco, artistas de teatro. Nossos atos são feitos de movimentos componentes maiores ou menores, cuja extensão e cujas medidas variam, e a nossa fala é composta de letras, sílabas e palavras curtas ou longas, acentuadas ou não acentuadas. Elas marcam o ritmo.

"Nossos atos são executados, o texto de nossos papéis é falado, de acordo com a contagem mental, o *tempo*, dos nossos metrônomos interiores individuais.

"Deixem, portanto, que suas sílabas e movimentos acentuados *criem*, consciente ou inconscientemente, *uma linha ininterrupta de momentos, quando eles coincidirem com a sua contagem interior.*

"Quando um ator acerta intuitivamente na percepção do que está sendo feito e dito em cena, o tempo-ritmo correto estará criado espontaneamente. Ele distribuirá as quotas de palavras acentuadas e não acentuadas e os pontos de coincidência. Se isto não ocorrer, a gente não tem outro recurso senão o de determinar o tempo-ritmo por meios técnicos, adotando o modo comum de agir, de fora para dentro. Para isto, devemos bater para nós mesmos o ritmo necessário. Vocês agora já compreendem que isto é impossível sem imagens interiores, sem imaginação inventiva, sem circunstâncias sugeridas, coisas que, juntas, estimulam os sentimentos. Vamos fazer mais um teste desta relação entre o tempo-ritmo e os sentimentos.

"Para começar, examinemos o tempo-ritmo da ação e depois chegaremos ao estudo do tempo-ritmo na linguagem falada."

Rakhmánov deu corda no metrônomo grande e regulou-o em marcha muito lenta. Tórtsov pegou uma pasta dura, que por acaso estava sobre a mesa, e começou a pôr coisas em cima dela, como numa bandeja: um cinzeiro, uma caixa de fósforos, um peso para papéis, e assim por diante. Seguindo o compasso deliberado das batidas do metrônomo, fez Leão levar embora os objetos e depois, numa contagem de tempo de 4/4, ele teria de trazê-los de volta, tirá-los da bandeja e distribuí-los entre as pessoas presentes. Leão demonstrou absoluta falta de ritmo e não foi bem-sucedido. Teve de ser instigado e de fazer toda sorte de exercícios que o auxiliassem. Outros alunos aderiram. Isto é o que tínhamos de fazer: devíamos preencher o longo intervalo entre as batidas do metrônomo com um único ato ou movimento.

— É assim que em música uma nota completa preenche todo um compasso — explicou Tórtsov.

Como é que a gente ia justificar um movimento tão vagaroso, tanta escassez de ação?

Resolvi justificá-lo com grande concentração de atenção exigida pelo exame de um ponto indistinto a uma grande distância. Encontrei um, na parede da outra extremidade do auditório. Uma luz lateral no palco me impedia de vê-lo com clareza. Para proteger meus olhos contra as luzes, tinha de erguer minha mão espalmada à altura de minha fronte. Foi a única ação que me permiti fazer, no primeiro trecho. Depois, a cada compasso, eu me adaptava de um novo jeito ao mesmo objetivo. Isto me dava pretexto para mudar a posição dos braços e do corpo e até mesmo das pernas, quando me inclinava para diante ou para trás, esforçando-me por ver melhor o ponto distante. Todos esses movimentos me ajudaram a preencher novos compassos.

Depois disto, um dos metrônomos pequenos foi posto em ação perto do grande. Primeiro bateu dois, depois quatro, oito, dezesseis tempos por compasso, equivalentes à mínima, semínima, colcheia e semicolcheia, em música.

Tivemos, consecutivamente, de preencher os compassos com dois, quatro, oito e dezesseis movimentos.

Estas ações rítmicas foram baseadas em buscas lentas, e depois cada vez mais apressadas, em nossos bolsos, por um importante pedaço de papel extraviado.

Quando chegamos ao mais rápido tempo-ritmo dos movimentos, visualizei para mim mesmo que estava espantando com as mãos o enxame de abelhas de toda uma colmeia.

Pouco a pouco, ficamos habituados com este tempo-ritmo de ação e depois começamos a brincar com ele. Quando uma ação coincidia com a batida do metrônomo, tínhamos uma sensação agradável, isso nos fazia crer em tudo o que estava acontecendo no palco.

Passado esse instante, quando recomeçava a contagem precisamente matemática, voltávamos a trabalhar pra valer.

VI

A aula seguinte começou novamente com o exercício da bandeja. Leão ainda não conseguia fazer nada com ela, por isso ela me foi entregue.

Devido ao tempo extremamente lento do metrônomo, tendo apenas uma nota completa para o compasso e, portanto, apenas um movimento, era preciso estendê-lo para que preenchesse todo o período entre as batidas. Isso, naturalmente, induzia um estado de espírito suave, fluente, sério, com repercussões interiores, que, por sua vez, evocavam ações correspondentes.

Ocorreu-me a ideia de que eu era o presidente de uma espécie de clube esportivo, que estava distribuindo faixas e prêmios.

Terminada a cerimônia eu tinha, primeiro, de sair do salão e, depois, de voltar a ele para, com o mesmo ritmo grave, tomar de volta as faixas e os prêmios que havia concedido.

Executei a exigência, sem refletir no que poderia justificar esta nova ação. Mas a própria ação, o clima cerimonioso criado pelo tempo-ritmo, sugeriu-me novas circunstâncias.

Pareceu-me que eu era um juiz repudiado injustamente pelos detentores dos prêmios. Intuitivamente, reagi com sentimentos desagradáveis para com os alvos da minha atenção.

Quando fui obrigado a repetir o exercício noutro tempo-ritmo, com notas de um quarto de compasso, senti que era um mordomo que, subservientemente, distribuía taças de champanha entre os convidados de uma reunião formal.

A mesma ação, acelerada para oito notas, me converteu num simples garçom de bar de estação, atendendo a todos os passageiros de um trem, numa parada rápida. Eu corria furiosamente para todos os lados, com pratos de comida para todo mundo.

— Agora, procure fazer isso no mesmo ritmo de quatro notas por compasso, mas divida a segunda e a quarta notas de 1/4 em notas de 1/8 — ordenou Tórtsov.

Imediatamente desapareceu qualquer noção de cerimônia.

As vacilantes notas de 1/8, imprensadas entre as de 1/4, criavam um clima de desorientação, desajeitamento, falta de confiança. Eu me senti como o Epihódov, do *Jardim de cerejeiras** com as "vinte e duas desgraças" em que ele estava sempre tropeçando. Quando tive de substituir as notas de 1/8 pelas de 1/16, meu sentimento de insegurança aumentou fortemente. Tudo parecia cair das minhas mãos, eu tentava segurar os pratos enquanto eles escorregavam pelos meus dedos.

---

* Comédia de Anton Tchekhov. (N. do T.)

Será que estou bêbado? O pensamento relampejou no meu cérebro.

Depois disso, tivemos de fazer exercícios análogos em ritmo sincopado. Isso acentuou a sensação de agitação, nervosismo, incerteza, hesitação. Esse estado sugeria as imaginações mais tolas como base para as nossas ações. Apesar disso, eu acreditava inteiramente nelas. Ocorreu-me, por exemplo, que o champanha estava envenenado. Essa ideia tornou-me inseguro em meus movimentos.

Vânia foi mais bem-sucedido que eu nesses exercícios. Apresentou verdadeiras nuanças de *tempo*: um *largo lento* seguido de um *staccato*, foi como Tórtsov o definiu. Foi um verdadeiro triunfo.

— Devo confessar que a aula de hoje me deixou convencido de que *o tempo-ritmo de movimento é capaz não só de sugerir, intuitiva, direta e imediatamente, sentimentos adequados e de despertar a sensação de que estamos experimentando aquilo que fazemos, mas também ajuda a despertar nossa faculdade criadora.*

"Essa influência na memória afetiva e na imaginação faz-se sentir nitidamente quando a ação rítmica é executada com música. É claro que, nesse caso, temos a combinação do tempo-ritmo puro, marcado pelo metrônomo, com o som, a harmonia, a melodia, cada um dos quais nos comove consideravelmente."

Tórtsov pediu a Rakhmánov que tocasse alguma coisa ao piano e depois nos mandou atuar com a música. Nossos movimentos deveriam transmitir, no respectivo tempo-ritmo, o que quer que a música sugerisse à nossa imaginação. Foi uma experiência interessantíssima, que a todos nos arrebatou.

Cada um de nós interpretava o tempo-ritmo e a música a seu modo, diferente e até mesmo contraditoriamente, em relação aos outros, sem atentar no que o próprio Rakhmánov buscava comunicar com os sons. Entretanto, para cada um de nós, a sua própria interpretação era convincente.

Para acompanhar alguns dos ritmos agitados, pensei em alguém que estivesse a galope. Um circassiano! Devo estar nas montanhas! Posso ser capturado! Arremessei-me por entre cadeiras e vários móveis, que para mim representavam rochedos. Agachei-me atrás deles, julgando que, ali, o homem a cavalo não me poderia alcançar.

Depois a melodia fez-se terna, sentimental, sugerindo novos ritmos, nova ação. Meus pensamentos voltaram-se para o amor. Em vez de um bandido a cavalo, quem sabe não era minha namorada, correndo ao meu encontro?

Agora me envergonho do meu procedimento covarde! Como estou feliz e comovido com a sua pressa! Mas, agora, a música se tornou malévola, arrebatando-a de mim. Ela estava apenas procurando me iludir.

Pelo que parece, o tempo-ritmo tem o poder de sugerir não somente imagens mas também cenas inteiras!

VII

Hoje Tórtsov chamou ao palco todos os alunos e pediu-lhes que pusessem em marcha os metrônomos, cada um numa velocidade diferente, e depois sugeriu que atuássemos segundo nossa vontade.

Separamo-nos em grupos, determinamos nossos objetivos, propusemo-nos circunstâncias e entramos em ação. Alguns, seguindo notas inteiras (semibreves); outros, notas de um quarto (semínimas); um terceiro grupo, notas de um oitavo (colcheias) e assim por diante.

Mas Sônia ficava perturbada com o tempo-ritmo dos outros. Queria que o mesmo tempo-ritmo fosse marcado para todos.

— Para que é que você quer toda essa arregimentação? — perguntou Tórtsov, intrigado. — Na vida real, tal como aqui, no palco, cada pessoa tem o seu tempo-ritmo. Um só ritmo para todo mundo, se é que acontece, é apenas por coincidência. Suponham que estão no camarim dos atores no intervalo que precede o último ato de uma peça. O primeiro grupo, atuando com as batidas do primeiro metrônomo, já terminou sua participação na peça e seus componentes vão tirando a maquilagem muito vagarosamente para irem para casa. Os do segundo grupo, que atuarão em ritmo mais rápido do metrônomo menor, estarão trocando de traje e retocando as maquilagens para a representação que terão de fazer no terceiro ato. Você, Sônia, está neste segundo grupo. Tem dez minutos para pentear o cabelo e vestir um deslumbrante traje de baile.

Nossa linda coleguinha acercou-se de uma barricada de cadeiras e entregou-se à sua ocupação predileta de se embelezar, inteiramente alheia ao tempo-ritmo de qualquer outra pessoa.

De repente, Tórtsov pôs em marcha, a toda velocidade, o terceiro metrônomo, e, ao mesmo tempo, Rakhmánov começou a tocar qualquer coisa com um ritmo irregular e furioso. O terceiro grupo de alunos tinha de trocar os trajes com uma rapidez extraordinária, pois entraria na primeira cena daquele último ato. Além disso as diversas peças de seus trajes estavam espalhadas pelo camarim e era preciso procurá-las num montão de roupas.

Este novo tempo-ritmo, contrastando grandemente com os dois primeiros, tornou a cena mais complexa, vívida e tensa. Sônia, entretanto, ignorou completamente o entrechocar de ritmos e continuou calmamente a fazer seu penteado.

— Por que desta vez ninguém interferiu com você? — perguntou-lhe Tórtsov quando o exercício terminou.

— Sinceramente não sei — respondeu ela. — Eu estava muito ocupada.

— Pois foi justamente por isso — disse Tórtsov, aproveitando sua explicação. — No começo você estava apenas fazendo ritmo por fazer, mas desta vez você estava atuando totalmente e com um objetivo, no ritmo, e foi por isso que não teve tempo de se preocupar com o que os outros estavam fazendo ao seu redor.

Tórtsov prosseguiu, falando sobre o ritmo geral, coletivo:

— Quando um certo número de pessoas vivem e agem em conjunto no palco, com um único e mesmo ritmo, como soldados em formação, ou bailarinas de um corpo de baile num *ensemble*, cria-se um tempo-ritmo estilizado. Sua força está na atuação em massa, no treinamento mecânico geral.

"Fora os raros momentos em que toda uma multidão é tomada de um ímpeto generalizado, este tipo de tempo-ritmo para todos não é adequado à nossa arte realística, que exige a reprodução de todas as diferentes tonalidades da vida.

"Temos pavor ao convencional! Ele nos impele para a rotina, para a atuação estereotipada, do 'faz de conta'. Usamos o tempo-ritmo, mas não o mesmo para todos os que participam de uma cena. Mesclamos a maior variedade possível de tempos e ritmos, cuja soma total cria os matizes de uma vida real, verdadeira, palpitante. Esta união de vários ritmos é necessária, por exemplo, na construção de cenas de multidão.

"Posso ilustrar a diferença entre uma atitude geral, elementar, para com o ritmo e uma atitude mais detalhada, da seguinte forma:

"Quando as crianças pintam, usam cores fundamentais, verde para a grama e as folhas, marrom para os troncos das árvores, preto para a terra, azul-claro para o céu. Isto é elementar e convencional. O artista mistura os tons de que precisa, a partir destas cores básicas. O azul-escuro com o amarelo produz vários matizes de verde, o vermelho é misturado ao azul para dar tons de violeta e assim por diante. Deste modo, o artista transfere para a tela uma gama de cores variadas, que inclui todos os tons e todos os matizes.

"Tratamos o tempo-ritmo do mesmo modo que o pintor trata as cores: fazemos combinações de toda sorte de velocidades e compassos diferentes."

Depois Tórtsov explicou-nos que os diferentes tempos e ritmos na ação simultânea podem ser encontrados não só entre os diversos atores que atuam numa mesma cena ao mesmo tempo, mas também dentro de cada um deles. Quando o herói da peça ou uma determinada pessoa tem de tomar posição, atitude definida e forte, não há contradições nem dúvidas, que se torna não só adequado como até mesmo necessário um único tempo-ritmo envolvendo tudo.

Mas quando, como no espírito de Hamlet, a decisão luta com a dúvida, tornam-se necessários vários ritmos em conjunção simultânea. Em tais casos, vários tempos-ritmos diferentes provocam um conflito interior de origens contraditórias. Isto acentua a experiência do ator em seu papel, reforça a atividade interior e excita os sentimentos.

— Eu quis tentar isto em mim mesmo — disse Tórtsov — e fixei dois tempo-ritmos contrastantes. Um era muito rápido e o outro muito lento. De que modo e por que meios poderia justificá-los? Eis aqui a pergunta tola que me assaltou o espírito.

"Sou um farmacêutico bêbado. Vou aos trancos pela sala sem saber o que estou fazendo. Agito remédios nos frascos. Esta imagem possibilitou-me o emprego dos mais inesperados ritmos. Meu andar bêbado com os pés inseguros justificava o tempo lento e a agitação dos frascos requeria um ritmo rápido e misto.

"Primeiro elaborei um modo de andar. Para retardar mais meu movimento tive de acentuar a embriaguez. Senti que estava certo e isso me deu uma sensação agradável.

"Depois trabalhei os movimentos de meus braços para agitar os remédios. A fim de justificar a rapidez do ritmo eu queria fazer os gestos mais idiotas e desorientados que correspondessem adequadamente ao meu estado imaginário.

"Assim, os dois ritmos contraditórios se reuniram e fundiram espontaneamente. A essa altura eu estava me divertindo com o papel de bêbado e os aplausos do auditório me atiçavam."

O exercício seguinte obrigava-nos a combinar numa só pessoa três tempos absolutamente diferentes, marcados por três metrônomos.

Para justificar isto foi proposto o seguinte:

— Digamos que sou um ator aprontando-me para uma representação. Estou recitando versos e enunciando-os deliberadamente com pausas, seguindo a marcação de tempo do primeiro metrônomo. Enquanto faço isto, sinto-me tão nervoso que ando de um lado para o outro do camarim, no *tempo* do segundo metrônomo e, simultaneamente, visto-me às pressas, ato a gravata etc., no *tempo* rapidíssimo do terceiro metrônomo.

Para organizar esses variados tempo-ritmos e ações procedi como no exercício anterior, combinando primeiro dois grupos de ações e tempo-ritmos: vestir e andar. Depois que me habituei com eles e os pratiquei até que se tornaram automáticos, iniciei a terceira ação com o novo tempo-ritmo, recitando os versos.

O exercício seguinte foi ainda mais difícil.

— Vamos supor que você está interpretando o papel de Esmeralda, e que está sendo levada para a execução — explicou Tórtsov a Sônia. — O cortejo vai avançando lentamente ao som ominoso das batidas de tambor. No papel da mulher condenada, seu coração dispara e pulsa loucamente, sentindo que estes são os seus últimos minutos na terra. Simultaneamente a infortunada mulher recita, num terceiro tempo-ritmo, as palavras de uma prece pela salvação de sua vida, enquanto suas mãos apertam à altura do coração, num novo e quarto tempo-ritmo.

A dificuldade dessa tarefa fez Sônia segurar a cabeça com as mãos. Tórtsov apressou-se em tranquilizá-la:

— Dia virá em que numa hora destas você se agarrará não à sua cabeça mas sim ao próprio ritmo, como a uma corda salvadora. Mas, por enquanto, acho que talvez seja melhor tentarmos qualquer coisa mais fácil.

VIII

Hoje Tórtsov nos fez repetir todos os exercícios de tempos e de ritmos, feitos na última aula. Só que desta vez tivemos de fazê-los sem o ritmo do metrônomo, contando apenas mentalmente.

Cada um de nós deveria escolher uma média de velocidade que preferisse, um andamento, e depois deveria ater-se a ele e agir de acordo com ele, cuidando para que os grandes momentos da ação coincidissem com as batidas do metrônomo interior imaginário.

Surge a questão: qual das linhas devemos seguir para buscar os momentos culminantes do ritmo? A linha interior ou a exterior? A linha das imagens interiores e das circunstâncias imaginárias? Ou a linha da comunhão sem palavras com os outros? Como se pode apreender e fixar as acentuações? Não é fácil captá-las durante um intervalo de atividade interior e de total inatividade externa. Comecei a trabalhar de acordo com a linha de pensamentos, desejos, impulsos interiores, mas não consegui fazer nada com eles.

Então passei a ouvir meu pulso. Mas isso não definia nada para mim. Onde é que poderia estar o meu metrônomo interior imaginário e em que parte do meu organismo deveria ocorrer a batida do tempo-ritmo?

Às vezes procurava-a em minha cabeça, outras vezes, nos meus dedos. Receando que seus movimentos estivessem muito à vista, tentei com os dedos dos pés. Mas os seus movimentos também podiam atrair a atenção, por isso os interrompi. Então o meu suposto metrônomo logo se transferiu espontaneamente para certos músculos na raiz da língua, mas isto interferia na minha dicção.

E aí estava o meu tempo-ritmo esvoaçando de um ponto para outro dentro de mim mesmo e manifestando-se primeiro por um meio físico e depois por outro. Comuniquei isto a Tórtsov. Ele franziu a testa, sacudiu os ombros e observou:

— As contrações físicas são mais palpáveis, mais tangíveis, por isto os atores gostam de recorrer a elas. Quando a nossa intuição é preguiçosa e tem de ser espicaçada, é possível usar uma batida física. Se funcionar, pode usá-la, mas só quando você precisar dela para estimular e amparar a incerteza do ritmo. Aceitamos este recurso a contragosto mas não devemos aprovar tais meios como se fossem um método certo e constante.

"Portanto, assim que você tiver estabelecido sua contagem física de ritmo, use logo a imaginação e invente circunstâncias adequadas para lhes servirem de base.

"E então deixe que *elas*, e não o seu braço ou a sua perna, sustentem a média e o compasso certo do ritmo em você. Por outro lado, quando, algumas vezes, lhe parecer que o seu tempo-ritmo interior vacila, você pode servir-se, como medida de necessidade, do auxílio de meios externos, físicos. Mas só deve se permitir isto por um brevíssimo instante.

"Com o tempo, quando o seu senso de ritmo estiver estabelecido com mais firmeza, você abandonará espontaneamente esse meio menos sutil de alcançar seus fins e o substituirá por uma contagem mental, mais delicada."

A grande importância do que Tórtsov dizia fez-me sentir no dever de sondar até o fundo aquilo que ele nos propunha aprender. Respondendo a uma pergunta minha, sugeriu-me que fizesse o seguinte problema: com um tempo-ritmo-interior muito rápido, agitado, desigual, eu devia apresentar uma aparência exterior não apenas totalmente calma como até mesmo apática.

Primeiro determinei tanto a média externa quanto a interna de velocidade e compasso e depois reforcei-as com uma imperceptível tensão dos dedos das mãos e dos pés.

Tendo assim estabelecido a velocidade e o compasso, procurei logo uma base imaginária para eles, perguntando-me a mim mesmo que circunstâncias provocariam em mim um tempo-ritmo tão rápido e excitado.

Depois de procurar muito tempo em meu cérebro, concluí que isto poderia ocorrer depois de eu ter cometido algum crime terrível que me causasse remorso, consternação, medo. Imaginei ter assassinado Maria, provavelmente num acesso de loucura ciumenta. Seu corpo sem vida jazia estendido no chão diante de mim, o rosto pálido, uma grande mancha vermelha de sangue manchara seu vestido claro. Esta aparição imaginária me perturbou tanto que tive a impressão de que o meu ritmo-interior estava bem fundamentado.

Quando tive de produzir um tempo-ritmo-exterior de calma preguiçosa, novamente adotei a medida preliminar de fixar o ritmo nos meus dedos cerrados e logo depois procurar uma base para ele, inventando uma nova série de circunstâncias. A pergunta que, então, fiz a mim mesmo foi: que faria eu agora, aqui na sala de aula, com os meus colegas, em presença de Tórtsov e Rakhmánov, se o horrível crime que eu imaginara fosse realmente verdade? Seria forçado a parecer não somente calmo mas até mesmo displicente, despreocupado. Não consegui achar imediatamente dentro de mim mesmo o ajustamento necessário nem as respostas para as minhas perguntas. Parecia sentir a necessidade de evitar o olhar dos outros, de não olhar para ninguém. Isto, entretanto, acelerava o ritmo. Quanto maior era o meu esforço para parecer calmo, mais agitado ficava por dentro.

Assim que comecei a acreditar na minha invenção, passei a sentir que tinha alguma coisa a esconder e, ao tentar escondê-la, fiquei cada vez mais agitado.

Então comecei a pensar em todas as circunstâncias dadas. O que diria depois da aula aos meus camaradas, a Tórtsov? Será que sabiam do que aconteceu? Que lhes responderia? Para onde poderia olhar quando começassem a interrogar-me sobre a tragédia? Para ela? Olhar para a minha vítima em seu caixão? Quanto mais detalhadamente eu via a situação criada pela catástrofe, mais violentas se tornavam as minhas emoções; quanto mais me traía, mais me esforçava por parecer indiferente.

Desse modo, os dois ritmos se criaram: um, interior, que era rápido, e, o outro, exterior, de calma forçada. A combinação dos dois extremos agiu sobre mim com força ainda maior.

Agora que descobrira uma linha de circunstâncias convincentes e justificáveis de ação contínua baseada na trama, já não tinha de pensar em tempo e ritmo. Fui naturalmente vivendo a história dentro do ritmo que eu estabelecera. Isto se confirmou pelo fato de Tórtsov ter sentido o que se passava dentro de mim, embora eu fizesse todos os esforços para ocultá-lo.

Tórtsov compreendeu que eu evitava mostrar os olhos, com medo de que eles me traíssem. Que estava usando toda espécie de pretextos para fixá-los num objeto após o outro, examinando cada um com cuidado, como se estivesse particularmente interessado neles.

— A sua calma irrequieta revelou mais do que qualquer outra coisa sua turbulência interior — disse ele. — Você mesmo não estava cônscio do fato de que, involuntariamente, os movimentos dos seus olhos, o voltar da cabeça, do pescoço, eram feitos no tempo-ritmo da sua agitação interior. Quando você tirou o lenço do bolso, quando se ergueu e depois voltou a sentar-se, como que procurando uma posição mais confortável, percebi claramente que o fazia para encobrir seu estado de espírito. Mas você se traiu quando fez esses movimentos não de um modo calmo e casual, mas no ritmo nervoso, rápido, no qual você estava tentando se esconder de nós. Mas logo se continha, ficava assustado e olhava em torno, para ver se alguém notara qualquer coisa de estranho. Depois disso você passava outra vez a mover-se com a sua calma artificialmente imposta. Foi essa aparente imperturbabilidade, constantemente rompida pela perturbação interior, que o traiu.

"É isto que acontece constantemente na vida quando ocultamos grandes emoções interiores. Então também o indivíduo senta-se imóvel, imerso em reflexão, absorto em seus sentimentos que, por um motivo ou outro, deve esconder. Se de repente o surpreendemos desprevenido, veremos como por um ou dois segundos ele se sobressalta, ergue-se de súbito e corre para nós no ritmo célere que se está passando dentro dele. Depois recupera logo o domínio de si mesmo; retarda os movimentos, os passos e finge exteriormente estar tranquilo. Se não houver nenhum motivo que o force a ocultar sua agitação, continuará a mover-se e a andar no rápido tempo-ritmo da sua condição perturbada.

"Às vezes peças inteiras, papéis inteiros, são baseados na combinação de vários tempo-ritmos contrastantes. Algumas peças de Tchekov se baseiam nisso: *As três irmãs*, *Tio Vânia* (os papéis de Astrov e Sônia) e outros. As personagens estão quase sempre calmas na aparência ao passo que por dentro palpitam de tumulto interior."

Tão logo senti que os meus movimentos vagarosos eram mais adequados para transmitir o ritmo rápido da minha agitação interna, comecei a aplicá-los mal, porém Tórtsov logo pôs fim a isso.

— Nós, espectadores, primeiro julgamos o estado de espírito de outra pessoa pelo que vemos. Naturalmente, quando os movimentos físicos são descontrolados, eles chamam nossa atenção. Quando são tranquilos, lentos, temos a impressão de que a pessoa está se sentindo satisfeita. Mas se, por exemplo, olharmos atentamente os seus olhos, passaremos a sentir com as suas próprias emoções e perceberemos a importância interior daquilo que ela nos quer ocultar. Isto significa que nos exemplos citados temos de saber como mostrar nossos olhos a um público de milhares de pessoas. Não é coisa simples. Exige saber como fazer e requer controle. Para o público não é fácil ver os dois pequenos pontos que são os olhos do ator. Isso requer a imobilidade prolongada da pessoa para a qual o público está olhando. Portanto, embora seja correto que a gente se volte e ande de um lado para o outro, é preciso fazê-lo moderadamente quando a peça gira em torno do nosso rosto e dos nossos olhos. Você tem de atuar de modo que os seus olhos fiquem visíveis para nós.

Depois da minha vez, Gricha e Sônia interpretaram uma cena que eles mesmos inventaram sobre um marido ciumento interrogando a mulher. Antes de poder acusá-la, ele precisava flagrá-la. Para isto, tinha de aparentar calma, escondendo com astúcia o seu estado íntimo e impedindo-a de ver os seus olhos.

O comentário de Tórtsov para Gricha foi:

— Você está inteiramente calmo e não faz nenhum esforço para ocultar a agitação interior porque não tem nenhuma para ocultar. Kóstia estava profundamente perturbado, portanto tinha algo que ocultar. Dois tempo-ritmos estavam simultaneamente encerrados nele, um exterior e o outro interior. Ele apenas ficou sentado ali sem fazer nada, mas isso nos excitou. Você ficou aí sentado mas não fomos atingidos, porque no estado de espírito complexo e dividido em que você se imaginou encontrar, só tinha, apesar disso, um único tempo-ritmo, o calmo, que dava à sua conversação o tom errado, o tom de uma tranquila e amistosa palestra em família.

"Permita-me repetir que, nas delineações e tendências emocionais, interiores, complicadas e contraditórias, apenas um tempo-ritmo não nos pode servir. É preciso combinar vários."

IX

— Até agora temos falado sobre o tempo-ritmo de grupos, pessoas, momentos, cenas, isoladamente. Mas peças inteiras, interpretações inteiras, têm os seus tempo-ritmos — explicou Tórtsov.

"Será que isto significa que, uma vez iniciada, uma média de espaço e compasso deve ser mantida sem nenhuma outra consideração, durante uma noite inteira? Claro que não. O tempo-ritmo de uma peça ou de uma interpretação não é a mesma coisa. É uma série de conjunções, pequenas e grandes, de muitos e variados índices de velocidade e compassos, compondo harmoniosamente um grande todo. Todos esses tempos e ritmos, em sua totalidade, criam um clima imponente e nobre ou, então, alegre!

"Para qualquer representação a importância de um tempo-ritmo é muito grande. Frequentemente uma ótima peça, que foi bem planejada e interpretada, deixa de fazer sucesso porque está sendo representada com lentidão indevida ou com vivacidade imprópria. Imaginem só o resultado se vocês tentassem representar uma tragédia em *tempos* adequados ao *vaudeville*!

"Com igual frequência vemos uma obra medíocre, mediocremente produzida e interpretada, porém apresentada em tempos-ritmos vigorosos, esfuziantes, fazer sucesso porque produz uma alegre impressão.

"Por certo é desnecessário provar-lhes que os métodos da psicotécnica seriam utilíssimos para nós no processo complicado e fugidio de determinar os tempos-ritmos certos para toda uma peça, ou um papel.

"Mas não temos nesse campo nenhum meio psicotécnico exato, por isto o que realmente acontece, na prática, é o seguinte:

O tempo-ritmo geral de uma produção dramática habitualmente cria-se a si mesmo por acidente, espontaneamente. Se o ator, por algum motivo, tem o justo senso da peça e do papel, se está em boa forma, se o público reage bem, nesse caso ele viverá seu papel do modo certo e o tempo-ritmo adequado se estabelecerá por si próprio. Quando isto não ocorre, parece que não temos recurso. Se tivéssemos uma psicotécnica adequada poderíamos recorrer a ela para fixar a base, primeiro de um tempo-ritmo exterior e, depois, do tempo-ritmo interior. Por meio deles seriam evocados os sentimentos propriamente ditos.

"Sorte têm os músicos, os cantores, os dançarinos! Eles têm metrônomos, regentes de orquestra e de coro! Seus problemas de tempo-ritmo já estão resolvidos, eles sabem da importância primordial para o seu trabalho criador. Até certo ponto está garantida a exatidão da sua execução musical, isto é, ela está determinada, do ponto de vista do compasso e ritmo certos. Estas coisas estão registradas nas suas partituras musicais e são sempre reguladas pelos regentes.

"Já para nós, atores, o caso é diferente! Só na forma versificada é que se estuda cuidadosamente a medida. Quanto ao resto, não contamos com leis, nem metrônomos, nem notas, nem partituras impressas, nem regentes. É por isso que a mesmíssima peça pode ser representada, em ocasiões diferentes, com *tempos* e ritmos completamente diversos em cada uma dessas ocasiões!

"Nós atores não podemos recorrer a nenhum auxílio nessa questão do tempo-ritmo e no entanto precisamos muitíssimo de socorro!

"Suponhamos que um ator, pouco antes de entrar em cena, receba uma notícia perturbadora e, em consequência disso, o seu próprio tempo-ritmo, nessa noite, fique alterado. Ele entra em cena nesse estado de ânimo intensificado, acelerado. Se, noutra ocasião, esse mesmo ator for roubado, o pobre sujeito pode cair em desespero. O seu tempo-ritmo baixará tanto em cena como na vida real.

"Portanto, a representação depende diretamente dos incidentes fortuitos da vida e não de qualquer psicotécnica da nossa arte.

"Suponhamos, ainda, que o ator conseguiu, na medida máxima possível, acalmar-se ou animar-se antes de entrar em cena e que aumentou o ritmo de sua vida normal, quotidiana, de cinquenta (no metrônomo) para um maior grau de intensidade, digamos que para cem. O ator fica satisfeito e pensa que fez tudo o que era necessário. Na realidade, porém, ele ainda está longe de alcançar o ritmo certo da peça, que exige, suponhamos, o número duzentos. Essa discrepância reflete-se nas circunstâncias dadas, no seu objetivo criador e na realização desse objetivo. Porém, o mais grave é que ela se reflete nas suas próprias reações emocionais e na sua experiência do papel.

"Vemos constantemente essa falta de coordenação entre o ser humano e ator, de um lado, e, de outro, o seu papel.

"Lembre-se do seu próprio estado de espírito quando você apareceu na sua primeira prova de atuação,* parado diante do buracão negro da boca de cena e enfrentando um auditório que você pensava estar lotado com imenso público.

"Agora tente bancar o regente e marcar para mim o seu tempo-ritmo naquela ocasião!"

Fizemos o que ele mandou, mas, quanto a mim, meus braços mal podiam ter a agilidade necessária para indicar todas as notas de 1/32 que eram necessárias, com seus pontos, triplas e síncopes, para reproduzir aquela memorável ocasião. Tórtsov

---

*Ver A preparação do ator (N. do T.)

fixou o número duzentos como índice de velocidade do tempo que eu estava "regendo".

Depois disso, pediu-nos que recordássemos as horas mais quietas, mais cacetes de nossa vida e que a regêssemos em seu tempo-ritmo. Voltei o espírito para a minha vida antiga em Nizhmi-Novgorod e sacudi os braços de acordo com os meus sentimentos. Tórtsov calculou a velocidade do meu tempo-ritmo no índice vinte do metrônomo.

— Imagine agora que você está interpretando o papel de uma personagem fleugmática, como Podkolesin, em *O casamento*, de Gogol. Para isso você precisa do andamento do número vinte. Mas pessoalmente, como ator, você está excitadíssimo com a noite de estreia, pouco antes de subir o pano. E o seu *tempo* pessoal é o número duzentos. Como é que vai conciliar o estado humano com as necessidades do ator? Suponhamos que consiga se acalmar um pouco e reduzir seu *tempo* interior para o número cem. Você tem a impressão de que conseguiu muita coisa, mas, na verdade, aquilo é insuficientíssimo, pois o papel de Podkolesin requer um andamento de número vinte. Como conciliar essa discrepância? Como corrigi-la sem contar com nenhum metrônomo?

"A melhor saída, numa situação dessas, é aprender a sentir o tempo-ritmo, como fazem os bons regentes de orquestra. Diga-lhes qualquer índice de velocidade do metrônomo e eles são capazes de regê-lo. Se ao menos houvesse alguns atores dotados de um senso de tempo-ritmo tão absoluto como o dos regentes! Imaginem só o que se poderia obter deles!" — exclamou Tórtsov com um suspiro.

— Poderíamos obter exatamente o quê? — perguntamos.

— Vou-lhes dizer — explicou. — Não há muito tempo tive a oportunidade de dirigir uma ópera e nela havia uma grande multidão, uma cena coral. Entre os participantes incluíam-se não só os cantores principais e o coro mas também outros membros do elenco e alguns comparsas mais ou menos experientes. Todos tinham um certo treino de tempo-ritmo. Se fôssemos compará-los com os membros dos nossos grupos, nenhum deles se sobressairia como ator.

"Tenho de confessar, entretanto, que nessa cena os atores de ópera mostraram-se superiores a nós, artistas dramáticos mais competentes, apesar de terem ensaiado muito menos do que nós deste teatro costumamos ensaiar.

"Aquela cena lírica de multidão teve um resultado que nunca conseguimos alcançar ainda em nosso teatro, com todas as oportunidades incomparavelmente superiores de que dispomos para ensaios mais cuidadosos.

"Qual seria o segredo?

"O tempo-ritmo deu colorido, maciez, forma, flexibilidade a uma cena que noutros aspectos era desigual.

"O tempo-ritmo deu aos cantores um toque magnífico de clareza, fluência, acabamento, plasticidade e harmonia.

"O tempo-ritmo ajudou os artistas, cuja psicotécnica ainda não era muito avançada, a terem uma percepção e domínio verdadeiros dos aspectos interiores de seus papéis."

Dissemos a Tórtsov que esse sonho de uma companhia de atores dotada de um senso quase absoluto de tempo-ritmo era quase impossível de realizar.

— Concordo. E estou disposto a fazer algumas concessões — respondeu. — Já que não posso contar com todos neste grupo, quero pelo menos ver alguns de vocês desenvolverem um senso de tempo-ritmo. Nos bastidores, pouco antes do início de uma peça, muitas vezes ouvimos dizer: hoje não precisamos nos preocupar com o espetáculo, pois fulano vai representar. O que quererão dizer com isso? Isso quer dizer que até mesmo um ou dois atores podem atrair todos os demais e a peça toda com eles. Pelo menos era assim que acontecia.

"Diz a tradição que os nossos grandes antecessores, Shchepkin, Sadovski, Shumski, Samarin, sempre chegavam aos bastidores muito antes de entrarem em cena, para terem bastante tempo de captar o andamento da representação que estava se efetuando. É esse um dos motivos pelos quais, ao entrarem em cena, traziam para ela uma certa vivacidade, veracidade e davam a nota certa para a peça e os papéis que representavam.

"Não pode haver dúvida de que o conseguiam não só porque eram grandes artistas que haviam preparado cuidadosamente as suas entradas, mas também porque eram consciente ou, intuitivamente, sensíveis ao *tempo-ritmo* e o utilizavam a seu modo. É claro que guardavam na memória uma noção do andamento rápido ou lento, da medida rítmica da ação de cada cena e da peça em geral.

"Ou então é também possível que cada vez recomeçassem a descobrir o tempo-ritmo da representação, ficando longo tempo sentados na coxia antes de entrarem em cena, acompanhando de perto o que se passava no palco. Desse modo se afinavam, consciente ou inconscientemente, com o tempo-ritmo. É possível que usassem métodos especiais para isso, dos quais infelizmente não temos informação.

"Vocês também devem se esforçar por serem o tipo do artista capaz de contagiar o elenco inteiro com o tempo-ritmo adequado."

— Qual é a base da psicotécnica para determinar o tempo-ritmo de uma peça ou um papel? Em que é que a pessoa se baseia? — perguntei.

— *O tempo-ritmo de uma peça completa é o tempo-ritmo da linha direta de ação e do conteúdo subtextual da peça.* Vocês já sabem que a linha direta de ação requer dois ângulos de perspectiva: o do ator e o do papel. Assim como o pintor distribui as cores em seu quadro e procura estabelecer o verdadeiro equilíbrio das relações entre elas, assim também o ator procura a distribuição corretamente equilibrada do tempo-ritmo ao longo de toda a linha direta de ação de uma peça.

— Neste mundo, jamais seremos capazes de fazer isso sem um regente — refletiu Vânia.

— Então o Rakhmánov aqui terá de inventar alguma coisa para servir de regente para vocês — disse Tórtsov rindo, ao sair da sala.

X

Hoje, como todos os dias, cheguei à aula muito antes da hora. O palco estava iluminado, a cortina aberta e lá estava Rakhmánov, em mangas de camisa, arranjando apressadamente uma coisa qualquer com um eletricista.

Ofereci meus préstimos. Isto fez com que Rakhmánov me confiasse suas intenções antes do momento em que pretendia revelar seus preparativos secretos.

Ao que parece ele inventara uma espécie de *Regente Elétrico para Acompanhar Peças*. Seu invento ainda estava numa fase muito primária mas o que ele pretendia era o seguinte: na caixa do *ponto*, invisível para o público mas visível para os atores, haveria um pequeno aparelho com duas lâmpadas elétricas piscando silenciosamente, as quais substituiriam respectivamente o mostrador e a batida do metrônomo. Quando necessário, o *ponto* ligaria o aparelho, de acordo com as indicações marcadas em seu livro para os andamentos estabelecidos durante os ensaios para cada segmento importante da peça. Desse modo, poderia lembrar aos atores o andamento certo da peça.

Tórtsov ficou interessado na invenção de Rakhmánov e os dois passaram a representar várias cenas enquanto o eletricista ligava um *tempo* qualquer. E então esses dois atores, com o seu admirável controle do tempo-ritmo, sua imaginação maravilhosamente fluente, encontravam uma justificação para expressar todo e qualquer ritmo que fosse marcado para eles. Demonstraram sem nenhuma dúvida, com o próprio exemplo, o objetivo eficaz do regente elétrico.

Depois deles, Paulo, eu e outros tivemos a nossa vez de fazer uma série de provas. Só por acaso é que acertávamos em cheio com o andamento. O resto do tempo íamos cambaleando.

— Parece que a conclusão que podemos tirar disto é muito clara — disse Tórtsov. — O regente elétrico é um ótimo auxiliar para os atores e pode ser utilizado como regulador numa representação. É um assistente possível e útil na prática, mas só quando todos ou pelo menos alguns dos atores tiverem um senso de tempo-ritmo suficientemente exercitado. Infelizmente, com raras exceções, há pouquíssimos deles em nosso ramo artístico.

"Pior ainda" — continuou Tórtsov num tom de depressão —, "há pouca ou nenhuma noção da importância do tempo e do ritmo no teatro. Portanto, é mais do que nunca necessário que vocês prestem uma atenção especial nos seus futuros exercícios de tempo-ritmo."

A aula terminou numa conversa generalizada. Vários estudantes ofereceram suas próprias sugestões quanto à forma de substituir um regente para as peças.

Tórtsov fez, a propósito, uma observação digna de nota.

Na sua opinião, os atores deveriam reunir-se antes das representações e durante os intervalos para fazer exercícios com música, de modo a lhes inspirar as pulsações corretas de tempo-ritmo. Seria uma espécie de exercícios preparatórios.

— E em que consistiriam esses exercícios? — perguntaram várias vozes.

— Não sejam tão apressados! — advertiu Tórtsov. — Antes de chegarem a eles vocês terão de fazer uma série completa de exercícios elementares.
— Que espécie de exercícios? — perguntaram novamente os alunos.
— Na próxima aula falarei sobre isso — respondeu Tórtsov e saiu do palco.

XI

— Bom-dia e bom tempo-ritmo para vocês — foi assim que Tórtsov nos cumprimentou quando chegou hoje à aula. Depois, notando nossa expressão intrigada, acrescentou: — Estão surpreendidos porque eu lhes desejo bom *tempo* ou bom *ritmo* em vez de, por exemplo, saúde? A sua saúde pode ser boa ou má, porém se o seu tempo-ritmo for bom isto será o melhor testemunho do seu bem-estar. É por isso que hoje lhes desejo bom tempo-ritmo, como o equivalente de boa saúde.
"Mas, seriamente, digam-me em que estado de tempo-ritmo vocês se encontram?"
— Eu, na verdade, não sei — disse Paulo.
— E você? — perguntou Tórtsov, voltando-se para Leão.
— Não faço ideia — foi o que ele resmungou.
— E você? — Tórtsov perguntou a mim e aos outros, cada qual por sua vez.
Ninguém soube dar uma resposta clara.
— Então é esse o tipo de companhia que temos aqui reunida! — exclamou Tórtsov fingindo exagerado espanto. — É a primeira vez na minha vida que me encontro com gente assim! Nenhum de vocês tem noção do ritmo, do andamento da sua própria vida. E, no entanto, seria de se pensar que qualquer ser humano deve ao menos sentir o índice de velocidade ou qualquer

outra medida dos seus movimentos, ações, sentimentos, pensamentos e respiração, da pulsação do seu sangue, das batidas do seu coração, do seu estado geral, em suma.

"Mas claro que sentimos tudo isso. O que não sabemos é a que altura tomarmos nossa medida. Será quando eu penso no prazer que me espera esta noite e assim evoco um tempo-ritmo alegre ou será, então, em outros momentos, quando eu talvez duvide das perspectivas agradáveis para o dia e isto faz o meu tempo-ritmo diminuir?

"Se você marcar para mim ambas as velocidades" — disse Tórtsov — "produzirá um ritmo alternado. Nele é que você está vivendo agora. Poderá se enganar, mas não faz mal. O importante é que, procurando o tempo-ritmo dentro de você, descubra seus próprios sentimentos.

"Qual era o tempo-ritmo quando vocês acordaram hoje de manhã?" — foi a pergunta seguinte de Tórtsov.

Os estudantes franziram a testa e puseram-se a pensar muito seriamente em suas respostas.

— Não vão me dizer que precisam fazer tanto esforço para responder à minha pergunta! — disse Tórtsov, surpreso.

"O nosso senso de tempo-ritmo está sempre aqui mesmo, à mão. Sempre temos alguma noção, mesmo que seja apenas aproximada, de cada instante pelo qual passamos."

Tentei fazer uma imagem mental das circunstâncias em que despertei aquela manhã e evoquei uma sensação preocupada. Receava chegar tarde para a primeira aula, tinha de fazer a barba, de passar pelo correio para receber uma ordem de pagamento, coisa que devia ter feito muitos dias antes. Daí um tempo-ritmo aflito, rápido, que eu bati e que tornei a sentir enquanto o fazia.

Pouco depois Tórtsov inventou um novo jogo. Bateu para nós um ritmo bastante rápido, desigual. Nós o repetimos várias vezes para ficarmos familiarizados com ele e captar o seu balanço.

— Agora — disse Tórtsov — poderiam dizer-me em que circunstâncias imaginárias e de que experiências emocionais um ritmo desse surgiria?

Para preencher o objetivo era preciso inventar uma situação adequada. Tive de despertar minha imaginação, perguntando a mim mesmo uma série de coisas, uma de cada vez, onde, quando, com que fim, por que estou aqui? Quem são estes ao meu redor? Imaginei-me na antessala de um cirurgião num hospital e prestes a ouvir uma decisão sobre minha saúde: ou gravemente enfermo devendo enfrentar uma operação, talvez a morte; ou perfeitamente são prestes a sair dali tal como entrei. Esta situação criada produziu efeito em mim, fiquei até muito mais excitado do que precisava para os fins do tempo-ritmo para nós determinado.

Portanto, era preciso diluir um pouco o enredo. Eu não estava esperando por um cirurgião imaginário e sim por um dentista que iria arrancar um dos meus dentes. Mas até mesmo isso era estímulo forte demais para o tempo-ritmo que estávamos considerando. Tive de mudar mentalmente para um otorrinolaringologista que iria inflar meus tímpanos. Essa era a invenção mais própria para os fins do tempo-ritmo de Tórtsov. Cada um de nós explicou a sua dada circunstância imaginária.

— Como veem — disse Tórtsov —, na primeira parte da aula vocês se concentraram em suas próprias experiências interiores e as manifestaram exteriormente em termos de um tempo-ritmo que vocês próprios regeram. Agora tomaram o tempo-ritmo de outra pessoa e lhe deram vida com as suas invenções imaginativas e emoções relembradas. Foram dos sentimentos ao tempo-ritmo e outra vez voltaram do tempo-ritmo aos sentimentos.

"O ator deve saber controlar tecnicamente esses dois movimentos.

"No fim de nossa última aula vocês manifestaram curiosidade quanto aos exercícios para desenvolver o tempo-ritmo.

"Hoje eu lhes indiquei as *duas sendas principais que devem seguir como diretrizes na escolha de exercícios.*"

— Mas onde é que vamos encontrar os exercícios próprios? — perguntei.

— Recordem-se das experiências que fizemos antes. Todas elas requerem *tempo* e ritmo. Contêm material suficiente para treinar e exercitar. Esta é a resposta que lhes devo para a pergunta que me fizeram na última aula — disse Tórtsov, encerrando a aula.

CAPÍTULO XII   O tempo-ritmo no falar

I

— Nosso estudo do que chamamos de *tempo-ritmo* progrediu consideravelmente — observou Tórtsov. — Antes de mais nada buscamos descobrir o que era ele nas suas manifestações mais óbvias. Como meninos do jardim de infância, batemos palmas ao ritmo das batidas dos metrônomos. Depois progredimos para *tempos* mais complicados. Chegamos mesmo a tentar a emissão de mensagens batendo o ritmo de uma série de ações que os nossos olhos interiores enxergavam. E descobrimos que as batidas comunicavam um sentimento que, embora podendo ser nebuloso para os nossos ouvintes, produzia em nós mesmos um efeito ainda mais forte. Ele de fato auxiliava o nosso processo interior de criação.

"A seguir, passamos a manifestações mais sutis do tempo-ritmo, vimos que o nosso tempo-ritmo podia estar em conflito aparente com o de outras pessoas em cena ou na vida real; descobrimos que dentro de nós mesmos podíamos experimentar um tempo-ritmo-interior e ao mesmo tempo um tempo-ritmo exterior diferente e que o conflito entre os dois se evidenciava através de pequenas insinuações de nossos atos, dando, assim, força e realidade à personagem que estávamos construindo. Discutimos o tempo-ritmo de uma peça inteira, sua linha direta de ação, as sutis mudanças e, apesar delas, sua unidade de efeito quando se consegue realmente descobri-lo e interpretá-lo.

"Tudo dizia respeito ao tempo-ritmo do movimento e da ação. Agora vamos aplicar esses conhecimentos à palavra falada. Começarei pelos sons vocais das sílabas e das palavras que proporcionam um excelente meio para comunicar o tempo-ritmo da significação interior de qualquer peça.

"Como já disse antes, no processo da linguagem falada, as palavras, a linha das palavras desenvolve-se no tempo e esse tempo é dividido pelos sons das letras, sílabas, palavras. Esta divisão de tempo forma partes e grupos rítmicos.

"A natureza de certos sons, sílabas e palavras exige uma enunciação partida, comparável às notas de música de valor 1/8 e 1/16. Já outros precisam ser ditos de modo mais extenso, mais ponderável, mais pesadamente, como notas inteiras, de meio compasso. Além disso, alguns sons e sílabas recebem uma acentuação rítmica mais forte ou mais fraca; e um terceiro grupo ainda pode não ter nenhum acento.

"Estes sons falados, por sua vez, são entremeados de pausas, descansos respiratórios, das mais variáveis extensões. Todas estas são possibilidades fonéticas com as quais pode-se amoldar uma variedade infinita de tempo-ritmos da fala. Utilizando-os o ator desenvolve para si mesmo um estilo de falar proporcionalmente bonito. Ele precisa disso quando está em cena, usando palavras para transmitir tanto as grandes emoções da tragédia quanto o alegre espírito da comédia. Para criar um tempo-ritmo da linguagem falada não basta dividir o tempo em partículas de som; precisamos também de um ritmo para formar compassos falados.

"No domínio da ação obtivemos isto por meio do metrônomo e da sineta. Que poderemos usar para o atual problema? Como sincronizaremos as ênfases rítmicas individuais, as letras e sílabas particulares das palavras do nosso texto? Em vez de um metrônomo, seremos forçados a utilizar uma contagem mental. Constantemente, intuitivamente, teremos de nos manter afinados com ela e com seu tempo-ritmo.

"Uma dicção compassada, sonora, bem mesclada, tem muitas qualidades semelhantes às da música e do canto.

"Letras, sílabas, palavras — estas são as notas musicais da fala, com as quais se formam compassos, árias, sinfonias inteiras. Não é à toa que se descreve uma dicção bonita como sendo musical.

"As palavras ditas com ressonância e voo impressionam mais. Tanto no falar como na música há uma grande diferença entre as frases pronunciadas em notas inteiras de 1/4 ou de 1/16 ou ainda com o acréscimo de triplas e quíntuplas. Num caso a frase pode ser solene e no outro pode refletir a tagarelice saltitante de uma colegial.

"No primeiro caso, temos a calma; no segundo, nervosismo, agitação.

"Os cantores de talento sabem tudo a este respeito. Receiam sempre pecar contra o ritmo. Se a música pede três notas de 1/4, o verdadeiro artista cantará três tons dessa exata duração. Se o compositor pôs uma nota de valor inteiro, o verdadeiro cantor saberá sustentá-la até o fim do compasso. Se a música pede triplas ou síncopes ele saberá cantá-las com o ritmo matematicamente exigido. Essa precisão tem um efeito irresistível, a arte requer ordem, disciplina, precisão e acabamento. Mesmo nos casos em que somos solicitados a transmitir musicalmente efeitos arrítmicos, devemos fazê-lo com um acabamento nitidamente delineado. Até mesmo a desordem e o caos têm o seu tempo-ritmo.

"Isto que acabo de dizer em relação aos músicos e cantores aplica-se igualmente a nós, artistas dramáticos. Há, entretanto, um vasto número de cantores que não são artistas verdadeiros, mas apenas pessoas que cantam com ou sem voz. Estas pessoas têm uma facilidade espantosa para embolar notas de 1/8 com notas de 1/16; notas de 1/4 com notas de 1/2, três notas de 1/8, de igual extensão, numa só nota e assim por diante.

"O resultado é que falta a seu canto toda a precisão, disciplina, organização, acabamento, indispensáveis. Transforma-se num emaranhado caótico e desordeiro. Deixa de ser música e torna-se uma espécie de puro exibicionismo vocal.

"A mesma coisa pode acontecer e de fato acontece quando se está falando. Tomemos por exemplo um ator assim do tipo do Vásia, que fala com um ritmo desigual. Ele não o muda apenas de período em período mas até mesmo no meio de uma única frase. Muitas vezes a metade de uma sentença é falada num andamento vagaroso e a segunda metade num andamento sensivelmente rápido. Vejamos a frase: 'Digníssimos e muito poderosos.' Isto seria dito devagar, solenemente, mas as palavras imediatas: 'Nobres senhores e meus bons patronos', seriam, depois de uma longa pausa, enunciadas de repente com uma rapidez extrema.

"Muitos atores que não procuram falar bem, que não prestam atenção nas palavras, pronunciam-nas com uma velocidade tão desleixada e irrefletida, sem lhes pôr nenhuma entonação final, que acabam deixando as suas frases completamente mutiladas, ditas apenas pelo meio.

"Os ritmos variantes tornam-se ainda mais evidentes em atores de certas nacionalidades.

"Na dicção correta e bonita não se deve encontrar nenhuma destas manifestações a não ser quando uma mudança de tempo-ritmo se faz necessária, propositalmente, para a caracterização de um papel. É evidente que a divisão das palavras deve corresponder à rapidez ou à lentidão da fala e deve conservar o tempo-ritmo preestabelecido. Numa conversa ou leitura rápida, as pausas são mais curtas e, reciprocamente, são mais longas nas conversações ou leituras lentas.

"Nossa dificuldade está no fato de que muitos atores precisam de um bom treinamento em relação a dois elementos importantes da linguagem falada: de um lado, a suavidade, o vagar, a ressonância, a fluência e, de outro, a rapidez, a leveza, a claridade, a enunciação enxuta das palavras. Raramente ouvimos no teatro russo uma dicção que seja lenta, sonora, *legato*, ou, então, verdadeiramente rápida e ligeira. Na grande maioria dos casos o que se percebe são pausas longas e, entre elas, palavras afobadamente disparadas.

"Para obter uma dicção lenta e nobre precisamos, antes de mais nada, substituir as pausas silenciosas por cadências sonoras, pelo tom cantante e sustenido das palavras.

"Seria muito útil para vocês lerem em voz alta, muito devagar, ao som do metrônomo, desde que tratem de conservar a macia fluidez das palavras em compassos rítmicos e que também se previnam com o estabelecimento da base interior correta para o seu exercício. Deste modo conseguirão alcançar uma dicção lenta e fluente.

"Mais raro ainda é ouvir-se em nosso teatro uma boa dicção rápida, bem sustentada quanto ao andamento, de ritmo claramente marcado e com uma enunciação que o torne inteligível. Não podemos competir com os atores franceses, italianos, com sua brilhante dicção rápida. Quase todos nós somos incapazes de executar uma verdadeira 'conversa fiada'. Embaralhamos, cuspimos e enrolamos as palavras. A verdadeira arte do palavreado tem de ser aprendida e começa com o domínio da dicção muito lenta e exageradamente precisa. Com a repetição frequente, nosso aparelho de fonação fica tão bem treinado que aprende a executar aquelas mesmas palavras com o máximo de índice possível de velocidade. Isso exige uma prática constante, porque a dicção dramática às vezes pede velocidade máxima. Portanto, não tomem como padrão os maus cantores com os seus ritmos quebrados de linguagem falada. Copiem os verdadeiros artistas, aprendam seu modo de falar com toda a clareza, justeza de proporções e disciplina.

"Quando falarem, deem aos sons, sílabas, palavras, a extensão justa, usem um ritmo nítido ao combinarem suas partículas tonais; formem com suas frases períodos falados, regulem a relação rítmica entre as frases completas; aprendam a apreciar uma acentuação correta e clara, adequada às emoções lembradas e também à criação da imagem de uma personagem.

"Uma linguagem falada com ritmo bem-delineado facilita a sensibilidade rítmica e o oposto também é verdade: o ritmo das sensações experimentadas ajuda a falar com clareza. Naturalmente tudo isso acontece nos casos em que a precisão da linguagem falada baseia-se cuidadosamente em circunstâncias interiores sugeridas e no *se* mágico."

II

A aula de hoje começou quando Tórtsov mandou que se acertasse o metrônomo grande num andamento lento. Como sempre, Rakhmánov indicava os compassos tocando uma sineta.

Depois ligaram outro metrônomo pequeno para indicar o ritmo da fala. Tórtsov pediu então que eu falasse ao som do acompanhamento desses metrônomos.

— O que é que eu vou dizer? — perguntei, perplexo.

— O que você quiser — respondeu. — Conte-me algum episódio da sua vida, o que você fez ontem, em que é que está pensando hoje.

Dei tratos à bola e depois contei o que vira no cinema, na véspera. Enquanto isso o metrônomo marcava as acentuações, a sineta tocava, mas não tinham nenhuma relação com o que eu dizia. Iam tocando mecanicamente a seu modo e eu, por minha vez, ia falando a meu modo.

Tórtsov riu e observou:

— A banda toca e a bandeira fica só balançando.

— Isso não é de surpreender porque eu não compreendo como se espera que eu fale em cadência com o metrônomo — repliquei nervoso, num esforço para me defender. — A gente pode cantar ou declamar versos com compasso e medida e tentar fazer que os acentos e as cesuras coincidam com certas batidas da máquina. Mas como se pode fazer isso com a prosa? Onde é que as ênfases devem coincidir?... Eu não entendo — disse eu, queixosamente. Mas Tórtsov apenas me mandava continuar.

Na realidade eu me adiantava ou atrasava na acentuação, arrastava ou apressava o *tempo* inadequadamente. Em ambos os casos eu perdia a batida do metrônomo.

Então, de súbito e completamente por acaso, comecei a coincidir cada vez mais com as batidas e isso me deu uma sensação agradabilíssima.

Mas minha alegria durou pouco. O tempo-ritmo que encontrara por acaso durava apenas vários segundos e depois desaparecia logo para ser substituído outra vez pela desconexão de antes.

Forcei-me a entrar novamente em harmonia com o metrônomo. Mas quanto mais me esforçava, mais confuso se tornava o meu ritmo e mais desorientado eu ficava com as batidas da máquina. Já não tinha consciência do que estava dizendo e finalmente parei de todo.

— Não posso continuar! Não tenho nenhuma noção de *tempo* nem de *ritmo* — concluí e estava quase à beira das lágrimas.

— Isso não é verdade! Não faça confusão — replicou Tórtsov. — O que acontece é que você está exigindo muito do seu tempo-ritmo em prosa e portanto ele não pode corresponder à sua expectativa. Não se esqueça que a prosa não pode ser escandida assim como os movimentos comuns do corpo não podem ser dançados. A coincidência rítmica não pode ser rigidamente regular, ao passo que nos versos e nas danças ela é cuidadosamente preparada de antemão.

"As pessoas dotadas de um maior senso rítmico conseguem obter coincidências de acentuação mais numerosas. As que não têm esse senso tão bem desenvolvido consegui-lo-ão com menos frequência. Só isso. O que estou tentando descobrir é quais de vocês pertencem à primeira categoria e quais à segunda.

"Você, pessoalmente, pode tranquilizar-se — disse-me ele — porque eu o situo entre os estudantes ritmicamente bem-dotados. Só que você ainda não conhece um método que pode ajudá-lo a adquirir controle sobre o tempo-ritmo. Portanto, ouçam com atenção que vou lhes explicar um importante segredo da técnica de falar.

"Na prosa, bem como na poesia e na música, existe o tempo-ritmo. Mas na linguagem comum, ele ocorre acidentalmente. O tempo-ritmo da prosa é misto: uma frase pode ser dita com um ritmo e a frase seguinte com outro completamente diferente. Uma frase é longa, outra curta e cada qual terá o seu ritmo peculiar.

"A princípio tendemos à triste conclusão de que a prosa não é dada ao ritmo. Mas proponho esta pergunta: vocês já tiveram alguma vez a oportunidade de ouvir uma ópera, uma ária, ou uma canção, que, em lugar de ser escrita em verso, fosse escrita em prosa? Se tiveram é porque ouviram então uma obra em que as notas, pausas, compassos, acompanhamento, melodia, tempo-ritmo estavam integrados com as letras, sílabas, palavras e frases do texto. Esse todo combinava-se para produzir sons musicais rítmicos e harmoniosos com o texto subjacente das palavras. Nesse reino do ritmo matematicamente proporcionado, a simples prosa parecia quase verso, adquirira toda a harmonia da música. Ora, vamos tentar seguir esta mesma senda em nossa própria fala prosaica.

"Vejamos primeiro o que se passa na música. A voz canta uma melodia com palavras; os espaços em que não há notas com palavras são preenchidos pelo acompanhamento ou então com pausas para completar as batidas rítmicas de cada compasso.

"Temos na prosa a mesma coisa. As letras, as sílabas, as palavras substituem para nós as notas e os pontos, as pausas respiratórias são contagens que preenchem o ritmo quando não há um texto verbal para arrematar o compasso falado.

"Os sons das letras, sílabas e palavras, com pausas intermediárias, são um excelente material, como vocês já sabem, para a criação de toda espécie de ritmos diversos.

"No palco, a nossa linguagem em prosa pode-se aproximar até certo ponto da música e dos versos, quando as acentuações das palavras recaem constantemente na mesma batida que o acento de um determinado ritmo.

"Isto podemos ver nos poemas em prosa e também na obra de alguns poetas modernos, que poderia ser chamada de 'prosa em versos' e que tanto se aproxima da conversação coloquial comum.

"Portanto, o tempo-ritmo de nossa prosa é composto de grupos alternados de sílabas acentuadas e não acentuadas, entremeados de pausas que naturalmente têm um curso agradável ao ouvido e obedecem a infinitas delineações rítmicas. Ao mesmo tempo temos de falar e calar, mover-nos ou parar com tempo-ritmo.

"As pausas comuns e as pausas respiratórias na poesia e na prosa faladas têm enorme importância não só como partes componentes da linha rítmica mas também porque representam um papel significativo e importante na própria técnica de criar e controlar o ritmo. Ambos os tipos de pausa possibilitam a coincidência das acentuações dos ritmos de fala, de ações e de emoções, com os acentos da contagem interior de batidas do ator.

"Este processo de arredondar as lacunas de um compasso com repousos e pausas respiratórias é chamado por alguns de 'ta-ta-ti-ra-rizar'!

"A origem da expressão, aliás, está no fato de que quando cantamos uma melodia e não sabemos as palavras, substituímos as batidas com sílabas sem sentido assim como 'ta-ta-ti-ra-ra'. Você se perturbou porque a concordância das suas acentuações com o tique-taque do metrônomo era acidental. Agora espero que se preocupe menos com isso, pois já sabe que existe um meio de superar isto, um meio que tornará rítmica a sua prosa falada."

III

— O ponto crucial, naturalmente, é saber como combinar num só todo frases de ritmos variados. É quase como a função de um regente e um coro que tivessem de transportar o público ouvinte de uma parte de uma sinfonia composta em tempo de três por quatro para outra, composta em tempo de cinco por quatro. Isto não pode ser feito imediatamente. As pessoas em geral e principalmente de uma plateia, quando se habituam, durante uma parte de uma sinfonia, com determinada média de compasso e velocidade não podem se transferir facilmente e aceitar um *tempo* e um ritmo completamente diversos noutra parte da sinfonia.

"Às vezes o regente tem de ajudar tanto os seus executantes como o público a transporem o obstáculo dessa transição. Ele não atinge a sua meta de uma só vez, transporta seus executantes e ouvintes por meio de uma série de degraus rítmicos transicionais, que conduzem ao novo ritmo numa progressão lógica.

"O mesmo temos de fazer quando passamos de um período falado, com o seu respectivo tempo-ritmo, para outro, de ritmo diferente, de tempo e extensão diferentes. A diferença entre nós e o regente é que ele realiza abertamente seu objetivo, com a batuta na mão, ao passo que nós temos de fazê-lo em segredo, interiormente, com o auxílio de uma contagem de batidas ou um ta-ra-ri-re-a-do mentais.

"O primeiro objetivo para o qual nós atores precisamos desses recursos transicionais é o de fazer uma entrada nítida e definitiva no novo tempo-ritmo, confiante de que levamos conosco a pessoa com quem nos ocupamos naquele momento e, junto com ela, toda a plateia.

"Esse ta-ra-re-ar em prosa é a ponte que liga as frases e períodos de ritmos os mais heterogêneos."

Passamos o resto da aula falando ao som do tique-taque do metrônomo de modo muito simplificado. Palestrávamos normalmente, mas agora tentando fazer com que as nossas palavras e sílabas principais coincidissem com a batida do metrônomo sempre que fosse possível.

Nos intervalos entre as batidas dispúnhamos uma série de palavras e frases de tal modo que, sem mudar o sentido do que dizíamos, tornava-se logicamente certo fazer as acentuações coincidirem com as batidas. Conseguimos até mesmo preencher as lacunas do conteúdo verbal das nossas frases com contagens e pausas. Naturalmente esse tipo de fala é muito arbitrário e casual. Ainda assim pode produzir certa harmonia e a experiência me trouxe algum estímulo interior.

A esse efeito do tempo-ritmo sobre as sensibilidades interiores é que Tórtsov atribuiu grande importância.

IV

Tórtsov começou com esta pequena cena da obra clássica em verso de Griboiedov, *A desgraça por excesso de espírito*:

Famusov — O que é isso?... Molchalin, você?
Molchalin — Eu?...
Famusov — Aqui, a esta hora? Por quê?...

Depois de uma pequena pausa, Tórtsov reformulou estas falas assim:

— Bem, qual é o motivo que o traz aqui? É você, meu amigo Molchalin? — Sim, sou eu. — Como é que você está aqui? a esta hora?

Agora ele dizia as frases sem rima nem ritmo.

— O sentido permanece o mesmo, mas é diferente! Na forma proseada as palavras se derramam, perdem a firmeza, perdem sua qualidade bem delineada, enfática, tornam-se embotadas — explicou Tórtsov. — Em verso, cada palavra é necessária, não há palavras supérfluas. Aquilo que exprimimos em prosa com uma frase inteira muitas vezes pode ser dito, em poesia, com uma ou duas palavras. E com que acabamento, que controle!

"Vocês poderão dizer que a diferença essencial entre as duas versões opostas que eu usei como exemplos de 'poesia *versus* prosa' está no fato de que a primeira foi escrita pelo grande Griboiedov e a segunda foi composta por mim sem muito êxito.

"Isto, naturalmente, é verdade. Ainda assim insisto que mesmo que o grande poeta tivesse escrito a mesmíssima coisa em prosa, ele não seria capaz de transmitir a mesma qualidade rara que transmitiu com seu verso, o ritmo precisamente talhado à agudez das rimas; por exemplo, quando Molchalin encontra Famusov no 1º ato, a única coisa que lhe é dada para exprimir seu pânico é a palavra: *Eu*.

"O ator que interpreta o papel de Molchalin deverá ter o mesmo acabamento, perspicácia e penetração em seus sentimentos internos para transmitir exteriormente tudo o que está por trás das palavras: o terror, o embaraço, a servilidade apologética — tudo que Molchalin está sentindo. A poesia desperta emoções diferentes, devido à sua forma diferente da da prosa. Mas a recíproca também é verdadeira. A poesia tem outra forma porque nós sentimos o seu subtexto de um modo diferente.

"Uma das principais diferenças entre as formas faladas da prosa e do verso está no fato de que seus tempo-ritmos são diferentes, os períodos exercem diferentes influências em nossas sensações, memória, emoções.

"Com esta base podemos argumentar o seguinte: quanto mais rítmico for o verso ou a prosa ao serem falados, mais claramente definida será a nossa experiência dos pensamentos e emoções subjacentes nas palavras do texto. E, reciprocamente: quanto mais claros, definidos e rítmicos forem os pensamentos e as emoções que experimentamos, mais necessidade eles terão de uma forma rítmica de expressão verbal.

"Aí temos um novo aspecto do efeito do tempo-ritmo sobre a emoção e da emoção sobre o tempo-ritmo.

"Vocês se lembram de como tocaram e 'regeram' os tempos e os ritmos de vários estados de alma, ações e até mesmo imagens sugeridas às suas imaginações?

"Então o toque puro e simples do tempo-ritmo era bastante para estimular as suas recordações afetivas, os seus sentimentos e experiências.

"Se o simples toque podia causar tudo isto, com muito maior facilidade vocês podem obter esse efeito por meio dos sons vivos de uma voz humana, do tempo-ritmo das letras, sílabas, palavras e das suas conotações imanentes.

"Mesmo quando não entendemos o significado das palavras, seus sons nos afetam por meio de seus tempos-ritmos.

Lembro-me, por exemplo, do solilóquo de Corado no melodrama *A família de um criminoso*, interpretado por Tommaso Salvini. Esse solilóquio descrevia a fuga de um criminoso, da prisão.

"Eu ignorava a língua italiana, não tinha a menor ideia do que o ator narrava, mas fiquei profundamente envolvido em todas as detalhadas emoções que ele sentia. Nisto fui ajudado em grande parte não só pelas magníficas entonações de Salvini, como também pelo tempo-ritmo do seu falar extraordinariamente bem-delineado.

"Pensem também nos versos em que o tempo-ritmo pinta quadros sonoros, como o tocar dos sinos, o galope dos cascos de cavalos. Por exemplo:

Escuta: nos trenós tilintam sinos
        argentinos!

Ah! que mundo de alegria o som cantante prenuncia!

    Como tinem, lindo, lindo,
    no ar da noite fria e bela!*

Saltei sobre a sela, e Joris e ele:

Galopei, galopou, galopamos nós três.**"

---

*Os sinos, de Edgar Allan Poe, poesia e prosa (obras escolhidas). Tradução de Oscar Mendes e Milton Amado. (N. do T.)
**Do poema de Robert Browning, *Como trouxeram a boa nova de Ghent a Aix*. (N. do T.)

V

— Vocês sabem que a linguagem falada não consiste apenas em sons mas também de pausas — explicou Tórtsov hoje. — Ambas as coisas devem estar igualmente impregnadas de tempo-ritmo.

"O ritmo é inerente ao ator e se manifesta quando ele está em cena, quer nas suas ações, quer imóvel; quando fala ou quando está calado. Seria interessante traçar agora a correlação desses momentos de *tempos* e ritmos na ação e na inação, no falar e no silêncio. Esta questão é particularmente difícil quando abordamos as formas versificadas na linguagem falada. Começarei por aí: A dificuldade está em que o verso impõe um limite à duração de qualquer parada ou pausa. Não se pode prolongar impunemente uma pausa pois ela quebra o tempo-ritmo das palavras faladas, levando tanto o orador quanto o ouvinte a perderem de vista o tempo e o metro anterior do verso, os quais se descontrolam e têm de ser restabelecidos.

"Isto, por sua vez, causa um rombo nos versos. Há, entretanto, certas circunstâncias em que as pausas prolongadas são inevitáveis, por causa de ações necessárias. Vejamos, por exemplo, aquela parte da primeira cena da peça de Griboiedov.

"Lisa bate à porta do quarto de dormir de Sofia para pôr termo a um colóquio amoroso entre sua patroa e Molchalin, colóquio que já se prolongou após o amanhecer. A cena é assim:

Lisa (Diante da porta de Sofia) — Estão escutando mas não querem ouvir. (Pausa. Ela vê o relógio e tem uma ideia). Vou adiantar o relógio mesmo que leve um pito. Faço bater a hora... (Pausa. Lisa atravessa o palco, abre a tampa do relógio e muda a posição dos ponteiros, forçando-os a bater a hora. Dança. Entra Famusov.) Oh! Patrão!

Famusov — Seu patrão. É.

(Pausa. Famusov vai até o relógio abre-o e faz parar as badaladas.)

Que travessura!
Menina levada! Quem é
Que jamais poderia inventar
Igual Criatura!

— Como estão vendo, a natureza da ação nesta cena impõe longos intervalos entre os versos. Devo acrescentar que a dificuldade de transportar o verso torna-se ainda mais complicada quando é preciso marcar as rimas. Um intervalo excessivo entre os versos rimados faz com que as esqueçamos, mata-as, ao passo que um intervalo curto demais entre elas, apressando e tornando insuficiente a ação necessária, destrói nossa fé na credibilidade e veracidade dessas ações. É preciso calcular uma combinação de tempos: os intervalos entre as palavras rimadas e o sentimento de veracidade na ação. Em todas estas alternações de palavras faladas, pausas, ações mudas, o ta-ta-ti-ra-ri pode apoiar o ritmo interior.

"Muitos atores que representam os papéis de Famusov e Lisa receiam as interrupções prolongadas do texto falado, passam depressa demais pelo jogo de cena necessário, a fim de voltar o mais rápido possível para as palavras e o tempo-ritmo que foram interrompidos. O resultado é uma impressão de picadinho, que destrói a crença naquilo que se está passando. Este solapamento da ação e da dicção transforma em tolice o que se faz no palco. Retira toda a vitalidade da atuação, e tudo aquilo que é sem vida, sem base, é, também, incapaz de convencer. De todos os pontos de vista é tedioso e não pode prender ou sequer atrair a atenção. Este estado de coisas, longe de encurtar as pausas, tem o efeito contrário de fazê-las parecerem ainda mais compridas.

"É por isso que o tipo de atores que estou descrevendo frustram os seus próprios objetivos com movimentos agitados, ao darem corda no relógio ou pararem suas badaladas. Traem assim sua própria impotência, o temor das pausas, os tiques sem sentido e a falta de qualquer alicerce para as falas que dizem. Deveriam proceder de modo totalmente diferente: com tranquilidade, sem pausas excessivas entre os versos, deveriam executar os movimentos necessários, de acordo com o ritmo interior e sempre, em todas as ocasiões, deveriam ser motivados por um senso de veracidade e ritmo.

"Quando um ator começa a falar outra vez, depois de uma grande pausa, ele precisa, por um ou dois segundos, de sublinhar a acentuação do ritmo do verso. Isto ajuda tanto a ele quanto ao público a retornarem ao ritmo que foi interrompido, talvez até mesmo perdido. Como veem, o ator tem de saber ser rítmico não só falando mas também calado. Tem de contar as palavras junto com as pausas e não considerá-las como entidades separadas.

"O porquê da métrica das palavras faladas e a qualidade rítmica dos intervalos tornarem-se mais evidentes em verso é que me fez escolher este exemplo para servir como nossa primeira demonstração. Não me compete ensinar-lhes versificação ou sequer a leitura dos versos. Isto será feito por um especialista. Estou apenas comunicando-lhes diversas descobertas de minha própria experiência. Elas só poderão ajudá-los no trabalho.

"Por tudo que eu disse, vocês podem facilmente calcular o papel importantíssimo que o tempo-ritmo representa no trabalho do ator. Junto com a linha direta de ação e com o subtexto, ele atravessa como um fio todos os movimentos, palavras, pausas; a experiência emocional de um papel e a sua interpretação física."

VI

A etapa seguinte foi uma revisão do tempo-ritmo. Leão foi o primeiro a ser chamado para prestar exame. Leu o solilóquio de Salieri (do *Mozart e Salieri* de Pushkin) e saiu-se muito bem. Recordando como Leão fracassara na demonstração do tempo-ritmo no exercício com a bandeja, Tórtsov observou:

— Aí temos um exemplo da coexistência numa só pessoa da ação física arrítmica e da linguagem rítmica, mesmo quando esta última é bastante seca e um tanto desprovida de conteúdo interior.

Depois foi a vez de Vásia e, ao contrário de Leão, ele executou admiravelmente o velho exercício da bandeja, embora não se saísse tão bem com os ritmos falados.

— Aí está a situação oposta. Uma pessoa que é rítmica nos movimentos e ao mesmo tempo arrítmica ao falar — disse Tórtsov.

Depois foi Gricha. O comentário de Tórtsov foi o de classificá-lo entre os atores que se servem de um só tempo-ritmo fixo em tudo que fazem, movimentos, palavras, silêncios, tudo numa cadência e compasso monótonos.

Esse atores adaptam o seu tempo-ritmo permanente ao seu tipo: o "pai nobre" tem um ritmo fixo e sempre "nobre"; a ingênua sempre gorjeia num ritmo rápido, juvenil e trêfego; a atriz cômica, o herói, a heroína, cada um deles tem o seu tempo-ritmo permanentemente estabelecido.

Embora Gricha tenha aspiração a galã, adotou, entretanto, o tempo e o ritmo do ator característico, ou seja, o que os franceses chamam de um *raisonneur*.

— É pena — explicou Tórtsov —, porque produz um efeito amortecedor. Seria melhor que ele permanecesse fiel ao seu tempo-ritmo de fora de cena. Esse, pelo menos, não se petrificaria numa única espécie de andamento, mas refletiria os ritmos alternados da vida.

Por vários motivos, Tórtsov não mandou que os outros fizessem suas demonstrações. Em vez disso, passou a explicar mais um aspecto desse mesmo problema do tempo-ritmo:

— Há muitos atores — disse ele — que se deixam levar pela forma exterior da poesia, sua métrica, e desprezam completamente o subtexto e todo o ritmo interior da vida e do sentimento.

"Podem ser meticulosos ao ponto de se tornarem pedantes, quanto à interpretação da métrica. São capazes de acentuar com cuidadosa articulação cada uma das rimas e de escandir um poema com precisão mecânica. Têm extremo pavor de qualquer divergência em relação ao ritmo matematicamente exato. Também temem as pausas, porque sentem o vazio do subtexto. Aliás, o subtexto para eles não existe, eles realmente não podem amar um poema pois desconhecem aquilo que o ilumina de dentro. Tudo o que lhes resta é um interesse empírico pelos ritmos e pelas rimas, apresentados simplesmente como tais, e daí o automatismo da sua interpretação.

"Esses mesmos atores têm uma atitude semelhante para com o *tempo*. Tendo fixado este ou aquele índice de velocidade, permanecem presos a ele durante toda a leitura, sem perceberem que o *tempo* deve se manter vivo, vibrante e até certo ponto mudar, nunca permanecer petrificado num único índice de andamento.

"Há pouca diferença entre esta atitude para com o *tempo*, esta falta de sensibilidade, e o som sem alma de uma melodia tocada no realejo ou, ainda, o tique-taque de um metrônomo. Basta comparar esta concepção com a de um regente talentoso.

"Para os músicos desta espécie um *andante* não é um andante inflexível; um *allegro* não é um *allegro* absoluto. O primeiro pode a qualquer momento insinuar-se no segundo, ou o segundo no primeiro. Esta oscilação vitalizante não existe na batida mecânica do metrônomo. Numa boa orquestra os *tempos*, constantemente, quase imperceptivelmente, vão mudando e se mesclando uns com os outros como as cores de um arco-íris.

"Tudo isto se aplica ao teatro. Temos diretores e atores que são apenas artesãos mecânicos e outros que são esplêndidos artistas. O *tempo* da dicção dos primeiros é cacete, monótono, formal, ao passo que os dos segundos é infinitamente vário, vivo e expressivo. Será preciso frisar que os atores que adotam uma atitude predeterminada para com o tempo-ritmo jamais poderão lidar realmente com as formas versificadas?

"Estamos familiarizados com o outro extremo da recitação em cena, no qual o verso só falta se transformar em prosa.

"Isto frequentemente resulta de uma atenção excessiva, exagerada, superintensificada, para com o conteúdo subtextual, sem nenhuma proporção para com a que dispensam ao verso. Este é esmagado pela psicotécnica, sob o peso das pausas e de uma psicologia emaranhada e confusa.

"Tudo isso produz um tempo-ritmo — interior pesado e um subtexto psicologicamente supercomplexo, cujas involuções o fazem infiltrar-se nos versos verbais.

"Nunca se escolhe um soprano-dramático wagneriano, com sua voz poderosa e rica, para cantar as etéreas e ligeiras árias de coloratura.

"Assim também não se pode sobrecarregar o verso levemente rimado da peça de Griboiedov com um subtexto emocional desnecessariamente profundo.

"Está claro que isto não significa que os versos não podem ter um conteúdo emocional profundo. Ao contrário. Todos nós sabemos que os escritores recorrem ao verso quando querem transmitir experiências edificantes ou emoções trágicas. Entretanto, os atores que o sobrecarregam com um conteúdo subtextual desnecessariamente pesado nunca sabem realmente manejar a poesia.

"Há um terceiro tipo de atores que ficam a meio caminho entre os dois tipos citados. Têm igual interesse pelo subtexto com o seu tempo-ritmo-interior e pelo texto verbal em verso, com o seu tempo-ritmo-exterior, as formas sonoras, os metros e o contorno definido. Os atores deste tipo manejam o verso de modo bem diferente. Antes de começarem a declamar, mergulham em ondas de tempo-ritmo e permanecem embebidos nele. Deste modo não só a sua dicção como também os seus movimentos, o andar, as emanações e as próprias fontes das suas experiências emocionais são constantemente inundadas por estas mesmas ondas de tempo-ritmo. Eles não se separam delas enquanto estão falando nem quando se calam, quer nas pausas lógicas, quer nas psicológicas, quer em ação, quer imóveis.

"Os atores deste tipo, que estão interiormente impregnados de tempo-ritmo, sentem-se perfeitamente à vontade nas pausas porque estas não são pontos vazios e mortos do papel e sim intervalos vivos, significativos. Elas possuem uma aura interior de sentimento e imaginação.

"Esses atores nunca deixam de ter consigo um metrônomo interior, que fornece um acompanhamento mental sempre presente a cada palavra, ato, reflexão, emoção.

"Somente nestas condições é que o verso não só deixa de causar qualquer embaraço ao ator e às suas emoções, mas até mesmo o ajuda a ter plena liberdade de ação interior e exterior. Somente nestas circunstâncias, quando o processo interior do ator que vive o seu papel se funde com a sua encarnação externa, é que é criado um tempo-ritmo comum, obtendo-se uma união completa de texto e subtexto.

"Quando os atores têm uma inata compreensão justa daquilo que estão transmitindo ao público, entram imediatamente numa trilha mais ou menos rítmica de expressão verbal e física. Isto acontece porque o elo entre o ritmo e o sentimento é muito forte. Mas estas mesmas pessoas mostram-se totalmente sem recursos quando os seus sentimentos não reagem espontaneamente e são forçadas a recorrer ao ritmo para despertá-los.

"Portanto, é uma grande vantagem ter senso natural de tempo e ritmo. Seja como for, isto é uma coisa que devemos nos esforçar para desenvolver desde a mais extrema juventude. Infelizmente há muitos atores nos quais ele quase não se desenvolveu."

VII

Hoje Tórtsov dedicou nossa aula a uma sumarização:
— Chegou a hora de passarmos em revista os resultados de nossos prolongados esforços. Vamos conferir rapidamente o que conseguimos realizar. Vocês se lembram como batemos palmas para estimular uma disposição na qual os sentimentos correspondessem ao ritmo? Lembram-se como batíamos qualquer coisa que nos viesse à cabeça, uma marcha, o ruído de um trem, conversações variadas? Essas pausas despertavam certa disposição e sentimentos, se não nos ouvintes, pelo menos na pessoa que as batia. Lembram-se dos diversos tempos sugeridos pela partida de um trem e toda a verdadeira excitação que o passageiro sentia? E como nos divertimos evocando toda sorte de sentimentos com um metrônomo de faz de conta? Depois houve o exercício com a bandeja e todas as metamorfoses interiores e exteriores de vocês, indo de presidentes de clube esportivo a garçons bêbados de um café de estação ferroviária do interior. E lembram-se como representaram ao som da música?

"Em todos estes sketches e exercícios de ação, foi o tempo-ritmo de cada um dos casos que criou o clima e estimulou as experiências emocionais correspondentes.

"Fizemos experiências análogas com as palavras. Vocês se lembram da influência exercida sobre os seus sentimentos pelas palavras recitadas em notas de um quarto, um oitavo etc.?

"Depois experimentamos os meios de combinar versos com intervalos rítmicos de ação silenciosa. Neste ponto vocês descobriram como o ta-ta-ti-ra-re-ado pode ajudar. Servia para sustentar o ritmo geral da forma poética e as proporções da ação bem-delineada, efetuando assim a união dos atos e das palavras.

"Em todos esses exercícios que acabo de enumerar, um resultado aparece em maior ou menor grau. Um estado de experiência interior, de sensação interior é criado.

"Isto nos possibilita aceitar o fato de que o *tempo-ritmo, quer seja criado mecânica, intuitiva ou conscientemente, atua deveras sobre a nossa vida interior, os nossos sentimentos, as nossas experiências interiores*. O mesmo acontece quando estamos em pleno processo da ação criadora em cena.

"Quero pedir a maior atenção de vocês para o que vou dizer agora; é algo da mais profunda importância não só no campo do tempo-ritmo, no qual estivemos trabalhando, mas também no terreno mais amplo de todo o nosso esforço criador."

E então Tórtsov fez uma pausa significativa antes de revelar o que tinha em mente.

— O que descobrimos sobre o tempo-ritmo dá-nos a convicção de que se trata do aliado e adjunto mais íntimo dos sentimentos, porque *frequentemente ele surge como um estímulo direto, imediato ou, então, algumas vezes, quase mecânico, da memória afetiva e por conseguinte da experiência mais profundamente interior*.

"Daí concluímos que é impossível sentir verdadeiramente, em presença do tempo-ritmo errado ou inapropriado. E, também, que só podemos encontrar o tempo-ritmo verdadeiro quando, simultaneamente, somos movidos pelos sentimentos que lhe são adequados.

"Há uma interdependência, uma interação e um elo indissolúveis entre o tempo-ritmo e os sentimentos e, reciprocamente, entre o sentimento e o tempo-ritmo.

"Se vocês examinarem atentamente o que estou dizendo, compreenderão toda a extensão do que descobrimos. É importantíssimo. Estamos considerando o efeito direto ou, às vezes, apenas mecânico, do tempo-ritmo externo sobre os nossos sentimentos caprichosos, arbitrários, intratáveis, tímidos; sobre os sentimentos que não se sujeitam a nenhuma ordem, que fogem assustados diante da mais ínfima exibição de força, para os mananciais inacessíveis dos nossos seres; esses mesmos sentimentos que até agora só conseguimos atingir por meios indiretos magnéticos. Eis que de repente encontramos um meio de abordagem direta, imediata!

"É, de fato, uma grande descoberta! E se estamos certos, então, *o tempo-ritmo de uma peça ou papel, corretamente estabelecido, pode, por si só, intuitiva (às vezes automaticamente) apossar-se dos sentimentos de um ator, e despertar nele uma verdadeira sensação de viver o seu papel.*

"Perguntem a qualquer cantor o que significa para ele cantar sob a orientação de um músico talentoso que sabe calcular o tempo-ritmo certo, aquele que é verdadeiro, exato e característico de uma determinada música. Ele lhes dirá que chega a não se reconhecer.

"Imaginem, ao contrário, o que acontece com o cantor que preparou corretamente o seu papel e então entra em cena e depara com um tempo-ritmo errado, que entra em choque com o dele. Isto pode solapar completamente seus sentimentos, seu papel, seu estado criador interno, que é essencial para o seu trabalho.

"É exatamente isto que também acontece com os atores quando surge um conflito de tempo-ritmo entre os seus sentimentos e a interpretação física dos mesmos em palavras e atos.

"Aonde nos leva isto afinal? Leva-nos à inevitável conclusão que nos é oferecida pela ampla possibilidade inerente à nossa psicotécnica, isto é, que temos um meio direto, imediato, de estimular cada uma das nossas forças motivas interiores.

O efeito direto sobre a nossa mente é obtido com as palavras, o texto, o pensamento, que despertam consideração. Nossa vontade é afetada diretamente pelo superobjetivo, por outros objetivos, por uma linha direta de ação. Nossos sentimentos são trabalhados diretamente pelo tempo-ritmo.

"Esta é uma aquisição de importância total para a nossa psicotécnica."

CAPÍTULO XIII O encanto cênico

I

— Vocês se lembram — assim Tórtsov começou a aula de hoje — como, naquele nosso exercício que chamamos de uma *mascarada*, eu interpelei Sônia, censurando-a por contar com a atração natural da sua voz, dos seus maneirismos, olhos e rosto?

"Creio que então assinalei que há certos atores que mal entram em cena e o público já se deixa cativar. Por quê? Será pela beleza deles? Entretanto, bem poucos desses atores têm esse atributo. Por sua voz? Mas, frequentemente, uma voz excepcional é coisa que lhes falta. Talento? Quanto a isto, muitos deles não merecem o prazer que provocam. Então, qual é a base do fascínio que exercem? É uma qualidade indefinível, intangível. É o encanto inexplicável da entidade total do ator. Transforma em vantagens até mesmo as suas deficiências, suas peculiaridades, e defeitos tornam-se objeto de imitação para os seus admiradores.

"Esse tipo de ator pode-se permitir o que bem entender. Até mesmo representar mal. A única coisa que se exige dele é que entre em cena o mais frequentemente possível e fique nela o maior tempo que puder, para que o seu público possa ver, contemplar e apreciar o seu ídolo. Mas, muitas vezes, acontece que, encontrando esse mesmo ator fora de cena, até os seus admiradores mais fervorosos se desiludem — 'Oh, como ele é pouco atraente na vida real!' — exclamam. Evidentemente, a iluminação, o cenário ou o proscênio é que trazem à tona qualidades que infalivelmente se impõem à admiração. Não é à toa que se chama a esta qualidade de *encanto cênico* e não de encanto natural.

"Tê-la é uma grande vantagem para o ator, pois garante de antemão o domínio da plateia, ajuda-o a transmitir para grande número de pessoas as suas intenções criadoras. Dá destaque aos seus papéis e à sua arte. É, entretanto, absolutamente importante que ele use esse dom precioso com prudência, bom senso e modéstia. É uma pena quando deixa de compreender esse fato e começa a explorar, a basear sua atuação nesta capacidade de encantar. Nos bastidores esses intérpretes são apelidados de *prostitutas*, porque exibem seus encantos, negociam com eles em benefício próprio em vez de utilizar esse poder de fascínio para valorizar a personagem que criaram. Isso é um erro perigoso. Sabemos de muitos casos em que esse dom foi a ruína de um ator porque este concentrou todo o seu interesse e todo o equipamento técnico na finalidade única da autoexibição.

"Dir-se-ia quase que a natureza se vinga do ator que é incapaz de utilizar corretamente os dons que ela lhe deu porque a autoadmiração e o exibicionismo prejudicam e destroem a capacidade de encantar. O ator é vitimado pelo seu próprio dom esplêndido, inato. Outro aspecto do perigo decorrente desse encanto cênico é o de tornar monótonos os atores que o possuem devido à tentação de usá-lo constantemente em sua própria pessoa. Quando se escondem detrás de uma caracterização ouvem logo o protesto de seus admiradores: 'Que horror! Por que é que ele se desfigurou assim?' E logo o temor de desagradar ao seu público, principalmente às suas admiradoras, os impele, assim que chegam em cena, a restabelecer seu encanto salvador e envidar todos os esforços para revelá-lo através da maquilagem e dos trajes de um papel que talvez não peça essas qualidades particulares. Há também atores que possuem um encanto cênico de outra espécie. Ao contrário dos primeiros, estes não devem se mostrar tais como são, pois sob esse aspecto não têm nenhum poder atrativo. Mas basta que ponham perucas, que escondam inteiramente sua própria personalidade sob a maquilagem e passam logo a ter grande magnetismo cênico. Atraem o público não por meio do encanto pessoal, mas por intermédio de um encanto artisticamente fabricado. Atrás dessa criação pode haver ternura, sutileza, graça ou ousadia, vivacidade ou até mesmo insolência e rispidez — e a soma de tudo isso é uma capacidade de seduzir.

"Chego agora ao infortunado ator que necessita de atração teatral, e, ao contrário, tem uma qualidade intrínseca que faz com que o público se volte contra ele quando está em cena. Por outro lado, ele tem a vantagem de, na vida real, fazer com que as pessoas exclamem: 'Como ele é simpático!' e logo depois elas acrescentam: 'Por que será que no palco ele é tão antipático?' Entretanto esses atores frequentemente são muito mais inteligentes, talentosos e conscienciosos em relação à sua arte do que aqueles que foram agraciados com o encanto cênico e por causa dele têm perdão para tudo.

"Devemos, portanto, observar com especial atenção esses atores desprezados pela natureza e habituar-nos a eles. Só assim poderemos apreciar plenamente seus verdadeiros méritos artísticos. Isto pode levar muito tempo e assim protelar o reconhecimento de seus dons.

"Surge então a pergunta: Não haverá nenhum método para, de um lado, possibilitar o desenvolvimento de um certo grau de encanto cênico quando o ator não tem esse dom ou, por outro lado, será que ele não pode vencer a qualidade repulsiva que lhe é impingida?

"Isso é possível, mas só até certo ponto. Obtém-se não tanto pelo desenvolvimento de encanto mas sobretudo pela atenuação de deficiências desagradáveis. Está claro que o ator precisa antes de entender, ou melhor, sentir, quais são essas deficiências e, depois, tendo chegado a esta percepção, deve aprender a lutar e vencer o seu próprio problema. Isto não é fácil. Exige cuidadosa observação, conhecimento de si mesmo, muita paciência e um trabalho sistemático visando extirpar características naturais e hábitos cotidianos.

"Quanto a adquirir esse 'algo' indefinível que atrai a plateia, isto é coisa mais difícil ainda e talvez seja até impossível de conseguir.

"Um dos auxiliares mais importantes nesse campo é o hábito. O espectador pode ficar acostumado com as deficiências do ator e elas podem chegar mesmo a assumir uma certa aparência de encanto, justamente pelo próprio motivo de que o espectador já não está mais notando certas características que, ao primeiro contato, podem ter chocado a sua sensibilidade.

"De certo modo pode-se até criar o encanto cênico, atuando com educação primorosa, com polidez impecável, pois isto, por si só, já é atraente.

"De fato é comum ouvir-se dizer: 'Como o ator fulano melhorou! Agora está quase irreconhecível! Era tão antipático!'

"Replicando a esse tipo de observação, poderíamos dizer que o seu trabalho e o reconhecimento da sua arte é que operaram a mudança.

"A arte confere beleza e dignidade e tudo que é belo e nobre tem o dom de atrair."

CAPÍTULO XIV Para uma ética do teatro

I

— Chegou a hora de falar mais sobre um elemento — começou hoje Tórtsov — que contribui para estabelecer um estado dramático criador. É produzido pelo ambiente que circunda o ator no palco e pelo ambiente da plateia. Nós o chamamos de ética, disciplina e também de senso de empreendimento conjunto em nosso trabalho no teatro.

"Todas essas coisas, reunidas, criam uma animação artística, uma atitude de disposição para trabalhar juntos. É um estado favorável à criatividade. Não sei descrevê-lo de outro modo.

"Não é o próprio estado criador, mas é um dos fatores principais que contribuem para ele. Ele prepara e facilita esse estado.

"Chamá-lo-ei de ética do teatro, porque representa um papel importante a preparação prévia para o nosso trabalho. Tanto o próprio fator, como o que ele produz em nós e para nós mesmos são importantes, por causa das peculiaridades da nossa profissão.

"O escritor, o compositor, o pintor, o escultor não sofrem a pressão do tempo. Podem trabalhar no local e hora que acharem mais convenientes. Dispõem livremente do seu tempo.

"Isto não se passa com o ator. Ele deve estar pronto para produzir numa determinada hora, segundo o anunciado. De que modo poderá ele organizar-se para estar inspirado num momento preestabelecido? Isto não é nada simples.

"Ele precisa de ordem, disciplina, de um código de ética, não só para as circunstâncias gerais do seu trabalho como também, e principalmente, para os seus objetivos artísticos e criadores.

"A condição primordial para acarretar esta disposição preliminar é seguir o princípio pelo qual tenho me norteado: amar a arte em nós e não a nós mesmos na arte.

"A carreira do ator" — prosseguiu Tórtsov — "é uma carreira esplêndida para aqueles que são dedicados a ela, que a compreendem e enxergam sob um prisma verdadeiro."

— E se o ator não faz isso? — perguntou um dos alunos.

— Será uma pena, pois isto o incapacitaria como ser humano. Se o teatro não puder enobrecê-lo, transformá-lo numa pessoa melhor, você deve fugir dele — replicou Tórtsov.

— Por quê? — perguntamos em coro.

— Porque há uma porção de bacilos no teatro, alguns bons e outros extremamente prejudiciais. Os bacilos bons estimularão em vocês a paixão por tudo que é nobre, que eleva, pelos grandes pensamentos e sentimentos. Eles os ajudarão a comungar com os grandes gênios como Shakespeare, Pushkin, Gogol, Molière. As suas criações e tradições vivem em nós. No teatro, vocês também travarão conhecimento com escritores modernos e os representantes de todos os ramos da arte, da ciência, da ciência social, do pensamento poético.

"Essa companhia seleta lhes ensinará a compreender a arte e o sentido essencial que ela tem no seu âmago. Isto é a coisa principal da arte, nisto reside o seu maior fascínio.

— Precisamente em quê? — perguntei.

— Em chegar a conhecer, a trabalhar, estudar sua arte, suas bases, seus métodos e técnicas de criatividade — explicou Tórtsov.

"Também nos sofrimentos e alegrias da criação, que nós todos sentimos em grupo.

"E nas alegrias da realização, que renovam o espírito e lhe dão asas!

"Até mesmo nas dúvidas e fracassos, pois também eles encerram um estímulo para novas lutas, dão força para novo trabalho e novas descobertas.

"Há também uma satisfação estética, que nunca chega a ser totalmente completa e isto desperta nova energia.

"Quanta vida existe em tudo isto!"

— E o sucesso? — perguntei, bastante encabulado.

— O sucesso é transitório, fugaz — respondeu Tórtsov. — A paixão verdadeira está na pungente aquisição de conhecimentos sobre todos os matizes e sutilezas dos segredos criadores.

"Mas não se esqueçam dos bacilos maus, perigosos, corruptores, do teatro. Não é de surpreender-se que eles aí floresçam. Existem muitas tentações no nosso mundo do teatro.

"O ator se exibe todos os dias perante uma plateia de mil espectadores, de tantas e tantas horas a tantas e tantas horas. Está cercado pelos adornos magníficos da produção, valorizado pela eficaz moldura do cenário pintado, frequentemente trajando roupas opulentas e belas. Diz as palavras sublimes dos gênios, faz gestos pitorescos, movimentos graciosos, produz impressões de surpreendente beleza, que, muitas delas, são obtidas por meio da arte. Estando sempre sob o olhar do público, exibindo sua melhor aparência, quer o ator, quer a atriz, ovacionado, recebendo louvores extravagantes, lendo críticas entusiasmadas — todas estas coisas e muitas outras da mesma ordem constituem tentações incalculáveis.

"Estas tentações criam no ator o sentido da voracidade por uma constante e ininterrupta excitação da sua vaidade pessoal. Mas se ele viver apenas desses estímulos e de outros do mesmo gênero, estará destinado a rebaixar-se e tornar-se banal. Uma pessoa séria não pode se interessar muito tempo por esse tipo de vida, mas as pessoas superficiais ficam fascinadas, degradam-se e são destruídas por ele. É por isto que no mundo do teatro temos de aprender a controlar-nos muito bem. Temos de viver sob rígida disciplina.

"Se mantivermos o teatro livre de todos os males, proporcionaremos, por isso mesmo, ao nosso próprio trabalho, condições favoráveis. Recordem-se deste conselho prático: nunca entrem no teatro com lama nos pés. Deixem lá fora sua poeira e imundície. Entreguem no vestiário as suas pequenas preocupações, brigas, dificuldades, junto com os seus trajes de rua; e também todas as coisas que arruínam a nossa vida e desviam nossa atenção da arte teatral."

— Desculpe chamar a atenção para isto — interrompeu Gricha —, mas um teatro assim não existe em lugar nenhum deste mundo.

— Infelizmente você tem razão — reconheceu Tórtsov. — As pessoas são tão estúpidas e sem fibra que ainda preferem introduzir intriguinhas, despeitos, implicâncias, no local que deveria ser reservado à arte criadora.

"Parece que são incapazes de limpar a garganta antes de transpor o limiar do teatro. Entram e escarram no assoalho limpo. É incompreensível, como podem fazer isso!

"Maior razão ainda para que vocês sejam os descobridores do significado certo, elevado, do teatro e sua arte. Desde os primeiros passos que derem a serviço dele, habituem-se a entrar no teatro com os pés limpos.

"Nossos antepassados ilustres na arte de representar resumiram assim esta atitude:

> 'O verdadeiro sacerdote tem consciência da presença do altar durante todos os instantes em que oficia um ato religioso. Exatamente assim é que o verdadeiro artista deve reagir

no palco durante todo o tempo que estiver no teatro. O ator que não for capaz de ter este sentimento nunca será um artista verdadeiro!'"

II

Provocou muita discussão no teatro um escândalo que houve com um dos atores. Ele foi severamente repreendido e alertado de que seria expulso se repetisse a intolerável infração.

Gricha, como de costume, tinha muito o que dizer sobre o assunto:

— Eu por mim não acho que a administração tenha qualquer direito de se imiscuir na vida particular do ator!

Isto fez com que alguns dos outros pedissem a Tórtsov que nos explicasse o seu ponto de vista.

— Vocês não acham que é uma coisa insensata derrubar com uma das mãos aquilo que, com a outra, vocês estão querendo construir? Entretanto muitos atores agem exatamente assim. Em cena, fazem todos os esforços para transmitir impressões artísticas e belas e depois, logo que saem do palco, quase como se quisessem zombar dos espectadores que minutos antes os admiravam, fazem o máximo possível para desiludi-los. Nunca poderia esquecer o amargo sofrimento que me causou, em minha mocidade, um célebre astro em excursão. Não lhes direi o seu nome porque não quero embaçar para vocês o brilho da sua glória.

"Eu tinha presenciado uma interpretação inesquecível. A impressão que ele me causara era tão tremenda que me sentia incapaz de voltar sozinho para casa. Precisava discutir com alguém a minha experiência. Portanto, eu e um amigo fomos a um restaurante. Quando estávamos no meio de uma viva conversação, eis que entra no restaurante o nosso gênio. Não nos pudemos conter. Precipitamo-nos para ele e abrimos as comportas de todo o nosso entusiasmo. O grande homem nos convidou para ceiar com ele num salão reservado e ali, diante dos nossos olhos, passou a beber até chegar a um estado de bestialidade. Por sob o verniz se ocultava tamanha corrupção humana, uma vanglória tão revoltante, dissimulação, maledicência, todos os atributos de um vulgar fanfarrão. Além de tudo isso, negou-se a pagar a conta de vinho que bebera. Levamos muito e muito tempo para saldar essa dívida inesperada. E o único prazer que tiramos disso foi o privilégio de levar o nosso anfitrião, que urrava e arrotava, até o seu hotel, onde manifestaram a maior relutância em recolhê-lo naquele inconveniente estado de embriaguez.

"Misturem todas as impressões boas e más que nós tivemos daquele homem extraordinariamente talentoso e procurem verificar o resultado obtido."

— É como o soluço depois de se beber champanhe — sugeriu Paulo alegremente.

— Bem, tomem cuidado para que a mesma coisa não lhes aconteça quando vocês forem atores célebres — disse Tórtsov.

"Só quando o ator está em casa, a portas fechadas, com o seu círculo de relações mais próximas é que ele pode descontrolar-se. Porque o seu papel não acaba de ser representado com o baixar do pano. Ele ainda tem a obrigação de carregar em sua vida diária o estandarte da qualidade. De outro modo poderá apenas destruir o que tenta construir. Lembrem-se disto desde o início do seu período de serviço artístico e preparem-se para esta missão. Desenvolvam em vocês próprios a necessária capacidade de controle, a ética e a disciplina de um servidor público destinado a levar ao mundo uma mensagem que é bela, elevada e nobre.

"O ator, pela própria natureza da arte a que se dedicou, torna-se membro de uma organização vasta e complexa: o teatro.

Sob o seu emblema e brasão ele o representa diariamente para milhares de espectadores. Milhões de pessoas leem diariamente nos jornais notícias sobre seu trabalho e atividade na instituição da qual ele faz parte. O seu nome está ligado ao do seu teatro tão intimamente que não é possível distinguir um dos outro. Depois de seu nome de família, o nome do seu teatro também lhe pertence. Para o público, a sua vida artística e a vida particular estão inextricavelmente ligadas. Portanto, se um ator do Teatro de Arte, do Teatro Maly, ou de qualquer outro teatro, praticar uma ação repreensível, um crime qualquer, envolver-se em qualquer escândalo, por mais desculpas que possa apresentar, por mais que os jornais publiquem desmentidos ou explicações, ainda assim será incapaz de limpar a nódoa, a sombra, que projetou sobre toda a sua companhia, sobre o seu teatro. Isto, portanto, obriga o ator a portar-se com dignidade fora dos muros do teatro e a proteger sua boa reputação tanto em cena como na vida particular."

III

— Uma das medidas que visam garantir a ordem e o ambiente sadio no teatro é a de reforçar a autoridade daqueles que, por um motivo ou outro, foram incumbidos de realizar o trabalho.

"Antes das escolhas e designações, podemos discutir, brigar, e protestar contra uma candidatura ou outra, mas, uma vez eleita aquela pessoa para um posto de liderança ou administração, temos de apoiá-la por todos os meios possíveis. Isto é mais do que justo, em função do bem comum. E quanto mais fraca a pessoa, mais devemos apoiá-la. Porque se não lhe conferirmos nenhuma autoridade estaremos paralisando a principal força motriz do grupo. O que acontece com um empreendimento coletivo, quando é privado do líder que inicia, estimula e dirige o trabalho comum? Gostamos de denegrir, desacreditar, humilhar aqueles que transportamos para posições elevadas ou, então, se alguém de talento sobe mais alto que nós, ficamos prontos para derrubá-lo com todas as nossas forças, gritando-lhe: 'Como se atreve a ficar acima de nós, seu carreirista!' Quanta gente útil e talentosa já foi destruída assim! Alguns, a despeito de todos os obstáculos, conquistaram a admiração e o reconhecimento gerais. Mas, comumente, os atrevidos que costumam mandar em nós têm muita sorte. Resmungamos e toleramos, porque achamos difícil chegar a qualquer acordo unânime e temos medo de derrubar aqueles que nos aterrorizam.

"Nos teatros, com poucas exceções, dão-nos vívidos exemplos deste fato. A disputa da prioridade entre os atores, diretores; a inveja do sucesso alheio, as cisões causadas por diferenças de salário e tipos de papel, tudo isto se desenvolve grandemente em nosso tipo de trabalho e constitui seu pior mal. Disfarçamos nossa ambição, inveja, nossas intrigas, com toda espécie de frases altissonantes, como, por exemplo, 'concorrência esclarecida', mas o tempo todo o ambiente está carregado com os gases venenosos das intrigas de bastidores.

"Por temor a qualquer concorrência e devido à sua inveja mesquinha, os atores recebem qualquer recém-chegado com as baionetas em riste. Se tiver sorte, ele resiste à prova. Entretanto, quantos se aterrorizam, perdem toda confiança em si mesmos e soçobram?

"Como tudo isto está próximo da psicologia animal!

"Certa vez, sentado na sacada de uma casa de província, tive a oportunidade de ficar observando alguns cães. Eles também têm os seus próprios limites, suas linhas de demarcação, que defendem com energia. Quando um forasteiro ousa transpor determinado limite, ao seu encontro atiram-se em conjunto todos os cães daquela zona. Se ele consegue sair-se bem, é afinal reconhecido e aceito na zona em que se intrometeu. Ou então dá meia-volta e foge, ferido e aleijado por seus próprios semelhantes.

"É justamente esta forma de psicologia bruta que infelizmente se cultiva em todos os teatros, com poucas exceções, e tem de ser destruída. Vigora não só entre os novos mas também entre os grupos de veteranos. Já ouvi duas grandes atrizes se desacatarem, não só nos bastidores mas até mesmo durante a representação, em termos que fariam inveja a qualquer lavadeira. Já presenciei o comportamento de dois atores célebres e talentosos que se recusavam a entrar em cena pela mesma porta ou passagem. Contaram-me o caso de dois astros famosos, um ator e uma atriz, que durante anos representaram juntos, sem falar um com o outro. No ensaio comunicavam-se por intermédio de terceiros. Ele dizia ao diretor da peça: 'Diga a ela que ela está dizendo asneiras' e ela retrucava pelo mesmo intermediário: 'Diga a ele que ele está representando como um boçal.'

"Por que é que pessoas tão talentosas se dispõem a destruir o belo trabalho que elas mesmas criaram? Por causa de mal-entendidos e insultos pessoais, tolos e mesquinhos?

"A tais abismos suicidas descem os atores que não são capazes de vencer a tempo seus maus instintos profissionais. Espero que isto sirva de exemplo e de viva advertência para vocês."

IV

— Suponhamos que um ator de uma produção cuidadosamente bem preparada, por preguiça, negligência ou desatenção, afaste-se de tal modo da verdadeira interpretação de seu papel, que venha a cair numa rotina puramente mecânica. Terá ele o direito de fazer isso? Afinal de contas não foi só ele que encenou a peça, não é ele o único responsável pelo trabalho que ela consumiu. Neste empreendimento, um trabalha por todos e todos por um. É preciso haver responsabilidade mútua e quem quer que traia esta confiança deve ser condenado como traidor.

"A despeito de minha grande admiração pelos esplêndidos talentos individuais, não creio no sistema do estrelato. Nossa arte tem raízes no esforço criador coletivo. Isto requer uma atuação de conjunto e todo aquele que prejudicar esse conjunto comete um crime, não só contra os seus colegas, como também contra a própria arte de que é servidor."

V

Nossa turma devia reunir-se para um ensaio numa das salas por trás dos bastidores onde os atores oficiais da companhia costumam receber os amigos. Temendo envergonhar-nos diante deles, pedimos a Rakhmánov que nos desse alguns conselhos sobre como devíamo-nos portar ali.

Para nossa surpresa, o diretor em pessoa apareceu. Disse que se sentira muito comovido ao saber da nossa atitude de seriedade para com o ensaio.

— Vocês perceberão o que devem fazer e como devem se comportar se guardarem em mente que esta é uma empreitada coletiva — disse-nos. — Vocês todos vão produzir em conjunto, ajudar-se-ão uns aos outros, dependerão todos uns dos outros. Serão dirigidos por uma só pessoa, o seu diretor.

"Se houver ordem e uma boa distribuição do trabalho o seu esforço coletivo será produtivo e agradável, porque se baseia no auxílio mútuo. Mas se houver desordem e um mau ambiente para o trabalho, então o seu empreendimento coletivo poderá transformar-se numa câmara de tortura. Vocês se atropelarão e se empurrarão uns aos outros. Portanto, está claro que vocês todos devem concordar em estabelecer e manter a disciplina."

— E como vamos mantê-la?

— Antes de mais nada, chegando ao teatro a tempo, meia hora ou quinze minutos antes da hora marcada para o ensaio, a fim de repassarem os elementos necessários para o estabelecimento de seu clima interior.

"Mesmo o atraso de uma única pessoa pode perturbar todos os demais. E se todos se atrasarem, as suas horas de trabalho perder-se-ão na espera em vez de serem aplicadas em benefício de vocês. Isto enfurece o ator e o deixa em tal estado que ele fica incapaz de trabalhar. Mas se, pelo contrário, cada um de vocês agir corretamente em função da responsabilidade coletiva e chegarem ao ensaio bem preparados, criarão assim uma agradável atmosfera, tentadora e estimulante para vocês. O trabalho marchará esplendidamente porque todos se ajudarão.

"Também é importante que tenham a atitude certa para com o objetivo de cada ensaio, individualmente.

"A grande maioria dos atores tem uma ideia completamente errada sobre a atitude que deve adotar nos ensaios. Acham que só precisam trabalhar apenas nos ensaios e que em casa estão liberados.

"Quando o caso é completamente diferente. O ensaio apenas esclarece os problemas que o ator elabora em casa. Por isto é que eu não tenho confiança nos atores que falam muito durante os ensaios e não tomam notas para planejar o seu trabalho em casa.

"Alegam que podem lembrar de tudo sem tomar notas. Tolice! Será que pensam que não sei que eles não podem absolutamente se lembrar de tudo porque, em primeiro lugar, o ensaiador cita tantos detalhes, importantes ou não, que nenhuma memória seria capaz de retê-los e, em segundo lugar, eles estão lidando, principalmente, não com fatos definidos mas com sentimentos armazenados na memória afetiva. Para compreender, abranger e evocar todos esses sentimentos, o ator tem de achar a palavra certa, a expressão, o exemplo, algum meio de descrição com o auxílio dos quais ele possa evocar, fixar a sensação que está sendo discutida.

"Terá de, em casa, pensar nela, antes de poder encontrá-la outra vez e evocá-la do íntimo de seu ser. É uma tarefa dura. Exige grande concentração no trabalho, tanto em casa como também no ensaio, quando o ator ouve os primeiros comentários do diretor.

"Nós, os diretores, sabemos melhor do que qualquer pessoa o crédito que merecem as afirmações dos atores desatentos. Nós é que temos de repetir-lhes as mesmas coisas infinitas vezes.

"Esse tipo de atitude de certos indivíduos para com uma tarefa de conjunto atua como grande freio. Sete não esperam por um, lembrem-se disto. Portanto, desenvolvam para vocês a ética e a disciplina artística corretas. Isto os obrigará a se preparar devidamente em casa antes de cada ensaio. Considerem um ato de vergonha e emblema de deslealdade para com todo o seu grupo, cada vez que obrigarem o diretor a repetir uma coisa que ele já explicou. Vocês não têm o direito de esquecer as observações do diretor. É possível que não as compreendam de uma só vez, podem ter de voltar a elas para estudá-las mais a fundo, porém não podem deixar que entrem por um ouvido e saiam pelo outro. Isto é um crime contra todos os outros trabalhadores do teatro.

"Portanto, a fim de evitar esse deslize, vocês devem ensinar-se a si mesmos a elaborar seu papel independentemente, em casa. Isto não é fácil, mas vocês têm de aprender a fazê-lo minuciosa e corretamente enquanto estão estudando aqui, quando eu posso dispor de todo o tempo necessário para entrar nos detalhes dessa tarefa; porque nos ensaios já não poderei mais voltar a estas coisas sem correr o risco de transformá-los em aulas. Lá no palco as exigências que serão feitas a vocês serão muito mais severas do que na sala de aula. Guardem isto em mente e preparem-se."

VI

— Como é que um cantor, um pianista, um dançarino, começa o seu dia? — perguntou Tórtsov no início da aula de hoje.

"Levanta-se, toma banho, veste-se, toma o café e, na hora destinada a este propósito, começa seus exercícios. O cantor faz vocalizes, o pianista toca as suas escalas, o bailarino corre para o teatro para exercitar-se na barra, a fim de manter os seus músculos em forma. Isto eles fazem dia após dia, no inverno e no verão. Dia omitido é dia perdido, em detrimento da arte do intérprete.

"Tolstoi, Tchekov e outros grandes artistas achavam que era necessário sentar todos os dias a uma certa hora para escrever, se não um romance, um conto, ou peça, pelo menos um diário, registrando pensamentos ou observações. O objetivo principal era cultivar dia a dia os modos mais delicados e precisos de transmitir todas as sutis complexidades dos pensamentos e sentimentos humanos, as observações visuais e as impressões emocionais.

"Perguntem a qualquer artista e ele lhes dirá a mesma coisa.

"E não é só isto: conheço um cirurgião (e a cirurgia também é uma arte), que dedica todo o tempo livre de que dispõe a jogar com os mais delicados tipos de varinhas chinesas. Depois do chá, enquanto conversa com outras pessoas, ele habilmente vai pescando algumas, sob um complicado monte de varinhas, só para manter a firmeza das mãos.

"Somente o ator, depois de se levantar, vestir e alimentar, pela manhã, corre para a rua à procura dos amigos ou outras ocupações pessoais, porque esta é a sua hora livre.

"Pode ser que sim. Mas o cantor, o pianista e o bailarino não dispõem de mais tempo do que ele. Eles também têm ensaios, aulas e apresentações públicas.

"Apesar disto, o ator que descuida de aperfeiçoar em casa a técnica de sua arte dá sempre a desculpa de que 'não tem tempo'.

"É uma pena! Como eu disse antes o ator, mais do que qualquer outro artista especializado, precisa desse trabalho em casa. Enquanto o cantor só precisa de se preocupar com a voz e a respiração, o dançarino com o seu equipamento físico e o pianista com as mãos, o instrumentalista com a sua técnica labial e respiratória, o ator é responsável pelos seus braços, pernas, olhos, rosto, pela plasticidade de todo o seu corpo, seu ritmo, movimentos e por todo o programa de nossas atividades aqui na escola. Estes exercícios não terminam com a formatura, continuam a ser necessários durante toda a vida de artista. E quanto mais velho a gente fica, mais necessário se torna o apuramento de nossa técnica, e, portanto, a manutenção de um sistema de exercícios físicos regulares.

"Mas como o ator 'não tem tempo' para esse exercício, a sua arte, na melhor das hipóteses, marcará passo, ou, na pior, irá declinando, pois consiste apenas em uma técnica acidental, que a necessidade o faz extrair de ensaios falsos, inexatos, mecânicos, ou de representações públicas mal preparadas.

"Entretanto, o ator, principalmente aquele que mais reclama da falta de tempo, aquele que representa papéis de segunda ou terceira importância, dispõe de mais liberdade do que qualquer outra pessoa engajada nas diferentes profissões artísticas.

"Vejam só o horário. Por exemplo, um ator que estiver atuando, digamos, na peça O czar Fyodor, deve estar pronto às sete horas e trinta da noite.

"Aparece na segunda cena (a reconciliação de Boris com Shuiski). Depois há um intervalo. Não creiam que o ator tem de gastar todo esse intervalo para mudar a maquilagem e o traje. Nunca! A maioria dos atores conserva a mesma maquilagem e só muda a roupa externa. Vamos supor que, dos quinze minutos normalmente destinados ao intervalo, dez sejam gastos nisso.

"Depois, há a pequena cena no jardim, uma espera de dois minutos e, em seguida, a longa cena na câmara do Czar. Esta cena dura no mínimo meia hora, portanto, se isto for acrescentado ao intervalo, temos aproximadamente trinta e cinco mais cinco — quarenta minutos.

"Vêm depois as outras cenas, que vocês mesmos podem calcular, obtendo assim uma soma total.

"Esta é a situação para os nossos colegas que atuam nas cenas de multidão.

"Há também vários atores que interpretam pontas, ou até mesmo papéis maiores de caráter episódico. Depois que o seu episódio termina, ele está livre pelo resto da noite ou então espera para fazer mais uma aparição de cinco minutos no último ato e passa todo esse tempo zanzando à toa pelo camarim e se aborrecendo.

"É assim que os atores distribuem o seu tempo quando participam de uma produção das mais complicadas e vastas, como é *O czar Fyodor*.

"E agora, que diremos dos muitos outros que não representam naquela determinada noite? Ficam livres e gastam o seu tempo participando de espetáculos improvisados. Convém notar isso.

"Assim se ocupam à noite. E o que acontece nos ensaios, durante o dia? Em alguns teatros, como, por exemplo, o nosso, os ensaios são marcados para as onze ou meio-dia. Até essa hora, os nossos atores estão livres. E isto é justo por vários motivos relacionados com as peculiaridades da nossa vida. A representação do ator acaba tarde, ele está tenso e precisa de algum tempo para acalmar-se e adormecer. Enquanto a maioria das pessoas àquela hora já está dormindo a sono solto, o nosso ator está interpretando o último e mais difícil ato de uma tragédia. Quando chega em casa, ele aproveita o silêncio para concentrar-se, sem ser interrompido, no novo papel que está preparando.

"Portanto não é de surpreender que, na manhã seguinte, quando todo mundo já está de pé ou no trabalho, o nosso cansado ator ainda esteja a dormir profundamente, depois das longas horas de desgaste físico e nervoso.

"'Vai ver que andou farreando' é o que muitos dizem de nós. E há teatros que se orgulham de manter os seus atores na linha com uma disciplina férrea e com uma ordem, supostamente, modelar. Ensaiam às nove da manhã (às vezes depois de terminar uma tragédia shakespeariana às onze da noite anterior).

"Esses teatros, que alardeiam sua organização, não levam em conta os seus atores e de um certo modo têm toda razão. Os atores desses teatros podem morrer três vezes por dia com o maior conforto e podem ensaiar três peças diferentes todas as manhãs.

"'Tra-la-la... bum, bum, bum...', tremula a primeira atriz em voz grave para o seu comparsa de cena e acrescenta: 'agora eu cruzo até o sofá e sento!' Ao que o galã responde em tons médios: 'Tra-la-la... bum... bum... bum...' etc., e depois: 'Vou até o sofá, dobro um joelho e beijo a sua mão!'

"Acontece muitas vezes que quando vamos a um ensaio ao meio-dia, encontramos um ator de um desses outros teatros, que está passeando depois de uma manhã inteira de ensaio.

"'Para onde é que você vai?' — pergunta ele. — Ensaiar. — 'O quê! ao meio-dia?! Tão tarde!' — exclama ele, não sem ironia e veneno e, evidentemente, pensando consigo mesmo: — 'que criatura dorminhoca e inepta!' Diz, então, em voz alta: 'que modo de dirigir um teatro! Pois olha, eu já terminei o meu ensaio. Ensaiamos uma peça inteira! Começamos a trabalhar às nove horas da manhã!' Esta última frase é dita com um toque de orgulho pelo artista mecânico, que mede com um olhar condescendente o nosso ator retardatário.

"Mas já disse o bastante. Já sabem, com este exemplo, que tipo de arte está em jogo naqueles teatros.

"E agora aqui está o meu problema: há muitos diretores, em bons teatros, que estão tentando seriamente alcançar certo nível de arte autêntica e que de fato acreditam que a assim chamada ordem e disciplina férrea dos atores-mecânicos é correta e até mesmo ideal. Como é que essas pessoas, que julgam a produção e as condições de trabalho do artista verdadeiro segundo padrões estabelecidos por guarda-livros, caixas e contadores, podem ser encarregadas de dirigir a realização artística ou sequer entender como esta se deve processar, quanta energia nervosa, quanta vida e os mais elevados arroubos espirituais são depositados no altar de sua arte bem-amada por atores verdadeiros que 'dormem até o meio-dia e causam uma desordem sem-fim nos horários estabelecidos pelo departamento de repertório?!'.

"Como poderemos livrar-nos desse tipo de administradores com mentalidades mesquinhas de comerciante ou bancário? Onde encontraremos pessoas capazes de compreender e, acima de tudo, *intuir* qual é o objetivo principal dos verdadeiros artistas e como se deve lidar com eles?

"Por enquanto, vou exercendo uma pressão cada vez maior sobre esses artistas verdadeiros, já tão sobrecarregados, sem considerar se estão representando papéis grandes ou pequenos: estou-lhes pedindo que utilizem o último tempo livre de que ainda dispõem — os intervalos e as esperas antes das suas entradas em cena e as horas entre os ensaios — para exercitar sua técnica.

"Para esse tipo de trabalho, como lhes provei com algarismos, há tempo suficiente."

— Mas o senhor quer esgotar o pobre ator e furtar-lhe sua última chance de respirar!

— Não, de modo nenhum, asseguro. O que há de mais cansativo para um ator é ficar à toa no camarim, à espera de sua próxima entrada em cena.

VII

— Há muitos atores e atrizes que não tomam iniciativa criadora. Não preparam os papéis fora do teatro fazendo com que a sua imaginação e subconsciente joguem com a personagem que devem interpretar. Vêm ao ensaio e ficam esperando até serem encaminhados para uma linha de ação. Depois de fazer muito esforço, o diretor algumas vezes consegue tirar faísca dessas naturezas tão passivas. Ou essas criaturas indolentes podem-se acender vendo os outros se firmarem, seguem-lhe a liderança ou se deixam contagiar pelos seus sentimentos em relação à peça. Depois de uma série dessas sensações de segunda mão, se realmente tiverem algum talento, é possível que despertem os próprios sentimentos e adquiram por conta própria o domínio verdadeiro sobre os seus papéis. Só nós diretores sabemos quanto trabalho, inventividade, paciência, força nervosa e tempo são necessários para empurrar pra frente esses atores de fraco impulso criador, para tirá-los do seu ponto morto. As mulheres, em tais casos, costumam desculpar-se com encantadora coqueteria, dizendo: 'O que é que eu posso fazer? Não sei representar enquanto não sinto o meu papel. Assim que o impulso vier, tudo vai dar certo.' Elas dizem isso com um pouco de orgulho e meio prosas, como se esse procedimento fosse um sinal seguro de inspiração e genialidade.

"Terei, por acaso, de explicar que todos esses parasitas, que se aproveitam do trabalho e da criatividade alheia, são um incalculável estorvo para a realização do grupo inteiro? Por causa deles é que muitas vezes as produções têm de protelar a sua estreia semanas a fio. Eles não só arrastam o seu próprio trabalho, como também fazem com que o dos outros se atrase. De fato, os atores que contracenam com eles têm de se esforçar ao máximo para vencer-lhes a inércia. Isto, por sua vez, provoca o exagero, arruína-lhes os papéis, sobretudo quando já não estão muito seguros. Quando não recebem as deixas certas, os atores conscientes fazem esforços violentos para despertar a iniciativa dos atores lerdos prejudicando, com isso, a qualidade real de sua própria interpretação. Provocam uma situação insustentável e em vez de facilitar a representação eles a entravam, pois forçam o diretor a desviar a atenção das necessidades gerais para as suas. Em consequência disto, vemos não só aquela única atriz passiva contribuir para o ensaio com uma interpretação falsa e exagerada, em vez de emoções verdadeiras, naturais, como vemos também os atores que com ela contracenam agirem da mesma maneira. Basta que dois atores enveredem pelo caminho errado, para que um terceiro ou até mesmo um quarto também façam o mesmo. Um só ator pode fazer descarrilar toda uma representação que ia rolando suavemente e precipitá-la morro abaixo. Pobre diretor! Pobres atores!

"Podem dizer que teria sido melhor despedir esses atores de iniciativa criadora subdesenvolvida e técnica correspondente, mas infelizmente é verdade que entre eles há muitos que são talentosos. Atores menos dotados não se atreveriam a ser assim passivos, ao passo que os mais bem-dotados, sentindo-se desimpedidos, tornam-se mais confiantes. Creem sinceramente que têm o dever e até mesmo o direito de esperar pelo vento favorável, pela maré alta da inspiração.

"Depois de tudo isto, vocês devem compreender com clareza que nenhum ator tem o direito de se aproveitar do trabalho dos outros durante o ensaio. Ele deve fornecer suas próprias emoções vivas e com elas dar vida ao seu papel. Se todo ator de uma produção fizesse isto, estaria contribuindo não só para si mesmo como também para o trabalho de todo o elenco. Se, ao contrário, cada ator vai depender dos outros, haverá então uma falta total de iniciativa. O diretor não pode trabalhar por todos. Um ator não é um fantoche.

"Vocês veem, portanto, que cada ator tem a obrigação de desenvolver sua própria vontade e técnica criadoras. Ele e todos os demais têm o dever de executar sua própria quota produtiva de trabalho em casa e no ensaio, representando sempre o seu papel nas tonalidades mais plenas de que for capaz."

VIII

— O problema para a nossa arte e, por conseguinte, para o nosso teatro, é: criar vida interior para uma peça e suas personagens, exprimir em termos físicos e dramáticos o cerne fundamental, a ideia que impeliu o escritor, o poeta, a produzir sua obra.

"Todos os que trabalham no teatro, desde o porteiro, o vendedor de ingressos, a moça do vestiário, o "vaga-lume", todas as pessoas com as quais o público entra em contato quando vai ao teatro, até os diretores, a equipe e, finalmente, os próprios atores, todos eles são cocriadores com o autor, o compositor, que conseguem reunir a plateia. Todos eles servem, e estão sujeitos ao objetivo principal da nossa arte. Todos participam da produção. Quem quer que obstrua, em qualquer medida, o esforço comum para executar nosso objetivo fundamental, deve ser proclamado indesejável. Se um dos funcionários da casa receber mal algum membro da assistência, tirando-lhe o bom humor, esse funcionário terá desferido um golpe contra nosso objetivo geral e contra a meta de nossa arte. Se o teatro está frio, sujo, desarrumado, o pano sobe atrasado, a representação se arrasta, então o ânimo do público se deprime, ele deixa de ser receptivo para com os pensamentos e sentimentos principais que lhe são apresentados por meio dos esforços conjugados do dramaturgo, do diretor, da companhia produtora e dos atores. Ele sente que não havia motivo para vir ao espetáculo, a representação fica arruinada e o teatro perde sua significação social, artística e educacional.

"O dramaturgo, o compositor, o elenco, todos contribuem com a sua parte para criar o clima necessário do seu lado da ribalta e o pessoal da administração presta seu auxílio, criando uma disposição adequada na plateia e também atrás dos bastidores, onde os atores estão-se aprontando para a representação. O espectador, tanto como o ator, é também um participante ativo da representação e, portanto, ele também precisa ser preparado para a sua atuação, precisa ser posto na devida disposição de espírito para bem receber as impressões e os pensamentos que o autor lhe deseja comunicar.

"Esta absoluta dependência de todos os funcionários do teatro em relação ao objetivo final da nossa arte permanece em vigor não só durante as representações mas também durante os ensaios e até mesmo noutras horas. Se por algum motivo um ensaio tem pouco rendimento, aqueles que obstruíram o trabalho estavam sabotando nosso objetivo geral. Os artistas só podem atuar com êxito sob certas condições necessárias. Qualquer pessoa que perturbe essas condições mostra-se desleal para com a sua arte e para com a sociedade à qual pertence. O mau ensaio prejudica um papel e um papel distorcido impede o ator de transmitir os pensamentos do autor; noutras palavras, impede-o de executar sua tarefa primordial."

CAPÍTULO XV Padrões de realização

I

Hoje eu tive a oportunidade de procurar Rakhmánov em sua casa. Ele estava em meio de certos preparativos de urgência. Colava, cortava, desenhava, pintava. O quarto onde ele agia estava na maior desordem, para horror de sua mulher.

— O que é que o senhor está preparando? — perguntei com interesse.

— Uma pequena surpresa. Pode ficar certo de que eu não estou fazendo tudo isto para me divertir. Tem seu fim pedagógico. Até amanhã tenho de fazer não somente uma, porém todo um montão de bandeirolas — explicou, cheio de energia. — E não podem ser umas bandeirolas à toa, não. Têm de ser bonitas, pra que a gente possa pendurá-las nas paredes lá da escola. Que trabalho! E Tórtsov, em pessoa, vem vê-las. E depois as penduraremos e elas nos mostrarão com muita eficiência do que é que trata exatamente todo o nosso sistema de atuação. Você sabe, quando a gente quer mesmo fazer uma boa ideia das coisas, meu rapaz, tem de enxergá-las com os próprios olhos. Este fato é importante e é útil, também. Por meio de desenhos e das coisas que olhamos é mais fácil apreender o todo e também as relações que há entre as diferentes partes do sistema.

Depois disso, Rakhmánov começou a me explicar o motivo do arranjo que planejava. Nós agora tínhamos atingido o ponto culminante do nosso curso na escola.

— Naturalmente nós apenas passamos por esse trabalho em termos muito generalizados — apressou-se Rakhmánov em me lembrar. — Voltaremos cem vezes, aliás durante toda a nossa vida, a recapitular o que aprendemos. Por enquanto, muito bem.

"E amanhã lançaremos nossas contas e veremos até onde progredimos. Isso é que vocês vão ver!"

Apontou com orgulho e com uma alegria quase infantil para a pilha de material que jazia diante dele.

— Tudo que prepararmos aqui hoje, instalaremos amanhã na escola. Estará tudo em perfeita ordem e amanhã veremos tão claro como a luz do dia o que conseguimos realizar nestes dois anos.

A torrente de palavras ininterruptas ajudava a Rakhmánov a trabalhar.

Dois contrarregras do teatro chegaram para ajudar. Entreguei-me ao trabalho e fiquei lá até alta noite.

II

Hoje Rakhmánov anunciou-nos que todas as bandeiras, faixas, bandeirolas seriam expostas na parede do lado direito do auditório. Toda ela seria consagrada à dupla representação do preparo interior e exterior do ator.

— Portanto, meus amigos, vejam que, à direita, temos os preparativos do ator e à esquerda os preparativos do papel. Nossa tarefa é encontrar neste esquema o lugar certo para cada bandeira, flâmula, faixa, de modo que tudo esteja em ordem, segundo o que vocês aprenderam e de modo atraente para os olhos.

Quando acabou de falar, concentramos a atenção na parede da direita e vimos que fora dividida em duas partes. Pelo plano de Rakhmánov, uma delas seria dedicada aos fatores que entram na preparação das qualidades interiores do ator e a outra às preparações dos seus atributos físicos.

— A arte ama a ordem, meus amigos, portanto vamos pôr nas prateleiras da memória tudo o que vocês absorveram durante o tempo que passaram aqui e que, agora, está flutuando na sua cabeça emaranhadamente.

Todas as bandeiras foram transportadas para o lado direito do auditório e Vânia participou ativamente do trabalho. Tirara o paletó e pegara uma grande e linda faixa, na qual estavam escritas as palavras do aforismo de Pushkin: "Sinceridade de emoções, verissimilitude de sentimentos em circunstâncias dadas, isto é o que nossa mente requer do teatrólogo." Com a sua impetuosidade habitual, ele já estava no alto da escada, pronto para pregar a flâmula no canto superior esquerdo. Mas Rakhmánov depressa o impediu.

— Santo Deus, o que é que você está fazendo? — exclamou. — Você não pode pendurar isso aí em cima sem nenhum motivo! Isso não se faz!

— Mas fica ótimo ali! Juro que fica — declarou Vânia com entusiasmo.

— Não faz nenhum sentido, meu rapaz — disse Rakhmánov, tentando convencê-lo. — Onde é que você já viu alguém colocar os alicerces no alto? O que é que está pensando? Afinal de contas, esta afirmação de Pushkin é a base de tudo. Todo o nosso sistema está baseado nela. Não se esqueça disto! É o que se poderia chamar de nossa base criadora. Por isto é que temos de colocar a flâmula com o nosso lema lá embaixo, no lugar mais proeminente, e não apenas embaixo de uma das partes, mas sim atravessando as duas partes da parede, pois é um fator igual, tanto no processo de *viver um papel*, como no processo de vesti-lo em *termos físicos*. Vejamos, onde é que está o lugar de honra? Aqui embaixo, à direita, bem no centro da parede. Pregue as palavras de Pushkin aqui!

Paulo e eu ajudamos Vânia a esticar a flâmula por toda a extensão do espaço indicado e estávamos prestes a pregá-la bem embaixo da parede, mas Rakhmánov outra vez interrompeu. Explicou que embaixo, mesmo, atravessando as duas metades da parede, devíamos colocar uma longa faixa estreita, de cor escura, com as palavras PREPARAÇÃO DO ATOR. Como ela se referia a tudo o mais que estaria naquela parede, era necessário que a atravessasse de um lado ao outro. Esta flâmula deveria circundar todas as outras. Pensem só no que ela significa!

Enquanto Vânia e um dos contra-regras pregavam a flâmula no seu devido lugar, Rakhmánov e eu observávamos Nicolau, que tínhamos nomeado desenhista oficial para traçar o plano de agrupamento e disposição artística das flâmulas.

— Mas, Nicolau, meu filho, você pegou uma parte do trabalho fundamental, o plano básico de pavimentação, e o colocou lá em cima, no alto! Que é que você está fazendo? Ele tem de descer para perto do tema de Pushkin, equiparar-se a ele quanto à sua importância para o nosso trabalho!

— Puxa, não sei distinguir entre esses troços. São todos da mesma cor! — gritou Vânia, em luta com outro longo pendão.

— Isso também é um lema, é o que se poderia chamar de terceiro fundamento, *O Subconsciente Por Meio do Consciente*, — disse Rakhmánov, designando o seu devido lugar, bem embaixo da parede, à direita do axioma de Pushkin.

"Ótimo. Agora já enfileiramos os fundamentos para ambas as seções desta parede. Agora temos de escolher o que vai para a direita e o que vai para a esquerda da parte superior. À esquerda vamos pôr a PSICOTÉCNICA e à direita a TÉCNICA EXTERIOR. Lá estão as flâmulas. Cada uma delas representa a metade da **preparação do ator**. Não é mesmo um trabalhão? E agora podem estar certos de que encontrarão aqui todos os outros detalhes. Olhem aquela revoada de bandeirinhas. São todas feitas da mesma forma e com a mesma cor. São os elementos que perfazem o ESTADO INTERIOR CRIADOR. Vejam, ali estão: *Sentido da Verdade, Memória Afetiva, Atenção, Unidades e Objetivos.*

"Mas espera aí" — o rosto de Rakhmánov se anuviou. — "Vocês ainda não podem pregá-las, estão saltando um degrau."

— O que foi que omitimos? — perguntamos.

— Um fator importante, muito importante, em ambas as partes das preparações do ator é o triunvirato com o qual vocês já estão familiarizados: *Mente, Vontade, Sentimentos.* Estas bandeiras são de primordial importância — prosseguiu Rakhmánov, enquanto fiscalizava a colocação das três bandeiras em fila, acima dos pendões que indicavam os dois aspectos do treinamento do ator.

"Agora sobra o grande número de flâmulas menores com os nomes de todos os elementos que havíamos estudado.

"Pendurem-nas em fila, uma ao lado das outras, assim como uma lona listrada!" — ordenou Rakhmánov.

Começamos a pendurar todos os pendões elementares relativos à psicotécnica (*Imaginação, Atenção, Sentido da Verdade* etc.) pela ordem em que tínhamos trabalhado com eles, mas quando chegamos aos que se referiam à técnica exterior paramos sem saber por onde começaríamos.

— Vocês se iniciaram nisso com o *Relaxamento dos Músculos* — sugeriu Rakhmánov, para nos ajudar. — Enquanto os músculos de uma pessoa permanecerem tensos, essa pessoa será incapaz de agir. Os músculos tensos são como cabos distendidos, as emoções geradas têm uma consistência de teia de aranha. Uma teia de aranha não pode quebrar um cabo. Portanto, pendurem o *Relaxamento dos Músculos* como primeiro elemento da técnica exterior.

A seu lado colocamos *Treinamento Expressivo do Corpo*, incluindo ginástica, dança, acrobacia, esgrima (florete, espada, punhal), luta-livre, boxe, porte, todos os tipos de treinamento físico. *Plasticidade* estava numa bandeira à parte e depois vinha *Voz* (incluindo respiração, impostação, canto).

O lugar seguinte foi preenchido com a bandeira *Fala*. Sob este título incluíam-se enunciação, pausas, entonação, palavras, frases — toda a técnica da dicção. Depois veio o *Tempo-Ritmo Externo*. Outros pendões foram pendurados na mesma ordem que do lado esquerdo, correspondendo em termos físicos aos elementos da Psicotécnica.

Assim como tínhamos pendurado a *Lógica e Coerência de Sentimentos*, agora pendurávamos uma flâmula para *Lógica e Coerência das Ações Físicas*. E a *Caracterização Externa* veio contrabalançar a *Caracterização Interior*.

Do lado da técnica externa seguiram-se: *Encanto Cênico Exterior*, *Comedimento e Acabamento*, *Disciplina*, *Ética*, *Sentido de Conjunto*. Agora só restava acrescentar três bandeiras: uma acima de cada grupo de elementos. À esquerda, *Estado Criador Interno*; à direita, *Estado Criador Externo* e depois a terceira, acima dessas duas, intitulada *Estado Criador Total*. Acima deles tínhamos deixado um longo pendão sem nada inscrito.

Depois Rakhmánov fez-nos pegar um rolo de fita, para levar de bandeira em bandeira, indicando a correlação das diferentes partes da técnica.

As três bandeiras que indicavam o triunvirato das forças interiores — *Mente*, *Vontade*, *Sentimento*, tiveram de ser marcadas com a fita em direção ascendente, ligando-as a cada um de todos os pequenos pendões da fileira superior, os elementos da técnica interna e externa. Assim como estes, por sua vez, tiveram suas fitas subindo, à esquerda, em direção ao estado criador interno e à direita, ao estado criador externo, ambos unindo-se por meio de fitas ao estado criador total, acima deles.

Na verdade isto produziu um tal labirinto de linhas que a significação do desenho principal se perdeu. Portanto, decidimos sacrificar as linhas secundárias, deixando que, para maior clareza, algumas poucas indicassem o relacionamento geral.

— Que atrapalhação que vocês aprontam! — implicou o velho empregado que veio varrer a sala enquanto Nicolau copiava o plano-geral do nosso projeto.

III

Tórtsov chegou, acompanhado por Rakhmánov esfuziante. Examinou a nossa disposição de bandeiras e flâmulas e exclamou:

— Maravilhoso, Rakhmánov! Claro e pictórico. Até um estúpido captaria o sentido. Você realmente produziu uma imagem do território que percorremos em dois anos. Somente agora posso explicar de forma sistemática o que já devia ter dito a todos os alunos no início do nosso trabalho em comum.

"Depois que assinalei para vocês as três diretrizes principais da arte dramática, iniciamos um exame mais minucioso de como viver um papel e estudar com afinco para nos prepararmos para ele. Nosso curso de dois anos foi dedicado precisamente a isso. — Enquanto falava ia designando as longas flâmulas que atravessavam a parte inferior de toda a parede.

"Com os meus comentários durante o curso vocês aprenderam os fundamentos em que se baseia o nosso assim chamado sistema de atuação.

"O primeiro deles" — explicou Tórtsov — "é, como sabem, o princípio da atividade, indicando que não representamos imagens e emoções de uma personagem, mas *agimos com as imagens e paixões de um papel.*

"O segundo é a famosa frase de Pushkin, mostrando que a tarefa do ator não é a de criar sentimentos mas apenas *produzir as circunstâncias dadas nas quais serão engendrados espontaneamente os sentimentos verdadeiros.*

"A terceira pedra fundamental é a criatividade orgânica da nossa própria natureza, que exprimimos com as palavras: *Por Intermédio da Técnica Consciente chegar à Criação Subconsciente da Verdade Artística*. Um dos objetivos principais da nossa atitude para com a atuação é essa estimulação natural da criatividade da natureza orgânica e sua subconsciência.

"Nós, entretanto, não estudamos o subconsciente, mas apenas os caminhos que conduzem a ele. Lembrem-se das coisas que discutimos em aula, que estivemos procurando durante todo o nosso trabalho. Nossas regras não foram baseadas em nenhuma hipótese vacilante e insegura sobre o inconsciente. Pelo contrário, em nossos exercícios e regras, constantemente nos baseamos no consciente e o pusemos à prova centenas de vezes em nós mesmos e nos outros. Só aceitamos leis incontestáveis, como base para o nosso conhecimento, nossa prática e nossas experiências. Só elas é que nos prestaram o serviço de conduzir-nos ao mundo desconhecido do subconsciente que, por instantes, adquiria vida dentro de nós.

"Embora nada soubéssemos do subconsciente, ainda assim procurávamos ter contato com ele e buscávamos formas reflexas de abordá-lo.

"Nossa técnica consciente visava, por um lado, ativar o subconsciente e por outro aprender a não interferir com ele uma vez que tivesse entrado em ação."

Tórtsov apontou então para a metade esquerda da parede e disse que ela estava dedicada a todo o *processo de viver um papel*.

— Este processo tem grande importância para a atuação porque cada passo, cada movimento e o curso do nosso trabalho criador, deve ser avivado e motivado por nossos sentimentos. O que quer que seja que não experimentemos realmente, em nossas próprias emoções, permanecerá inerte e prejudicará o nosso trabalho. *Sem termos a vivência de um papel, nele não pode haver arte.* Por esse motivo é que começamos com isso, quando iniciamos o curso.

"Isto significaria que vocês têm pleno conhecimento de tudo o que está em jogo e que o podem pôr em prática?

"Não. Seria uma conclusão imprópria, pois esse processo é algo que prolongamos durante toda a nossa carreira de atores.

"As suas aulas de exercícios os auxiliaram e continuarão a fazê-lo. Mas o resto só poderá vir com o trabalho futuro em seus papéis e com a experiência do palco.

"Nosso segundo ano foi dedicado ao aspecto externo da atuação, à construção do nosso equipamento físico. A isto vocês destinaram a metade direita da parede.

"Quando estou num teatro, quero antes de mais nada compreender, ver, saber e ao mesmo tempo sentir com vocês todas as infinitesimais mudanças e matizes da sua emoção. Portanto vocês têm de tornar visível aos meus olhos a sua experiência interior invisível.

"Acontece, muitas vezes, que um ator possui todos os sentimentos nobres, sutis, profundos, necessários ao seu papel e no entanto pode desfigurá-los ao ponto de se tornarem irreconhecíveis porque os transmite por meio de recursos físicos, exteriores, toscamente preparados. Quando o corpo não transmite para mim nem os sentimentos do ator nem o modo como ele os experimenta, vejo, então, um instrumento inferior, desafinado, no qual um bom musicista é obrigado a tocar. Pobre homem! Esforça-se tanto por transmitir todas as nuanças das suas emoções. As teclas duras do piano não cedem ao seu toque, os pedais deslubrificados rangem, as cordas estão dissonantes e desafinadas. Tudo isto causa ao artista muito sofrimento e esforço. Quanto mais complexa for a vida do espírito humano do papel que está sendo interpretado, mais delicada, persuasiva e artística deve ser a forma física que a veste.

"Isto requer uma enorme aplicação de nossa técnica externa da expressividade do aparato corporal, nossa voz, dicção, entoação, manipulação das palavras, frases, falas, expressão facial, plasticidade de movimento, modo de andar. Supremamente sensíveis às mais sutis voltas e mudanças de nossa vida interior no palco, eles têm de se assemelhar aos mais delicados barômetros, que reagem a imperceptíveis mudanças atmosféricas.

"Portanto, o objetivo imediato foi o de treinar seus equipamentos físicos até o limite de suas capacidades naturais, inatas. Terão de continuar a desenvolver, corrigir, afinar seus corpos até que cada uma de suas partes corresponda à tarefa predestinada e complexa que lhes foi atribuída pela natureza de apresentar sob forma externa seus sentimentos invisíveis.

"Vocês têm de educar o corpo de acordo com as leis da natureza. Isto implica muito trabalho e perseverança."

IV

Hoje Tórtsov continuou sua revisão utilizando o gráfico da parede do auditório da escola.

— Vocês já estão cientes de que temos não apenas uma, porém três forças motivas em nossa vida interior: a Mente, a Vontade e os Sentimentos — três executantes *virtuosi* — disse ele, apontando para as três flâmulas.

"São como três organistas diante dos seus instrumentos e acima deles estão as flamulazinhas, como os tubos do órgão, para dar ressonância por meio de todos os diversos elementos que entram na composição de um estado criador interior e exterior.

Antes de prosseguir, Tórtsov fez alguns reajustamentos na posição das pequenas flâmulas. Assinalou que deveriam estar dispostas na ordem em que entram em jogo nas fases mais amplas do nosso trabalho.

Explicou:

1. O processo criador começa com a invenção imaginativa de um poeta, um escritor, o diretor da peça, o ator, o cenógrafo, e outros membros da produção, de modo que, pela ordem, os primeiros devem ser: *A Imaginação e suas Invenções, O "se Mágico", As Circunstâncias Dadas.**

2. Uma vez estabelecido o tema, ele tem de ser colocado numa forma fácil de manejar e, portanto, é subdividido em *Unidades* com os seus *Objetivos*.

3. A terceira fase vem com a concentração da *Atenção* sobre um *Objeto*, com o auxílio do qual, ou em função do qual, o objetivo é alcançado.

4. Para dar vida ao objetivo e ao objeto o ator precisa ter um *Senso da Verdade, de Fé*, no que está fazendo. Este elemento é o quarto da série. Onde há verdade não sobra lugar para a rotina convencional, para simulações mentirosas. Este elemento está indissoluvelmente ligado ao extermínio de toda artificialidade, de todos os clichês e "carimbos" na atuação.

5. Em seguida vem o *Desejo*, que leva à *Ação*. Esta decorre espontaneamente da criação de um objeto, de objetivos, em cuja validade o ator pode realmente acreditar.

6. O sexto lugar é da *Comunhão*, esse intercâmbio sob várias formas, visando ao qual a ação é empreendida e dirigida para um objeto.

7. Onde houver intercâmbio haverá necessariamente *Adaptação*, portanto, as duas flâmulas devem estar lado a lado.

---

*Estes e muitos outros termos aqui empregados poderão ser encontrados com definições detalhadas em *A preparação do ator*. (N. do T.)

8. Para ajudá-lo a despertar seus sentimentos adormecidos, o ator recorre ao *Tempo-Ritmo Interior*.
9. Todos estes elementos liberam a *Memória Afetiva*, para que dê livre expressão aos *Sentimentos Repetidos* e crie a *Sinceridade das Emoções*. Portanto, estes ficam no nono lugar.
10. A flâmula da *Lógica e Continuidade* foi a última. Sobre esses elementos Tórtsov disse:

— Em cada fase do nosso trabalho, quer falássemos das invenções da imaginação, das circunstâncias propostas, dos objetos de atenção, das unidades e objetivos e das outras etapas, constantemente tivemos ocasião de falar em *lógica e continuidade*. Só posso acrescentar que estes elementos são de importância primordial com referência a todos os outros e a muitos dons que os atores possuem e que ainda não pudemos estudar detalhadamente.

"Podemos acaso dispensar a lógica e a continuidade no que quer que façamos? — perguntou Tórtsov. — Quero ver se resolvem este problema: trancar aquela porta e depois passar por ela para a sala anexa. Não podem? Neste caso, tentem responder a esta pergunta: se agora, aqui, estivesse absolutamente escuro, como é que vocês acenderiam esta luz? Também impossível? Se vocês quisessem me comunicar o seu segredo mais precioso, como é que o gritariam para mim?

"Em muitas peças o herói e a heroína fazem tudo o que podem para se unir. Sofrem todas as provações e torturas, lutam desesperadamente contra os obstáculos. No entanto, quando o objetivo final é alcançado e os apaixonados se beijam, eles imediatamente assumem um para com o outro uma atitude frígida, como se tudo tivesse acabado e a peça já terminado. Como fica decepcionado o público ao descobrir que, depois de ter acreditado a noite inteira na sinceridade das emoções, tanto dele quanto dela, vai ser desiludido pela frieza dos atores principais, porque estes não tinham planejado os seus papéis com lógica e coerência.

"Em todos os outros pontos a criatividade deve ser lógica e ter continuidade. Até mesmo as personagens ilógicas e incoerentes precisam ser representadas dentro do plano e da estrutura lógica de toda uma peça, toda uma representação.

"Eu lhes falei prolongadamente sobre a lógica e a continuidade da ação, da imaginação, das circunstâncias dadas e de outras fases semelhantes do nosso trabalho.

"Se agora lhes fosse falar da lógica e coerência aplicadas ao pensamento e à dicção, apenas repetiria muito do que estudamos no segundo ano.

"Mas o que me perturba é que até agora ainda não sou capaz de lhes falar sobre o mais importante de todos os aspectos deste tema: *a lógica e continuidade dos sentimentos.*

"Como não sou especialista, não ouso abordar o assunto do ponto de vista científico. E mesmo do ponto de vista prático devo confessar francamente que ainda estou mal preparado para lhes oferecer qualquer coisa que tenha sido devidamente submetida à prova de minha própria experiência.

"Posso apenas compartilhar com vocês os resultados de certos recursos muito elementares que utilizo em meu trabalho de ator.

"O meu método é este: faço uma lista de ações em que várias emoções se manifestam espontaneamente."

— Que tipo de ações, que tipo de lista? — perguntei.

— Veja, por exemplo, *amor* — começou Tórtsov. — Quais são os incidentes que entram na composição desta paixão humana? Quais as ações que a despertam? Primeiro, há o encontro entre *ela* e *ele.*

"Logo, ou pouco a pouco, eles se sentem atraídos um pelo outro. A atenção de um ou de todos os dois futuros amantes é acentuada.

"Eles vivem da lembrança de cada momento do seu encontro. Buscam pretextos para outro encontro.

"Há um segundo encontro. Eles têm vontade de se envolver reciprocamente com um interesse comum, uma ação comum que exigirá encontros mais frequentes etc.

"Mais tarde:

"Há o primeiro segredo — um elo ainda mais poderoso para aproximá-los. Trocam conselhos amistosos sobre vários assuntos e isto promove encontros e comunicações constantes. E assim se desenvolve o processo.

"Mais tarde:

"A primeira discussão, recriminações, dúvidas.

"Novos encontros, explicações para dissipar o desentendimento.

"Reconciliação. Relações ainda mais estreitas.

"Mais tarde:

"Obstáculos aos seus encontros.

"Correspondência secreta.

"Encontro secreto.

"O primeiro presente.

"O primeiro beijo.

"Mais tarde:

"Amigável falta de constrangimento em suas atitudes recíprocas.

"Exigências crescentes de parte a parte.

"Ciúmes.

"Uma ruptura.

"Separação.

"Encontram-se outra vez. Perdoam-se um ao outro. E assim vai indo...

"Todos esses momentos e ações têm a sua justificação interior. Reunidos, em bloco, refletem os sentimentos, a paixão ou o estado que descrevemos com o emprego da palavra *amor*.

"Se em suas imaginações vocês executarem — com a devida base de circunstâncias detalhadas, pensamento adequado, sinceridade de sentimento — cada passo dessa série de ações, vocês verão que, primeiro externa e depois internamente, chegarão ao estado de uma pessoa que ama. Com esses preparativos acharão mais fácil enfrentar um papel e uma peça em que figure essa paixão.

"Numa boa peça, bem elaborada, todos esses momentos, ou quase todos, estarão mais ou menos em evidência. O ator os procura e os reconhece em seu papel. Nestas circunstâncias executaremos em cena toda uma série de objetivos e ações, cuja soma total resultará no estado conhecido como o de amor. Isto será acarretado passo a passo, não de uma só vez ou em termos gerais. O ator neste caso executa ações, não faz apenas encenação, sente realmente, como ser humano, aquilo que está fazendo. Não se dá ao luxo da simulação teatral, sente, em vez de imitar os resultados dos sentimentos.

"A maioria dos atores não penetra na natureza dos sentimentos que representa. Para eles *o amor* é uma experiência grande e generalizada. Imediatamente tentam abarcar o inabarcável. Esquecem-se de que as grandes experiências são feitas de uma série de episódios e momentos individuais. Estes têm de ser conhecidos, estudados, absorvidos, preenchidos, em sua plenitude. O ator que não o fizer, estará condenado a tornar-se vítima do clichê."

V

Tórtsov iniciou hoje as suas observações sugerindo o seguinte:
— Suponhamos que vocês acabaram de acordar. Ainda estão sonolentos, o corpo emperrado, sem nenhuma vontade de

mexer-se, de levantar. Sentem nos ossos um ligeiro friozinho matinal. Mas arrancam-se da cama, fazem alguns exercícios de ginástica. Eles os aquecem, revigoram os músculos não só do corpo mas também do rosto. A boa circulação se inicia, vai até as extremidades dos seus membros.

"Com o corpo flexibilizado, vocês começam a trabalhar suas vozes. Primeiro afinando-as. O som vem claro, cheio, ressonante. É colocado para diante na máscara dos seus rostos e flutua livremente, enchendo todo o quarto. As suas superfícies de ressonância vibram lindamente, a acústica de seus quartos devolve-lhes seus tons, provocando-os para novos esforços, mais energia, mais atividade, mais vivacidade.

"A dicção clara, a frase bem torneada, a fala vívida buscam pensamentos para produzir, arredondar, exprimir com vigor.

"Inesperadas inflexões, surgindo espontaneamente do íntimo, estão prestes a formar uma linguagem mais incisiva.

"Depois, vocês entram em ciclos de ritmo e balançam para lá e para cá, em toda espécie de tempos.

"Por toda a extensão de suas naturezas físicas vocês podem sentir a ordem, a disciplina, o equilíbrio e a harmonia.

"Todas as partes que contribuem para a sua técnica exterior, física, estão agora flexíveis, receptivas, expressivas, sensíveis, responsivas, móveis — como uma máquina bem regulada e lubrificada, em que todas as rodas, cilindros e engrenagens funcionam em perfeita coordenação.

"Vocês acham difícil ficar quietos, querem mexer-se, fazer alguma ação, consumar e exprimir os ditames do espírito humano dentro de vocês.

"O corpo de vocês está totalmente disposto para a ação, o vapor está no máximo. Como crianças, vocês não sabem o que fazer com o excesso de energia, por isso estão prontos a empregá-la em qualquer coisa que por acaso apareça.

"Vocês precisam de um objetivo, de um impulso ou ordem interior que exija corporificação. Se ela vier, vocês empregarão todo o seu organismo físico para cumpri-la e o farão com toda a ardorosa energia de uma criança.

"É este o tipo de presteza física que o ator deveria poder convocar quando está em cena. É o que chamamos de o *estado criador externo*.

"O seu aparelhamento de técnica física deve estar não somente bem treinado, como também perfeitamente subordinado às ordens interiores das suas vontades. Este elo entre o aspecto interior e o aspecto exterior das suas naturezas e a ação recíproca dos dois deve ser desenvolvido em vocês ao ponto de se transformar num reflexo instintivo, inconsciente, instantâneo.

"Quando os nossos três músicos — a Mente, a Vontade, os Sentimentos — tiverem ocupado os seus lugares e começado a tocar os seus instrumentos, do lado esquerdo e do lado direito da nossa parede, então o *estado criador exterior* e o *interior* passarão a agir como tábuas de ressonância para captar os tons de todos os elementos individuais.

"O que resta a fazer agora é reunir todos eles num só todo. Quando isto se realiza nós o chamamos de *estado criador geral*, pois combina o duplo aspecto da psicotécnica interior com a técnica física exterior.

"Quando se está nesse estado, cada sentimento, cada disposição de espírito que surge dentro de nós se exprime por reflexo. É fácil reagir a todos os problemas que a peça, o diretor e finalmente a gente mesmo propõe para que se resolvam. Todos os nossos recursos interiores e capacidades físicas estão a postos, prestes a atender a qualquer chamado. Nós os manejamos tal como o organista o faz com as teclas do seu instrumento. Assim que se esvai o tom de uma delas, ferimos outro registro.

"Quanto mais imediato, espontâneo, vivo e preciso for o reflexo que produzirmos, da forma interior para a exterior, melhor, mais ampla, mais completa será a noção que o nosso público terá da vida interior da personagem que estamos interpretando em cena. Para isto é que as peças são escritas e o teatro existe.

"Não importa o que estiver fazendo o ator no processo criador, ele deve o tempo todo entrar nessa condição abrangente, total, de coordenação interior e exterior. Pode estar dizendo as suas falas pela primeira ou pela centésima vez, pode estar estudando o seu papel ou relendo-o, trabalhando-o em casa ou no ensaio, buscando materiais tangíveis ou intangíveis para um papel, pensando no seu aspecto interior ou exterior, suas paixões, emoções, ideias, atos, seu aspecto geral exterior, seu próprio traje ou maquilagem — em todos estes contatos, de maior ou menor importância, com um papel, o ator deve, infalivelmente, colocar-se no estado criador geral que incorpora os dois lados da sua técnica.

"Se não fizermos isto não teremos como abordar um papel. Estas coisas devem ficar permanentemente estabelecidas como atributos normais, naturais, da nossa segunda natureza.

"Este é o ponto culminante do nosso segundo ano de trabalho em comum e do curso geral de como um ator se prepara.

"Agora que vocês aprenderam como chegar a esse estado criador, podemos passar à etapa imediata, de como um ator prepara um papel inteiro.

"Todo o conhecimento que vocês adquiriram nestes dois anos estará atulhando os seus espíritos e os seus corações. Talvez achem difícil colocar tudo em seus devidos nichos.

"No entanto, todos esses vários elementos da composição do ator que estivemos estudando nada mais constituem senão o estado natural dos seres humanos e a própria vida real os tornou familiares para vocês. Quando passamos por uma experiência em nossa própria vida, nós nos encontramos naturalmente nesse estado, que procuramos outra vez criar quando estamos em cena.

"Em ambos os casos ele consiste nos mesmíssimos elementos. A menos que estejamos nesse estado, não poderemos, em nossa própria vida, entregar-nos à experiência de nossas emoções interiores ou da sua expressão exterior.

"O espantoso é que esse estado familiar, produzido por meios normais em condições naturais, desaparece sem deixar vestígios no instante em que o ator põe os pés em cena. Torna-se necessário um grande esforço, muito estudo, o desenvolvimento de hábitos e de uma técnica, para trazer ao palco a vida de qualquer ser humano.

"Por isso é que nós, atores, somos obrigados a fazer exercícios sistemáticos e a treinar sem nenhum esmorecimento. Precisamos ter paciência, tempo e fé. A isto é que eu os conclamo. Aquela expressão de que o hábito é uma segunda natureza aplica-se com muita propriedade ao nosso trabalho. O hábito é uma necessidade tão absoluta, que eu lhes peço que assinalem esse fato pregando as duas últimas flâmulas, com as palavras *Hábito* e *Treino* (tanto interior como exterior). Vamos pô-las nesta parede, onde vocês colocaram os outros elementos constituintes do estado criador.

"Apesar de ter tantos componentes, esse estado é uma simplíssima coisa humana. Num ambiente material de telões pintados, bambolinas, bastidores, tinta, cola, objetos de papelão, esse estado é que instila no palco o sopro da vida e da verdade.

"Nós não terminamos o levantamento total da preparação do ator, mas quando a hora chegar e o primeiro papel completo estiver pronto, as paredes estarão cobertas de bandeirinhas até o teto."

— Mas o senhor não fez referência à enorme faixa, sem nada escrito nela, e que atravessa todo o alto desta parede — disse eu.

— Ah! Essa é a razão mais importante, a que mais nos impele a executar todo o trabalho com as verdades físicas e os componentes ultrarreais e ultranaturais da nossa natureza.

— Desculpe-me, por favor — interrompeu Gricha —, mas então por que é que ficamos nos amolando com todos esses fatores inferiores quando o objetivo importante não está neles e sim nessa coisa qualquer que está mais pra cima?

— Porque não podemos subir ao alto de uma vez — respondeu Tórtsov. — É preciso uma escada ou então degraus. Por meio deles é que se chega ao cimo. Eu lhes dou esses degraus. Aí estão eles, diante de vocês, sob o aspecto dessas bandeiras. Mas são apenas degraus preparatórios que conduzem àquela região de suprema importância, a mais elevada região de toda a arte: o subconsciente. Mas antes de podermos chegar à parte edificante, temos de aprender as coisas simples do bem-viver.

Quando Tórtsov ia saindo e já havia alcançado a porta do auditório, ela se abriu e Rakhmánov entrou com as duas flâmulas sobre as quais ele falara ainda há pouco: *Hábito* e *Treino*, *Interior* e *Exterior*.

VI

— Vocês agora chegaram mais ou menos à condição de especialistas — começou Tórtsov — e isto me dá a oportunidade de falar de uma coisa de importância capital: a sutileza da natureza, seu modo de agir no teatro.

"Vocês podem me perguntar o que é que estivemos fazendo até agora senão isso. Vou mostrar, com um exemplo, o que quero dizer.

"Quando queremos fazer um caldo rico e nutritivo, preparamos a carne, legumes de toda espécie, acrescentamos água, pomos a panela no fogo e damos-lhe muito tempo para ficar fervendo lentamente, para que os sucos possam ser extraídos. De outro modo não se tem nenhum caldo.

"Mas tudo isso não servirá para nada se não tivermos acendido o fogo. Sem ele, teremos de comer separadamente e cru o conteúdo da panela, e de beber a água pura.

"O superobjetivo e a linha direta de ação constituem o fogo que cozinha. Na vida comum, nossa natureza criadora é indivisível, suas partes componentes não podem existir por si mesmas e para si mesmas. No palco, entretanto, elas se desmantelam com uma extraordinária facilidade e é dificílimo reuni-las de novo. Por isto é que temos de encontrar o meio de reunir todas essas partes que estudamos e jungi-las numa ação comum.

"É essa a grande tarefa que enfrentarão quando forem preparar um papel inteiro. Os elementos que tiverem preparado terão de ser percorridos por uma linha direta de ação que os levará até a meta comum do objetivo geral do papel. Fora do teatro isto acontece de um modo normal, mesmo quando estamos absolutamente alheios a coisas como elementos separados, ações diretas, superobjetivos.

"Como é que realizamos, em cena, este processo de importância primordial? Abaixo desses *elementos* nós agrupamos, de um lado, as capacidades naturais: talentos, dons, atributos, vantagens; e do outro lado pomos os meios que favorecem a nossa técnica de atores.

"Vocês já sabem que empregamos a palavra superobjetivo para caracterizar a ideia essencial, o cerne, que forneceu o impulso para que a peça fosse escrita. Sabem também que a linha direta, ou ininterrupta de ação, é formada pelos objetivos secundários na vida da personagem da peça, no palco.

"Por isso escolham a linha de ação mais profunda, firme e bem fundamentada que for possível para o seu papel, peça ou sketch (caso este último seja bastante substancial para ter um objetivo geral). E agora, como se tivessem nos dedos uma agulha com linha, façam-na atravessar os elementos que já estão dispostos dentro de vocês, os objetivos que prepararam na partitura detalhada de seus papéis, e enfiem-nos na linha ininterrupta que conduz ao alvo supremo da peça que se está produzindo.

"Vocês aperfeiçoarão este processo e a maneira prática de efetuá-lo à medida que forem trabalhando no papel."

CAPÍTULO XVI Algumas conclusões sobre a representação

I

Embora o nosso curso houvesse chegado ao fim, nós sentíamos que ainda estávamos longe de alcançar o domínio prático do assim chamado *sistema*, se bem que teoricamente o compreendêssemos. Respondendo às dúvidas que manifestamos, Tórtsov replicou:

— O método que andamos estudando é muitas vezes chamado de "*Sistema Stanislavski*". Mas isto não está certo. A própria força deste método está no fato de que ninguém o forjou nem inventou. Tanto pelo espírito como pelo corpo ele faz parte das nossas naturezas orgânicas. Baseia-se nas leis da natureza. O nascimento de uma criança, o crescimento de uma árvore, a criação de uma imagem artística, tudo isto são manifestações de tipo semelhante. Como poderemos aproximar-nos desta natureza da criação? Isto tem sido a principal preocupação de toda minha vida. Não é possível inventar um sistema. Nascemos com ele dentro de nós, com uma capacidade inata de criatividade. Esta é nossa necessidade natural, portanto parece que não poderíamos saber como expressá-la senão de acordo com um sistema natural.

"Entretanto, por estranho que pareça, quando pisamos no palco, perdemos nosso dom natural e em vez de agir criativamente passamos a executar contorções de proporções pretensiosas. O que nos leva a isso? A condição de ter de criar alguma coisa à vista do público. A inveracidade convencional, forçada, está implícita na apresentação cênica, ao nos impingir os atos e palavras prescritos por um autor, o cenário desenhado por um pintor, a produção planejada por um diretor. Em nosso próprio embaraço, pavor cênico, no mau gosto e nas falsas tradições que cerceiam as nossas naturezas. Todas estas coisas impelem o ator para o exibicionismo, para a representação insincera. O caminho que escolhemos — a arte de viver o papel — revolta-se, com todas as forças que é capaz de reunir, contra esses outros 'princípios' atuais, da representação. Nós afirmamos o princípio oposto, de que o principal fator em qualquer forma de criatividade é a vida de um espírito humano, o do ator e o de seu papel, os seus sentimentos conjugados e sua criação subconsciente.

"Estes não podem ser *exibidos*. Só podem ser produzidos espontaneamente ou como resultado de alguma coisa que se passou antes. Só se pode senti-los. Tudo o que se pode *exibir* no palco são os resultados artificiais, forjados, de uma experiência inexistente.

"Nisso não há sentimento. Há apenas artificialidade convencional, representação estereotipada."

— Mas também pode funcionar. Impressiona o público — observou um dos alunos.

— Reconheço isso — concordou Tórtsov —, mas que espécie de impressão produz? É preciso distinguir a qualidade de uma impressão da de outra. A nossa atitude para com a atuação neste teatro é extremamente clara.

"Não estamos interessados em impressões que ferem e fogem, aparecem e logo desaparecem. Não nos contentamos simplesmente com efeitos visuais e auditivos. O que merece nossa maior estima são as impressões exercidas sobre as emoções, que deixam no espectador uma marca indelével e transformam os atores em seres reais, vivos, que podemos incluir na lista dos nossos amigos íntimos e queridos, que podemos amar, com os quais podemos sentir afinidade, e que vamos visitar no teatro muitas e muitas vezes. Nossas exigências são simples, normais e, portanto, difíceis de satisfazer. Só pedimos ao ator que, quando estiver em cena, viva de acordo com as leis naturais. Mas, devido às circunstâncias em que o ator é forçado a trabalhar, fica-lhe muito mais fácil distorcer a sua própria natureza do que viver como um ser humano natural. E assim tivemos de buscar meios de lutar contra essa tendência. E isso é a base do nosso *suposto sistema*. Seu objetivo é destruir as distorções inevitáveis e dirigir o trabalho das nossas naturezas interiores para a trilha certa, que é talhada pelo trabalho renitente e as devidas práticas e hábitos.

"Este *sistema* deve restabelecer as leis naturais que foram deslocadas pelo fato de o trabalho do ator ter de ser feito em público; deve devolvê-lo ao estado criativo de um ser humano normal.

"Mas vocês terão de ser pacientes — prosseguiu Tórtsov. — Mesmo se se fiscalizarem com todo o cuidado, levará muitos anos para que estas coisas pelas quais têm lutado tornem-se maduras e floresçam. E então, quando tiverem a oportunidade de enveredar por um rumo falso, verão que não o podem fazer, pois a direção essencialmente certa estará firmemente arraigada em vocês."

— Mas os grandes artistas representam pela graça de Deus e sem esses elementos todos do estado criativo! — objetei.

— Está enganado — replicou logo Tórtsov. — Leia o que está escrito em *Minha vida na arte*. Quanto maior é o talento do ator, mais ele se preocupa com sua técnica, sobretudo quanto às suas qualidades interiores. O verdadeiro estado criativo em cena e todos os seus elementos eram dons naturais em Shchepkin,

Iermolova, Duse, Salvini. Ainda assim, trabalhavam incessantemente em sua técnica. Neles, os momentos de inspiração chegavam quase a ser uma situação natural. A inspiração os tocava quase sempre que repetiam um papel e no entanto passaram a vida à procura de um meio de alcançá-la.

"Com mais razão ainda, nós, de dotes menos notáveis, devemos lutar por isso. Nós, simples mortais, temos a obrigação de adquirir, desenvolver, treinar cada um dos elementos que compõem o estado criador em cena.

"Isso leva tempo e dá muito trabalho. Mas nunca devemos esquecer que o ator que não tem nada além de capacidade nunca será um gênio, ao passo que aqueles cujo talento é talvez menor, se estudarem a natureza da sua arte, as leis da criatividade, talvez se possam erguer à categoria dos que se assemelham aos gênios. O *sistema* facilita esse desenvolvimento. O preparo que ele dá ao ator não é coisa irrisória: seus resultados são muito grandes!"

— Oh, mas como tudo isso é difícil! — lamentei. — Como é que conseguiremos algum dia apreendê-lo?

— São estas as reações de dúvida da mocidade impetuosa — disse Tórtsov. — Hoje vocês aprendem alguma coisa. E amanhã já estão pensando que podem dominar perfeitamente a técnica. Mas o *sistema* não é uma roupa feita que a gente enfia e sai andando, nem um livro de cozinha que basta se achar a página e lá está nossa receita. Não. Ele é todo um tipo de vida, vocês terão de crescer com ele, de se educarem por ele, durante anos. Não podem abocanhá-lo de uma vez, podem assimilá-lo, absorvê-lo na carne e no sangue até que ele se torne uma segunda natureza, uma parte de tal modo orgânica dos seus seres, que vocês, como atores, sejam transformados por ele para o palco e para sempre. É um sistema que deve ser estudado parte por parte e depois fundido num todo, para que se compreendam os seus fundamentos. Quando forem capazes de abri-lo como um leque diante de vocês, é que poderão deveras apreendê-lo em sua inteireza. Não podem pretender fazê-lo de uma só vez. É como ir à guerra: tem-se de conquistar o terreno pouco a pouco, consolidar os ganhos, manter contato com as comunicações da retaguarda, expandir, conquistar novas vitórias, antes que se possa falar em conquista definitiva.

"Assim também agimos para conquistar nosso *sistema*. Nessa difícil tarefa o caráter gradativo e o treino que isto proporciona são um enorme auxílio. Permitem-nos desenvolver cada novo recurso que aprendemos até que se torne um hábito automático, até que seja organicamente enxertado em nós. No início, cada fator novo é um obstáculo, desvia toda a nossa atenção de outras questões mais importantes — prosseguiu Tórtsov. — Esse processo só se desgasta quando o assimilamos totalmente e dele nos apossamos. Também nisto o *sistema* ajuda muito. A cada novo recurso já conquistado, uma parte do nosso fardo se alivia e nossa atenção fica livre para se concentrar em coisas mais essenciais.

"Aos poucos, o *sistema* penetra no ente humano que é, também, um ator, até deixar de ser algo que está fora dele e incorporar-se em sua própria segunda natureza. No começo achamos difícil, assim como um bebê de um ano acha difícil dar seus primeiros passos e se apavora com o problema complicado de controlar os músculos de suas pernas ainda vacilantes. Mas um ano depois ele já não pensa nisso, já aprendeu a correr, brincar e saltar.

"O virtuoso do teclado também tem os seus momentos de dificuldade e se assusta com a complexidade de determinado trecho. No início do seu treinamento, o dançarino acha extremamente penoso distinguir todos os diferentes passos, complicados, emaranhados.

"De fato, o que aconteceria se, numa apresentação pública, ele ainda fosse obrigado, a cada movimento da mão ou do pé, a ter consciência da sua exata ação muscular? Se isto se der, é porque o pianista ou então o dançarino mostrou-se incapaz de executar a tarefa necessária. É inconcebível recordar cada toque dos dedos nas teclas durante um longo concerto de piano. Tampouco o dançarino pode ter consciência dos movimentos de todos os seus músculos durante sua apresentação.

"S. M. Volkonski formulou isto com muita felicidade quando disse: 'O difícil deve-se tornar habitual; o habitual, fácil; o fácil, belo.' Para consegui-lo, é preciso um exercício sistemático, sem trégua.

"Por isso é que o pianista virtuoso e o dançarino martelam uma passagem musical ou um passo até que essa passagem ou esse passo para sempre se fixe nos seus músculos, convertendo-se num simples hábito mecânico. E a partir de então já nem precisa pensar naquilo que a princípio foi tão difícil de aprender.

"Mas o aspecto infeliz e perigoso é que os hábitos também se podem desenvolver no sentido errado. Quanto mais vezes o ator entrar em cena e atuar de modo teatral e falso — e não de acordo com os verdadeiros ditames da sua natureza — mais esse ator se afastará da meta que visamos alcançar.

"O que é mais triste, ainda, é que essa condição falsa é tão mais fácil de atingir e de tornar-se hábito.

"Vou arriscar um palpite sobre os resultados relativos deste fato. Diria que, para cada representação errada que o ator efetuar, ele precisará de dez representações na base certa, até se livrar dos efeitos deletérios da primeira. E vocês também não se devem esquecer de que a atuação em público tem ainda outro efeito: tende a fixar os hábitos. Portanto, acrescento: a influência má de dez ensaios realizados no estado criador errado equivale à de uma representação em público.

"O hábito é uma espada de dois gumes. Pode ser muito prejudicial quando mal utilizado em cena e tem grande valor quando bem aproveitado.

"É essencial trabalhar passo a passo com o *sistema* quando se está aprendendo a estabelecer o estado criador certo pela formação de hábitos através do treino. Na prática isso não é tão difícil quanto parece. Mas é preciso que vocês não se apressem.

"Há também uma coisa, pior ainda, que prejudica o trabalho do ator."

Isto nos trouxe à mente novos temores.

— É a inflexibilidade dos preconceitos de certos atores. É quase uma regra, pois são raras as exceções, os atores não reconhecem que as leis, a técnica, as teorias — e menos ainda o sistema — fazem parte do seu trabalho.

"Ficam arrebatados com a própria 'genialidade' entre aspas" — disse Tórtsov, com ironia. — "Quanto menos talentoso é o ator, maior é a sua 'genialidade' e esta não admite que ele aborde a sua arte de nenhuma forma consciente.

"Esses tipos de ator, na tradição do belo 'ídolo de matinê', Mochalov, jogam com a 'inspiração'. Na maioria, acreditam que qualquer fator consciente na criatividade só serve para atrapalhar. Acham que é mais fácil ser ator pela graça de Deus. Não nego que em certas ocasiões, por motivo ignorado, eles consigam exercer um domínio emocional intuitivo sobre os seus papéis e então atuam razoavelmente bem numa cena ou até mesmo numa representação inteira.

"Mas o ator não pode arriscar sua carreira em alguns sucessos acidentais. Por preguiça ou estupidez, esses atores 'geniais' se persuadem de que a única coisa que têm de fazer é 'sentir' uma coisa ou outra e o resto virá por si.

"Mas há outras ocasiões em que, pelo mesmo inexplicável e caprichoso motivo, a 'inspiração' não aparece. E então o ator, que se vê no palco sem nenhuma técnica, sem nenhum meio de provocar os seus próprios sentimentos, sem nenhuma noção de sua própria natureza, já não representa mais pela graça de Deus, mas sim, pela graça de Deus, mal. E não tem absolutamente nenhum jeito de voltar para o rumo certo.

"O estado criador, o subconsciente, a intuição, estas coisas não estão automaticamente às nossas ordens. Se conseguimos desenvolver o método certo de chegar a elas, elas podem, pelo menos, impedir-nos de cometer os velhos erros. O ponto de partida é óbvio.

"Mas os atores, como a maior parte das pessoas, custam a enxergar onde estão os seus verdadeiros interesses. Pensem só na quantidade de vidas que ainda se perdem por doença, embora cientistas de talento tenham descoberto curas específicas, injeções, inoculações, vacinas, remédios! Havia um velho em Moscou que se vangloriava de nunca ter andado de trem ou falado por telefone. A humanidade procura, suporta, provas e atribulações inomináveis, para descobrir as Grandes verdades, fazer Grandes descobertas, e as pessoas relutam até mesmo em estender as mãos e pegar o que lhes é francamente oferecido! Isso é uma falta total de civilização!

"Na técnica do teatro e sobretudo no domínio da fala, vemos a mesma coisa. Os povos, a própria natureza, os melhores cérebros estudiosos, poetas que são considerados gênios, contribuíram pelos séculos afora para a formação da linguagem. Não a inventaram, como o esperanto. Ela brotou do próprio coração da vida. Por muitas gerações os sábios a estudaram, gênios poéticos, como Shakespeare e Pushkin, a poliram e refinaram. O ator só tem de apanhar o que está preparado para ele. Mas até mesmo esse alimento pré-digerido ele se recusa a engolir.

"Há alguns felizardos que, embora não tendo nenhum estudo, são dotados de um senso intuitivo da natureza de sua língua e falam-na corretamente. Mas esses são os poucos, os raros. Na sua esmagadora maioria, as pessoas falam com um desmazelo escandaloso.

"Vejam só como os músicos estudam as leis, a teoria da sua arte, com que cuidado tratam seus instrumentos, violinos, violoncelos, pianos. Por que é que os artistas dramáticos não fazem a mesma coisa? Por que não aprendem as regras da linguagem falada, por que não tratam com cuidado e respeito sua voz, sua fala, seu corpo? São estes os seus violinos, violoncelos, seus sutilíssimos instrumentos de expressão. Foram talhados pelo mais genial de todos os artesãos: a mágica Natureza.

"A maior parte da gente de teatro não quer entender que acidente não é arte, não pode servir de base para construção. O mestre-ator tem de exercer controle total sobre o seu instrumento e o instrumento do artista tem complexo mecanismo. Nós, atores, não temos de lidar apenas com uma voz, como o cantor, ou apenas com as mãos, como o pianista, ou só com o corpo e as pernas, como o dançarino. Somos forçados a tocar simultaneamente em todos os aspectos espirituais e físicos de um ser humano. A conquista do domínio sobre eles requer tempo e um esforço árduo, sistemático, um programa de trabalho como o que estivemos cumprindo aqui.

"Este *sistema* é um companheiro na jornada para a realização criadora mas não é, por si mesmo, um fim. Vocês não podem representar o *sistema*. Podem trabalhar com ele em casa, mas quando pisarem no palco descartem-se dele. Lá, somente a natureza os pode guiar. O *sistema* é um livro de referência, não é uma filosofia. Onde começa a filosofia o *sistema* acaba.

"O uso impensado do *sistema*, o trabalho feito de acordo com ele mas sem uma concentração constante, só poderá afastá-los da meta que procuram atingir. Isso é mau e pode ser excessivo. Infelizmente é o que muitas vezes acontece.

"Um cuidado exagerado e por demais enfático no manejo da nossa psicotécnica pode ser alarmante, inibidor, levar-nos a uma atitude excessivamente crítica ou então resultar numa técnica usada apenas em função de si mesma.

"Para se garantirem contra a possibilidade de enveredar por um desses desvios indesejáveis, vocês só devem trabalhar inicialmente sob a supervisão constante e cuidadosa de um observador treinado.

"Talvez estejam preocupados porque ainda não aprenderam a usar o *sistema* praticamente, mas qual é a base que vocês têm para concluir que o que eu lhes disse em aula devia ser instantaneamente assimilado e posto em prática? Estou-lhes dizendo coisas que devem permanecer com vocês durante toda a vida. Muito do que ouvem nesta escola, só compreenderão plenamente depois de muitos anos e em resultado da experiência prática. Só então é que vão se lembrar de que ouviram falar nessas coisas que, entretanto, não penetraram no seu consciente. Chegado esse dia, comparem o que a experiência lhes ensinou com o que lhes foi dito na escola e então cada palavra das suas aulas cobrará vida.

"Quando tiverem dominado o estado criador necessário para o trabalho artístico, devem aprender a observar, avaliar os próprios sentimentos num papel e a criticar a imagem que naturalmente retratam e na qual vivem. Devem expandir os conhecimentos de artes plásticas, literatura e outros aspectos culturais e mostrar que são capazes de aperfeiçoar os talentos naturais.

"Devem desenvolver o corpo, a voz, o rosto, de modo a fazer deles os melhores instrumentos físicos de expressão, capazes de rivalizar com a simples beleza das criações da natureza."

II

— Quero dedicar a última aula em que nos reunimos, ao louvor do maior artista que conhecemos.

"E quem pode ser?

"A natureza, está claro, a natureza criadora, de todos os artistas.

"Onde é que ela mora? Para onde iremos dirigir todas as nossas expressões de louvor? Não sei.

"Ela está em todos os centros e partes da nossa constituição física e espiritual, até mesmo naqueles dos quais não nos apercebemos. Não dispomos de meios diretos para abordá-la, mas existem outros meios, pouco conhecidos e quase impraticáveis por enquanto.

"A esta coisa que me enche de tamanho entusiasmo, chamamos gênio, talento, inspiração, subconsciente, o intuitivo. Mas onde é que estão alojados em nós, não sei dizer. Sinto-os nos outros; às vezes, até mesmo em mim.

"Alguns acreditam que essas coisas misteriosas e miraculosas nos são enviadas do alto, dádivas das Musas. Mas não sou místico e não compartilho dessa crença, embora nos momentos em que sou chamado a criar, bem que gostaria de crer. Acende a imaginação.

"Há outros que dizem que a sede do que estou buscando fica em nosso coração. Mas só sinto meu coração quando ele dispara, ou cresce, ou dói e isso é desagradável. E a coisa de que estou falando é, antes, extraordinariamente agradável, fascinante ao ponto de nos esquecermos de nós mesmos.

"Um terceiro grupo assevera que o gênio ou inspiração se aloja no cérebro. Comparam a consciência a uma luz lançada sobre um determinado ponto de nosso cérebro, iluminando o pensamento no qual se está concentrando nossa imaginação. Enquanto isso, o resto das nossas células cerebrais permanece nas trevas ou só recebe uma luz reflexa. Mas há momentos em que toda a superfície craniana é iluminada num lampejo e então tudo que estava na escuridão é atingido, durante um curto período, pela luz. Infelizmente não há nenhum mecanismo elétrico que saiba como utilizar essa luz, por isso ela permanece inativa e só rompe em chama quando bem o quer. Estou pronto a concordar que este exemplo dá uma boa ideia da maneira exata como as coisas se passam no cérebro. Mas será que isso melhora o aspecto prático da questão? Alguém acaso já aprendeu a controlar esse holofote do nosso subconsciente, inspiração ou intuição?

"Há cientistas que acham extraordinariamente fácil jogar com a palavra *subconsciente* mas, enquanto alguns deles enveredam com ela pelas selvas secretas do misticismo e emitem a seu respeito frases lindas mas nada convincentes, os outros os recriminam, riem-se com desdém e depois, com grande segurança, passam a analisar o subconsciente, a propô-lo como algo perfeitamente prosaico, a falar dele como nós descrevemos as funções do pulmão ou fígado. As explicações são bastante simples. É pena que não agradem nem ao nosso cérebro nem ao nosso coração.

"Mas existem ainda outras pessoas doutas que nos apresentam certas hipóteses complexas, totalmente equacionadas, embora reconheçam que suas premissas ainda não estão provadas nem confirmadas. Assim sendo, não têm pretensão alguma de saber a exata natureza do gênio, do talento, do subconsciente. Apenas confiam que o futuro obterá os achados sobre os quais ainda estão meditando.

"Esta admissão de desconhecimento, baseada em estudo profundo, esta franqueza, é fruto da sabedoria. Confissões dessa espécie despertam confiança em mim, dão-me a sensação de como são majestosas as indagações da ciência. Já para mim, trata-se do anseio de atingir, com o auxílio de um coração sensível, o inatingível. E, com o tempo, será atingido. Na expectativa destes novos triunfos da ciência, senti que nada havia a fazer senão dedicar meus esforços e energia quase que exclusivamente ao estudo da Natureza Criadora — não para aprender a criar em lugar dela, mas para procurar meios indiretos de abordá-la;

não para estudar a inspiração como tal mas apenas para encontrar alguns caminhos que levem a ela. Descobri apenas alguns poucos. Sei que há muitos outros e que eventualmente outras pessoas os descobrirão. Ainda assim, adquiri certa soma de experiência no curso de longos anos de trabalho e foi isso que busquei compartilhar com vocês.

"Podemos acaso contar com mais, já que o reino do subconsciente ainda está fora do nosso alcance? Não sei de nada que lhes possa oferecer. *Feci quod potui — feciant meliore potentes* (Fiz o que pude; quem puder faça melhor).

"A vantagem dos meus conselhos a vocês é que são realistas, práticos, aplicáveis à tarefa em andamento, foram postos à prova no palco, durante várias décadas de experiência como ator, e dão resultados.

"Aprendemos certas leis referentes à criatividade da nossa natureza — isto é significativo e precioso — mas nunca seremos capazes de substituir essa natureza criadora pela nossa técnica de cena, por mais perfeita que seja.

"A técnica vai seguindo, lógica, admirativamente, nos calcanhares da natureza. Tudo é claro, inteligível e inteligente: o gesto, a pose, o movimento. Também a fala se adapta ao papel, os sons foram bem elaborados, a pronunciação é um prazer para o ouvido, as frases lindamente torneadas, as inflexões musicais em sua forma, quase como se fossem cantadas com o acompanhamento de notas. Esse todo é aquecido e recebe, do íntimo, uma base de incandescente verdade. Que mais pode alguém desejar? É uma grande satisfação ver e ouvir atuações destas. Que arte! Que perfeição! Como são raros os atores desta espécie!

"Eles e as suas atuações deixam um rastro de impressões maravilhosamente belas, estéticas, harmoniosas, delicadas, de formas inteiramente sustidas e perfeitamente acabadas.

"Vocês acreditam que uma tão grande arte pode ser alcançada com o simples estudo de um sistema de atuação ou com o aprendizado de uma técnica externa? Não. Isso é criatividade verdadeira, vem de dentro, de emoções humanas, não teatrais. Por esta meta é que devemos nos esforçar.

"Mesmo assim, falta, a meu ver, uma coisa ainda, nessa espécie de atuação. Não encontro nela aquela qualidade do inesperado que me surpreende, avassala, espanta. Qualquer coisa que ergue do chão o espectador, leva-o para um território que ele nunca percorreu mas, facilmente, reconhece, por um senso premonitório ou por conjectura. Mas realmente ele vê face a face essa coisa inesperada — e pela primeira vez. Ela o abala, subjuga, engolfa. Aí não há lugar para raciocínios e análises. Não pode haver nenhuma dúvida quanto ao fato de que esta qualquer coisa inesperada ergueu-se do fundo manancial da natureza orgânica. O próprio ator é avassalado e cativado por ela. É transportado a um ponto que ultrapassa a sua consciência. Pode acontecer que um desses maremotos arraste o ator para longe do curso principal do seu papel. Isto é lamentável, mas, ainda assim, uma explosão é uma explosão e agita as águas mais profundas. Jamais podemos esquecê-la, é um acontecimento que marca toda uma existência.

"E quando essa tempestade percorre o curso principal de um papel, permite ao ator atingir as culminâncias do ideal. O público recebe a criação viva que veio ver no teatro.

"Não é somente uma imagem, embora todas as imagens, reunidas, sejam da mesma espécie e tenham a mesma origem; é uma paixão humana. Onde conseguiu o ator a sua técnica de voz, fala, movimento? Ele pode ser desajeitado, porém agora é a corporificação da facilidade plástica. Habitualmente, resmunga e mastiga as palavras, mas agora é eloquente, inspirado, sua voz é vibrante e musical.

"Por melhor que seja o ator do tipo precedente, por brilhante e admirável que seja a sua técnica, será que se pode compará-lo a este último? Este tipo de atuação é deslumbrante pela própria audácia com que põe de lado todos os cânones comuns de beleza. É poderosa, mas não devido à lógica e à coerência que admiramos no primeiro tipo de representação. É magnífica em sua ousada ilogicidade, rítmica em sua arritmia, cheia de percepção psicológica pela própria recusa da psicologia comumente aceita. Rompe todas as regras habituais e isso é o que tem de poderoso e bom.

"Não pode ser repetida. A representação seguinte será muito diferente mas não menos poderosa ou inspirada. Temos vontade de gritar ao ator: 'Lembre-se do que fazia! Não se esqueça de que o queremos apreciar de novo!' Mas o ator não é dono de si. Sua natureza é que cria por ele. Ele é apenas o instrumento.

"Não há estimativa que se possa fazer desses trabalhos da natureza. Não podemos dizer por que é assim e não de outro modo. É assim porque é, e não pode ser nenhuma outra coisa. Não se pode criticar o relâmpago, uma tormenta em alto-mar, uma nevasca, uma tempestade, a aurora ou o pôr do sol.

"Mesmo assim, há aqueles que acham que a natureza muitas vezes trabalha mal, que a nossa técnica dramática pode superá-la, demonstrar maior bom gosto. Para certas pessoas de mentalidade esteticista o bom gosto é mais importante do que a verdade. Mas no momento em que uma multidão de milhares de pessoas se comove e é varrida por um vasto e unânime sentimento de entusiasmo, a despeito de quaisquer deficiências físicas dos atores e atrizes que desencadeiam a tempestade, será que se trata de bom gosto, criação consciente, técnica; ou será essa coisa desconhecida, que é possuída pelo gênio e o possui e sobre a qual ele não tem poder?

"Nesses momentos até um ser deformado torna-se belo. Então por que é que não se faz belo mais vezes, como e quando o desejar, simplesmente com a sua técnica e sem recorrer a essa força desconhecida que lhe dá sua beleza? No entanto esses estetas todos ignoram como fazer com que isto ocorra, não sabem sequer confessar sua falta de conhecimento e seguem lou vando a atuação técnica, barata.

"A maior sabedoria é reconhecer quando ela nos falta. Atingi este ponto e confesso que no campo da intuição e do subconsciente eu nada sei, senão que estes segredos estão abertos para a grande artista Natureza. Por isto o meu louvor se dirige a ela. Se não confessasse minha própria incapacidade de atingir a grandeza da natureza criadora, estaria tateando como um cego sem rumo, por atalhos sem saída, pensando que ao redor de mim espaços infinitos se expandiam. Não. Prefiro deter-me no alto da montanha e de lá contemplar o horizonte sem limites, tentando projetar-me por uma pequena distância, alguns quilômetros, naquela vasta região ainda inacessível ao nosso consciente, que meu cérebro não pode captar nem mesmo com a imaginação. E aí serei como o velho monarca do poema de Pushkin, que

...das alturas
podia devassar, com os olhos se alegrando,
O vale cravejado de alvas tendas
E, muito na distância, o mar
E velas singrando...

*O texto deste livro foi composto em Sabon,
desenho tipográfico de Jan Tschichold de 1964,
baseado nos estudos de Claude Garamond e
Jacques Sabon no século XVI, em corpo 10,5/14.
Para títulos e destaques, foi utilizada a
tipografia Frutiger, desenhada por Adrian
Frutiger em 1975.*

*A impressão se deu sobre papel off-white
pelo Sistema Cameron da Divisão Gráfica
da Distribuidora Record.*